哲　　学

第69号

2018

日本哲学会編

目次

目　次

特別企画「ハラスメントとは何か？——哲学・倫理学からのアプローチ」

セクハラ、パワハラ、モラハラ、など現在では様々なハラスメントが問題になり、各職場が対策を講じるようになっている。大学も例外ではない。そればかりか、大学にはアカハラという特有なハラスメントが存在し、それ故にその他のハラスメントも複雑化したり深刻化したりすることがある。大学におけるハラスメントは、被害者に深刻な傷を与え、健全な研究や教育の環境を破壊し、学問の進展を妨害する。だが、何をもってハラスメントと呼ぶのか、どこからが非難すべき行為なのかについては、曖昧なままである。このような状況においては、ハラスメントの被害が現に生じているのかがしばしばはっきりせず、被害者側が泣き寝入りしてしまうケースが増える。また、教員にとってもハラスメントの訴えを恐れるために親身な指導をしにくくなる、といった弊害が指摘されている。

では、（1）ハラスメントはどのように成立するのか、（2）ハラスメントはなぜ不当なのか、（3）ハラスメントは差別や嫌がらせのような近接した概念とどう関係しているのか。本特集で扱われるこれらの問いは、理論的な問いであり、哲学的分析が求められる問いである。同時に、個別の事例に接する場合、誰もがぶつかり、何らかの答えを必要とする、優れて実践的な問いでもある。ハラスメントを哲学的に問うことは、今日、哲学に携わる私たちのコミュニティ自体からの、哲学関係者を含む大学やアカデミズムの世界からの、さらに、大学をその重要な部分として含む社会全体からの緊急の要請である。

この企画の主体である日本哲学会「男女共同参画・若手研究者支援ワーキンググループ」は、日本の哲学界における男女平等の実現と若手研究者支援という目標のために、アンケート調査を行ったり理論的考察のワークショップを開催したりしてきたが、その中でハラスメントに対する哲学的考察の必要性が強く自覚されてきた。ハラスメントに関する理論的知見は国外の諸大学において共通了解事項として説得的に機能しているが、国内ではほとんど浸透していないことが明らかになったからである。そうした中、今回の特別企画「ハラスメントの哲学」が『哲学』史上で実現したことは、日本の哲学界における男女共同参画や若手研究者支援にとって画期的な出来事であり、重要な貢献となることが期待される。例えば男女共同参画では他分野に遅れをとっている哲学界であるが、本来、哲学は批判的に現実を捉えるには格好の学問である。この企画には、現実の問題を吟味し未来にビジョンを与える哲学の姿を、大学界さらには社会一般に対して示すきっかけにもなれば、という望みもこめられている。

池田　喬

〈特別企画「ハラスメントとは何か?——哲学・倫理学からのアプローチ」〉

ただの言葉がなぜ傷つけるのか——ハラスメント発言の言語行為論的探究

池田《いけだ》　喬《たかし》
（明治大学）

哲学ゼミへの女性学生の参加が例年より多いのを見て、男性教員が、「私の教員経験から言うと、女性は哲学研究に向いていない」（Ｐ）と述べる。Ｐはハラスメント（Ｈ）発言だと言えるだろうか[1]。

何をもってある行為や発言をＨと認定するのか。この問いに答えるのは容易でない。むしろ、その認定の困難が泣き寝入りや濡れ衣の危険を高め、Ｈ問題の複雑さを構成している。だからこそ、各大学には十全な指針を作る動きがあるのだろう。けれども、大学でのＨ問題は、所属大学が定めた指針を無視するか否かに尽きるだろうか。あるいは、大学の指針や規則の存在以前に、Ｐは道徳的に不当で許容不可能だと言えるのだろうか。もしそうであれば、なぜそう言えるのか。道徳的に不当な性差別を構成する言語行為（speech act）としてＰを特徴付けることで、これらの問いに答えることが本論の目的である。

論述の手順は以下の通りである。まず、第一節では、Ｐの目立った諸特徴を検討することを通じて、この発言の不当性を明らかにするために言語行為論的アプローチが適していることを論じる。第二節では、ヘイトスピーチ（ｈＳ）に対する言語行為論的分析を参照しながら、Ｐの発話内行為を「従属化（subordinate）」として特定することを試みる。その際、ｈＳとＨの違いや、教室内での発言という状況の特殊性に特に配慮する。第三節では、Pがもたらす効果に着目し、聴者側の沈黙や第三者による被害者非難が、発言の標的集団（女性学生）にもたらす心的負担や不利益を検討する。以上によって、Pは（見た目以上に）道徳的に悪質であり、それがもたらす害も多大である見込みが高いと結論する。

1　発言Pの諸特徴と言語行為論的アプローチの利点

Pは一見するとHとは関係ないように思われるかもしれない。以下では、その理由になると考えられるPの特徴を挙げる。しかし、そのいずれもPをHとして見なすことを妨げるものではない。

Ⅰ　教員は、女性学生に身体的に接触したわけではなく、単に言葉を述べただけである。

Ⅱ　Pに性的関係を要求するような内容は含まれていない。

Ⅰについて。Hには身体的介入を含まない様々な表現が含まれる。発話だけでなく、学校を含む公共空間での画像の掲示なども含まれる。また、Austin（1975）の「発話内行為（illocutionary act）」が教えるように、ある状況である言葉を言うことは何かを行うことであって、無行為ではない。むしろ、契約や条約の締結などを典型として、言葉を言うことは、物理的な力以上に世界に介入し、変化を起こしうる。逆に、契約上の虚偽や職務上の守秘のように、言葉が実際に及ぼす害ゆえに規制される言語活動もある。単に言葉を述べただけだという事実によって道徳的な問題を回避できるわけではない。

Ⅱについて。たしかに、大学の指針では、セクシュアル・ハラスメント（ｓＨ）の典型例は（相対的に高い地位を利用した）性的な誘いかけであることが多く、Pはむしろアカデミック・ハラスメント（ａＨ）の例として現れる。しかし、この区分は現実の認識を曇らせる恐れがある。米国の議論においては、七〇年代後半以降、ｓＨの典型例は職場や学校において女性を下位に置き、排除することに移行した（とはいえもちろん、性的な意味でのｓＨの問題が解消されたということではない）。すなわち、従来男性が専有していた経済的・政治的・学問的領域に女性が占める割合が増えて以降、この新たなタイプのｓＨが隠伏的かつ多様な形態で各所に登場している、という事実認識がある（Siegel 2004: 21-22）。この観点からすると、Ｐは性的内容を含まないがゆえにｓＨではない、ということにはならず、大学という領域における新しいタイプのｓＨとして理解する可能性が開ける。アカデミズムは、ａＨとｓＨとが結合した特殊なＨが生じうる環境である。研究の場における劣位化や排除としてのｓＨという視点は欠かせないだろう。

次の二点は、Ｐにかかわる男性教員と女性学生たちの意図や認識についての仮定である。

Ⅲ　教員に女性学生を侮辱するような意図はない。
Ⅳ　女性学生のほとんどは、戸惑いはしたが、Ｐによって害を被ったとは思っていない。

Ⅲについて。差別に関して、悪意の有無は必ずしも関連性がない。偏見やステレオタイプに基づくいわゆる「構造的差別」には悪意は含まれない。そればかりか、善意からの発言が差別的と見なされる場合もある。例えば、「微細な攻撃（microaggression）」に関する心理学研究では、「肌の色は見ていません。あなた自身を見ています」といった「カラーブラインド」発言は、善意からなされているにもかかわらず、人種問題の存在を否認する差別構成的な発言とされている（Sue 2010）。男性教員も、女性学生が（哲学などに拘泥することなく）もっと良い人生を構想できるために力になりたい、という善意から発言していると仮定しても良い。構造的差別や微細な攻撃と同様に、Ｈは当人の無自覚を特徴とする振る舞いであり、悪意の欠如からＰはＨでないと結論することはできない。

Ⅳについて。Ｈの特徴の中には、被害者が「これはＨなのだろうか」という点で確信をもてず、発覚しにくいことが含まれる。仮に女性学生にＰによる害を被った自覚がなくても、そのことはＰがＨでないことを保証しない。本人の報告に依拠できないということは、Ｈ発言が標的集団に何の害も及ぼしていないことを直ちに意味しもしない。(2)

ⅠとⅡは、Ｐが単なる言葉であり、字面の上では問題ないように見えても、教員の立場の話者が哲学ゼミという状況でそれを言うことで何をやっているのかを分析する必要性を物語っている。また、ⅢとⅣは、Ｈの不当性を考える上で、悪しき意図・動機や帰結の害に訴える道徳哲学の代表的アプローチではうまくいかない可能性を示唆している。その点、言語行為論的アプローチは、Pを言うことでなされる行為の（客観的）意味に注目し、意図にも帰結にも訴えずに、その行為自体の正当性を問えるという利点がある。

さらに、Hの特徴に悪意や害の認識の欠如が含まれる以上、意図や帰結に訴える説は、（それらが確認できないために）この発言は「特に問題なし」という結論を拙速に引き出すことに加担しかねない。この問題点は、第三節で触れるHに特徴的な「二次被害」を考えると深刻である。意図にも帰結にも訴えずに、言語行為の意味と、会話の進行における話者と聴者の間の規範的関係を中心に考える本論のアプローチは、Hの分析に特徴的なこうした難点を回避できる点で比較的安全だと思われる。

2　差別と従属化——発話内行為の意味

本節では、hSの言語行為論的分析を参照しながら、従属化する発話内行為としてPを理解することを試みる。

まず、hSについて。hSにおいては「豚のようだ」などの比喩的表現がしばしば使われる。文字通りの主張をしているのではないとすれば、話者はそのように言うことで何をやっているのだろうか。hSを発話内行為として分析する論者たちは、hSは標的集団（例えば、黒人や女性）を話者が属する集団（白人や男性）に従属化する行為だ、という説を擁護してきた（Langton 1993, 2012; Marita 2012; McGowan 2012）[3]。「従属」は多様な解釈を許すが、最も基本的な意味は、標的集団を「劣った価値しかもたないものとして（as having inferior worth）ランク付ける（rank）」こと（Langton 2009: 35）である[4]。では、性差別的なhSは、女性を男性よりも劣った地位に引き下げ、それによって女性を傷つけると、このように言えば、問題は明らかになったのだろうか。そうではない。

Langton（2012）が指摘するように、hSは話者が属する集団の成員にも向けられるからである。例えば、ナチスの週刊誌『Der Stürmer』に現れる「ユダヤ人の邪悪な憎悪が世界を戦争、困窮、苦難に陥れた」という文は、ユダヤ人ではなくナチス側の人々に向けられた「プロパガンダ」であり、憎しみや差別を扇動するものである。けれども、同じ週刊誌をユダヤ人が見つけたら、同じ文は「攻撃」になる（73-77）。同じ文が発話された場合も同様に、その場に居合わせた聴者がどちらの集団の成員であるかによって、同一の発話行為（locutionary act）がプロパガンダにも攻撃にもなる。

さらに、発話内行為が会話の進行のなかでもたらす効果について考えることもできる。差別主義者の集会で発話されれば、聴衆は「そうだ！」と叫んで同意するかもしれない。他方、電車や街中ならば、差別主義者の間でもニヤニヤするなどの控え目な表現が増えるだろうし、多くの人は聞き流すだけだろう。他方、そこに居合わせた標的集団の成員の側からすると、人々のこの種の反応は発話を欠いていても何もしていないことにはならない。むしろ、発話の攻撃力を高める重大な脅威になりうる（この点には第三節で戻る）。

さて、哲学ゼミの教室内で男性教員が発した「女性は哲学研究に向いていない」に戻ろう。彼は、哲学研究にかかわる能力の性差について科学的主張をしているのだろうか。(5)「女性は哲学研究を止めろ」と命令してはいないようだ。では、食卓の席での「醤油はトーストに向いていない」という発話のように、教員は何らかの助言をしているのだろうか。仮に（教員の意図通りに）助言なのだとしよう。すると、食卓の場合には聞き手が助言に従うとはトーストを醤油なしに食べることであるが、教室の場合には何をすれば助言に従ったことになるのだろうか。哲学科の学生であり、ゼミは必修であり、履修登録は済んでいることなどを考えれば、席を立って教室から出て行くことは考えにくい行動であり、本当に女性学生が次々に退席したら男性教員はあたふたと弁解を始めるだろう。教員の意図はともかく、この発話が本当に助言の行為を構成するのかどうかは疑わしい。

何かを言うことによって何をやっているのかを、話者の意図から独立に考えるために、hSの論者たちは、会話の進行のなかで、発話行為がその前提となる信念や規範を聴者と話者が共有するように強いる、という局面にしばしば注目している。(6) 例えば、「この本はAにさえ読めるかもしれない」と言う場合、「Aは読解力がない」ことは前提されている。聴者が「Aにさえ、だって？」と聞き直すことなく、会話が進行する限り、この前提信念は（一度も明言されなくても）話者と聴者の会話の共通の基盤になる（Langton 2012: 83）。ここで重要なのは、前提信念の共有は、会話の進行のなかで、後続するどういう行為が適切または不適切であるかを定める、という意味で規範的にはたらく点である。話者が本の詳細について語り始めた後に、Aに対する評価に聴者が話題を戻そうとすれば、会話の動きにエラーが生じ、すでに終わったはずの話を蒸し返す不適切な行為として現れる。

さて、hSのように侮辱語を含んでいなくても、教室で男性教員が「女性は哲学研究に向いていない」と言うことは、話者が聴者に受け入れを強いている前提信念や規範を考慮すると、(本人の意図はともかく)「差別的」な何かをしていると十分言えるように思われる。会話が進行していく限り、教員がPを発話する時に前提しているはずのこと、つまり、「哲学研究の能力には男女差がある」「女性は男性よりも哲学研究の能力で劣る」などは会話の共通の基盤となるだろう(これらの前提信念はPを理解可能にするために必要である)。このことを妨げるには、学生の誰かが立ち上がって「女性には、だって?」と問い直す必要がある。しかし、この問い直しは起こらず、会話は進行していく見込みが高い。

まず、この問い直しは非難のリスクを伴う。ゼミが始まってから学生が立ち上がり、「あの、先ほどの、女性についての発言なのですが…」と切り出すことは、前提信念の共有の規範的はたらきゆえに、不適切な行為として現れうる。その学生は、教員だけでなく他の学生からも、ゼミの進行を妨害するトラブルメーカーと見なされる可能性が高い。さらに、話者はゼミの教員であり、学生に指示したり会話を制御したりする権威をもっている。学生が会話を許可なく遮ろうとしたら、教員はゼミの内容に戻るように諭すことができる。[7] 会話の進行と話者の権威がもたらす規範的効力に逆らうことは、学生に多大な心理的負担と非難のリスクを課すがゆえに困難である。すると、女性は男性よりも哲学研究の能力で劣るという信念は、もはや問えない前提信念としていわば沈殿する。

このように見てみると、男性教員は、哲学研究の能力に関して男性よりも女性が劣るという差別的信念を――その根拠を挙げることもなく――学生たちに受け入れるように強いている。その意味で、彼は差別的な何かをしている。しかし、この教員は、女性を男性に従属させているとまで言えるのだろうか。

「哲学研究に向かない」という特徴は、「豚のような」とか「邪悪だ」といった特徴と同じように人の地位を貶めているようには見えない。哲学研究に向くかどうかが、邪悪さや卑しさのように人格の価値を左右する特徴だという共通理解は、今日の教員と学生の間にはおそらくない。しかし、人格としての価値は否定していないという特徴は、むしろこの発話の置かれている特殊な文脈に目を向けることを要請しているのではないか。

教員の発話は、一般誌や街中ではなく、哲学のゼミでなされている。この状況において、「哲学研究に向かない」という特徴は重要な関連性をもつ。哲学研究をするゼミの場で、その研究能力に関して男性よりも女性は劣るという信念の共有を強いることは、人格としての価値を貶めていなくても、その教室内で、哲学を学ぶ者（研究者）として女性学生を男性学生よりも劣った地位に置くことである。しかし、街中でhSに遭遇する場合とは異なり、女性学生は教室の狭い空間から離れることはできない。その状況に居続けて、能力で劣っているとされる研究のふるまいを続けなくてはならない。

こうした教室での従属化がもたらす効果についてはさまざまなことが考えられる。発言が軽視される恐れから女性学生は男性学生よりも発言するのに心理的負担を強いられ、結果的に発言が減るかもしれない。モティベーションの低下も考えられる。これらは学業的パフォーマンスに影響するだろう。教室においてはしばしばsHとaHが一体となる。その時にどういう効果が現れるのかを考えるために、会話の進行を追跡して聴者の反応を考えることは有益だと思われる。節をあらためよう。

3　黙認と二次被害——第三者の役割と発話の効果

男性教員の発言に気になるところがあったなら、学生が問い返せば良いと思うかもしれない。実際、前節の議論からすると、問い返しこそが、困難ではあれ、前提信念と規範の共有の強制に対する唯一の抵抗策である。ここで、教員と同じ集団に属する男性学生の沈黙に目を向けよう。この沈黙は問い返しの困難をさらに高めると思われる。

教員の発話に対する男性学生の典型的反応は、黙って聞いていることだ。男性学生は、女性学生と同じく規範の効力に従うだけでなく、女性学生と異なり自らは標的でないという安心感もある。(8) それゆえ、「女性には、だって？」とあえて問い直すことはますます稀になるだろう。だが、この際、何も言わないことは何もしないことではない。むしろ、（時には悩んだ末に）沈黙することであり、その限り、会話のなかで何らかの働きをしている。

Maitra（2012）によるhSの分析は、ある話者の発言に対して聴者側が何も言わないことによってその発話を「認可（license）」するという局面に注目している。彼女は、オースティン流の言語行為論が（「この船をエリザベス号と名付ける」のように）話者の特定の権威を前提としてなされる言語行為を典型例とするのに対し、hSは「普通の話者たち」の発言であることから、権威を欠いた人々の発言がいかに権威を獲得しうるのかを探究する。例えば、友人間には通常、他の人に指示を下す権威はない。しかし、ハイキングの日が近づいているのに、誰もはっきりと希望を示さないので何も決まっていないことを気にしたAが思い立ち、場所の決定や買い物などのタスクを割り振った、としよう。誰も異論を唱えず、各自がタスクを果たしたのでAの計画通りにハイキングが行われた場合、Aには友人たちにタスクを割り当てる権威が与えられている。Maitraによれば、Aの権威は、教師や船長のような社会的地位を得ることによってではなく、友人たちがAの発言に従って行為したこと自体によって獲得されている（Maitra 2012: 106–107）。もっとも彼女らは同意を示したわけでもないので、Aの発言を「黙認」によって認可したと言えよう。

この議論は、私たちの教室の例にも応用できるだろう。学生の黙認によって教員の発言は「認可」される。ただし、そこで生じるのは、「普通の話者」の事例とは異なり、権威の獲得ではなく権威の高まりである。というのも、教員という社会的地位による権威に加えて、黙認による認可が彼の発言に権威を与えたからである。

すると、二重に権威付けられた話者に対して「問い返せ」と発言の標的になった人に要求するのが、問題の発話に対する適切な対処と言えるかどうかは疑わしい。hSの場合にも、標的となった人は、主に報復に対する恐れから、聞こえなかったふりをしたり、聞き流すように努めたりすることが報告されている（Nielsen 2012）[9]。ゼミの教室では、暴力的報復が予想されなくても、教員には単位や卒業認定への権限がある以上、言い返すことに学生が躊躇することはもっともである。むしろ、Maitraが指摘するように、沈黙による認可という事態が照らし出しているのは、話者と同一集団に属する人たちが、何も言わないことによって話者がやっていること——この場合は、女性学生を男性学生よりも劣った地位に置くこと——に「共犯」しているという点だろう（Maitra 2012: 116）。

「問い返せ」という要求は、教員の発言は中立的であり、学生はこれに自由に応答できるという——たしかに本来のゼミはそうであるべき——理想的な会話状況を想定している。しかし、これまでの議論が示してきたのは、発言Pはそれ自体で道徳的に不当である疑いがあるだけでなく、会話の進行と話者の権威性によって自由な問い返しを妨害するという特徴がある、ということだ。あたかも、教員の発言自体には問題がなく、標的になったほうが「問い返さない」ほうが問題だ、というのは、標的に対する二重の攻撃である。

この点は、Hの「二次被害」問題にかかわる。教員の発言に違和感を感じた女性学生が、教員に言い返す代わりに、他の教員か学生に話を切り出すとしよう。その学生は、「あの先生の発言は女性学生への差別発言だと思う」と言うとする。しかし、この発話は（目下試みているように）分析してみないと何が不当なのか、すぐに分かるものではない。二次被害として指摘されるように、「そこまで悪い意味では言っていないと思う」「そこまで気にすることじゃない」などの反応がしばしば生じる。話者側に明白な悪意が見られるhSの場合とは異なり、Hの場合には、話者側の人格を擁護し、被害者の人格を（疑い深い、神経質だ、などと）攻撃する「被害者非難」が起こりがちである。その効果としては、助けを求めた周りの人からも再攻撃されることで孤立化することが指摘される。(10)

哲学的に重要と思われるのは、意図・動機に訴える議論は、「悪気はない」といったこの種の二次被害に加担しかねない、という点である。こうした実践的効果という点から見ても、Hの場合、話者の悪意を不当性の条件にするのではなく、発話内行為自体の不当性を問題にすべきだと思われる。また、発話内行為自体の不当性を主張することは、この行為の不当性はその帰結に依存しない、という立場を採ることでもある。ただし、私の見解では、この立場を非帰結主義として強調するよりも、帰結主義的議論との協働を考えたほうが生産的である。Hの不当性を帰結主義的に示すためには、Hから学生の心的な傷や学業パフォーマンスの低下が帰結することがどうデータ的に示されるのかを考える必要があるが、被害者の自己認識の困難がHの一部をなしている以上、アンケート調査などの信用性には疑いがある。信頼できる調査をデザインするために、会話の進行という観点から発言から帰結する害の複雑なルートを明らかにしていくことは有益だと思われる。

結論

ただの言葉が、身体的暴力とは別の仕方で人に傷を負わせることができる。このことを本論では、「女性に哲学は向いていない」という男性教員の発言を例にとって示してきた。

なぜPが不当なH発言なのかという問いに対し、第一節では、それが女性学生を男性学生に従属させる（より劣った地位に貶める）発話内行為だからだ、という答えを与えた。第二節では、男性学生の典型的反応である黙認が教員の発話の権威を高め、異論を沈黙させることや、「気にし過ぎ」のような反応が二次被害として女性学生を孤立させることを論じた。これらによって、この男性教員の発話は、単に女性学生を貶めるだけでなく無力化してもいる可能性を明らかにした。この発話は、教員に悪意がなく、負の帰結が顕在化しなくても、それ自体で不当であり、口にすべきでないH発言である。また、この教員側を擁護して学生側を非難するようにはたらく理論的フレームには注意深くならなくてはならない。

注1で触れた日哲アンケートの結果は、Pのような発話が現実になされ、対処もされていない状況を想像させる。しかし、そういう状況があったとしても、それは差別に関して哲学には何もできないということを意味しない。本論を含めてこの特集が、差別を黙認したり正当化したりするものから差別と闘うものに哲学が変化する機縁になれば嬉しい[11]。

文献

Austin, J. L. 1975. *How to Do Things with Words*, 2nd edition, Harvard UP.

Hellman, D. 2011. *When Is Discrimination Wrong?*, Harvard UP.

Langton, R. 1993. "Speech Acts and Unspeakable Acts." *Philosophy & Public Affairs* 22 (4): 293-330.

Langton, R. 2012. "Beyond Belief: Pragmatics in Hate Speech and Pornography." In I. Maitra and M. K. McGowan (eds.) *Speech & Harm: Controversies Over Free Speech*, Oxford UP.

MacKinnon, C. M. 1993. *Only Words*, Harvard UP.

Maitra, I. 2012. "Subordinating Speech." in *Speech & Harm*.

Matsuda, M. J. 1993 "Public Response to Racist Speech: Considering the Victim's Story." M. J. Matsuda et al. (eds.) *In Words that Wound: Critical Race Theory, Assaultive Speech, and the First Amendment*, Westview Press.

McGowan, M. K. 2012. "On 'Whites Only' Signs and Racist Hate Speech: Verbal Acts of Racial Discrimination." in *Speech & Harm*.

Nielsen, L. B. "Power in Public: Reactions, Responses, and Resistance to Offensive Public Speech." in *Speech & Harm*.

Siegel, R. "A SHort History of Sexual Harassment." In C. A. MacKinnon and R. B. Siegel (eds.) *Directions in Sexual Harassment Law*, Yale UP.

Sue, D. W. 2010. *Microaggressions in Everyday Life: Race, Gender, and Sexual Orientation*, Wiley.

West, C. 2012. "Words That Silence? Freedom of Expression and

"Racist Hate Speech," in *Speech & Harm*.

注

（1）この発言例を取り上げる理由は、二〇〇六年に実施された「日本哲学会男女共同参画アンケート結果」に関わる（(http://philosophy-japan.org/download/248/file.pdf)）。このアンケートで、「哲学教育において、ジェンダー・バイアス（性別・性差に由来する固定観念や偏見が存在する）と思いますか？」という問いへの会員の回答は、男性「存在する五八％、存在しない三五％、その他七％」に対し、女性「存在する八〇％、存在しない六％、その他一四％」だった。また、「研究活動を遂行するなかで、ジェンダー・バイアスに起因する不当な威圧や評価を受けた経験はありますか」という問いに関しては、男性「ある八％、ない八二％、その他一〇％」、女性「ある四〇％、ない三五％、その他二二％」だった。この結果は、哲学の教育・研究におけるジェンダー・バイアスの認識に、性別間で相当なギャップがあることを示唆している。そこで、こうしたバイアスの典型表現と見なされうる「女性に哲学研究は向いていない」を哲学的分析の標的にし、このギャップの意味を『哲学』紙面上で問うことには意味があると思われる。

（2）この仮定は、現実の女子学生たちがPのような発言に傷ついていないとか、無自覚的だといった認識を含んでいない。論点は、害が仮に確認されなくてもPはそれ自体で不当だということである。

（3）彼女らの議論には、（1）ポルノグラフィーにおける行為や発言は女性を従属化するという法哲学者MacKinnon（1993）による主張をhSに適用すること、（2）発言や表現の分析のためにオースティン以来の言語行為論や語用論の方法を用いるという特徴がある。

（4）Langtonは、人種差別を例として、「従属させること」の要素として、「ランク付け」以外に、差別的ふるまいを「正統にすること（legitimate）」と標的集団の重要な力を「奪うこと（derive）」を挙げている（Langton 2009: 303）。本論で後に触れる「認可（license）」と「孤立化（alienate）」はこれらの要素と関連している。

（5）この悪意なき教員が何らかの意味で「無知（ignorance）」なことはたしかだが、問題を知識の不正確さに還元すべきではない。Hellman（2011）は、分類の統計的な不正確さから、その分類に基づく区別が不当な差別であることは導けないことを論じている。

（6）彼女たちの議論は、R. Stalnakerの「共通基盤（common ground）」とD. Lewisによる「スコアキーピング（scorekeeping）」の概念を援用して形成されている。

（7）この教員は「私の教員経験からすると」と述べることで、発言内容は個人的感想にすぎず情報の正確さは問題でないと示唆しようとしている。だが、本稿の見解では、このように述べることによって、Pの問題的な性格が弱められるわけではなく、むしろ、教員としての発言者の権威は高まり、発言内容の受け入れへの強制力も高まる。また、知識の不正確さがH発言の悪質さを構成するという考えは自明ではない。注5を参照。

（8）Matsuda（1993）はhSに関してこの種の安心感に触れてい

る。

（9） West（2012）は、hSにも「表現の自由」を認める立場に対して、hSは標的集団に沈黙を強いることで表現の自由を奪っているという論点で反撃している。

（10） Sue（2010）の「微細な攻撃」研究は、被害者非難と孤立化の関係を論じている。

（11） 本研究は、科学研究費補助金（16H03338、代表：和泉ちえ）の助成を受けたものである。

〈特別企画「ハラスメントとは何か？――哲学・倫理学からのアプローチ」〉

構造的不正義としてのハラスメント
――ヤングの責任モデルによる、大学におけるセクハラ問題の考察

神島《かみしま》 裕子《ゆうこ》
（立命館大学）

はじめに

本稿では、アイリス・マリオン・ヤングの責任の社会的つながりモデルによって、大学におけるハラスメントを構造的プロセスがもたらす不正な結果として考察する。ここでは紙幅の関係上、各種ハラスメントの中からセクシャル・ハラスメントに的を絞った議論を行う。

セクシャル・ハラスメント（以下、セクハラと略記）はセックスとジェンダーに関わるハラスメント（脅し、嫌がらせ）であり、これには性的関係の強要から卑猥な言動、さらには「女子力」の評価も含まれる。セクハラへの拒否・抵抗を示した人に業務上の不利益が生じた場合には「対価型」、セクハラによって業務環境が不快なものとなり能力が発揮できない状況が生じた場合には「環境型」と呼ばれる。

セクハラは大学では、教員が学生（特にゼミ生や大学院生）に対して行うケースが多い。また、男性が女性に対して行うケースがほとんどである[1]。しかしそれらは教職員間でも生じるものであり、また女性から男性に対して、あるいは同性間でなされる場合もある。現行の男女雇用機会均等法の第十一条は、事業主に対して「職場における性的な言動に起因する問題に関する雇用管理上の措置」を取ることを義務付けてい

るが、被雇用者ではない学生を主体とする大学では、独自の規定を置いてセクハラに対応している(2)。

大学におけるセクハラの多くは放置されており、ハラスメント相談員などに相談があったとしても、裁判にならない限りは大学内部で処理されている。懲戒処分の公表も私立大学においては任意であり、良心の呵責のない加害者であれば、反省するどころか、居直ったりすることさえある。こうした局所的で一過的な責任の果たし方では、教育・研究の場である大学のインテグリティは損なわれかねない。

責任に関するヤングの社会的つながりモデルは、構造的不正義を対象にし、構造的プロセスに関わるすべての人にこれからの正義への責任があることを示している。本稿では、ヤングの責任モデルが大学におけるセクハラ問題を考察する上で示唆に富んでいること、しかしながら幾許かの友好的な修正が必要であること、そして大学という学びの場にふさわしい責任の果たし方の一試案を示したい。

1　ヤングの責任モデル

ヤングが二〇〇六年の論文「責任とグローバルな正義・社会的つながりモデル」と二〇一一年に刊行された遺著『正義への責任』で提示した責任の社会的つながりモデルは、構造的不正義に適用される。例えば、住居探しに四苦八苦するシングルマザーの事例や、グローバルなアパレル産業の労働搾取工場（スウェットショップ）で働く途上国の人々の事例が検討されている。こうした事例では不正な事態が「大抵の場合は、容認されたルールや規範の範囲内で、多くの個人や制度がそれぞれの個別の目標や利害関心を追求しようと行為した帰結として生じる」とされている（Young, 2011:52=75）。

このモデルの特徴は、（ア）不正義が生じたことへの責任を特定の行為者に負わせるのではなく、不正義を生んだ構造的プロセスに寄与した全行為者に負わせること、また（イ）その責任を過去遡及的ではなく未来志向的なものとし、不正な結果をもたらす構造を変革する責任を全行為者に集合的に負わせること、さらに（ウ）全行為者は責任を自らのやり方で果たさなければならないことの三点にある。このような特徴を有するヤングの責任モデルを、本稿では便宜的に〈これからの正義への集合的責任〉論と呼ぶ。

留意事項として、（ア）についてヤングは、個人的な相互行為のレベルと社会的な構造のレベルを区別し、後者を正義の主題とするジョン・ロールズを評価しつつもロールズが社会の一部（「基礎構造」）しか捉えていないことを批判している。ヤングによれば、むしろ社会構造は「社会の一部ではなく、社会全体に対する特定の見方、つまり人々の諸関係や人々が互いに関連して占めるポジションにパターンを見出す見方を伴うものであるか、あるいはその見方において可視的になるもの」（Young, 2011：70=99）である。構造は国家の諸制度に限定されるものではなく、アーキテクチャとして社会に遍在するものとして捉えられている。

また（イ）について、ヤングの責任概念は、ハンナ・アーレントの読解とアーレントの政治的責任という概念の批判を通じて展開されている。ヤングは、アーレントが「罪」と「責任」を区別したことを評価しつつも、アーレントの示唆する政治的責任が「罪と同様に過去遡及的な概念のように見える」（Young, 2011：92=136）と指摘する。そのうえで、政治的責任という理念には本質的に未来志向の要素があるとし、また「社会の構成員は知識のある（aware）道徳的行為者であり、他者の運命に対して、そして国家や他の組織化された諸制度がしばしば一部の人々に課している危険とに対して無関心であってはならないという事実によってこの責任を負う」（Young, 2011：92=136）として、政治的責任の主体が政治共同体（国家）のメンバーに限定されないことを強調している。

（ウ）についてヤングは、責任の種類と度合いは行為者によって異なり、そうした異なりの大部分は行為者の個人史ではなく、行為者が構造的プロセスの中で占めている「社会構造上のポジション」（Young, 2011:45=65）によるとしている。ヤングの責任モデルをセクハラに適用する際にはこの点が最も困難となるが、これについては後述する。

2　セクハラ問題への適用

大学では女性がセクハラの被害者になりやすいが、これは女性の社会構造上のポジションによる。つまり大学における女性のポジションが女性をセクハラの被害者になりやすくしているのではなく、社会構造における女性のポジションが大学における女性をセクハラの、それも構造的プロセスの結果としてのセクハラの被害者になりやすくしているのである。ここではこのことを架空の事例を通して示してみたい。

マリコが大学に専任教員として着任して3ヶ月が過ぎようとしている。公募での採用だったが「女性枠採用で得をした」という噂話があることを耳にした。教授会のメンバーの中には、度重なる丁寧な訂正依頼にもかかわらずマリコをいまだに英語の先生と呼ぶ教員がいる。教授会ではマリコが発言する時にだけ高圧的な態度で異論と反論を述べる教員がいるため、なるべく発言しないようにしている。専門科目を担当する女性教員はマリコ以外に一人しかいない。マリコには保育園に通う子どもがいるためか、教員室では家庭のことをよく聞かれ、「お子さんを預けっぱなしなんですね」と言われる。保育園や病児保育所などからの電話は、日中連絡先のトップに夫の番号を書いてあるにもかかわらずいつもマリコにかかってくる。マリコの学部には公式SNSがあり、広報担当が教員の仕事風景などの写真を撮影してアップしている。SNSの被害が気になるマリコがその旨を伝えても「考えすぎでしょ。女子学生を増やすために協力してよ。それにもっとキラキラした感じにした方がいいんじゃない」と言われるだけである。学期末試験の時期となり、他学部でも講義を担当しているマリコはそちらの試験監督も務めたが、業務終了後しばらくしてマリコの元に駆け寄ってきた補助監督員であったその学部の教員は、「非常勤の先生だと思っていたので挨拶もせず失礼しました」と言ってきた。数年後、学外研究の権利を得たマリコが在外研究取得者一覧を見ると、育児休暇取得者として先輩の女性教員の名前と期間も別枠で記載されていた。病気を理由とする休職者の名前と期間は記載されていない。その女性教員は近々、退職予定である。専門科目の教員に欠員がでたため数年前から始まった「ポジティブ・アクション」を謳った公募により、翌年度から女性教員が採用されることになった。複数の学会で受賞したことのある人だが、マリコの隣の研究室では「女は得だよな、まあ美人らしいから許してやるか」という会話がなされている。翌年マリコは満を持して在外研究に応募したが、全学の仕事として「ハラスメント相談室長」がマリコの学部に回ってくることになり「やはりこういう仕事は女性にお願いしましょう。新任の先生にはお願いしにくいのでここはやはり…」という執行部のコンセンサスを聞かされ、応募を取り下げた。マリコはすっかりやる気をなくしてしまい、最近は講義に身が入らず、研究もまったく捗っていない。

この架空の事例が示すように、マリコの境遇はマリコの個人的特性によるものではなく、マリコが女性であるがゆえに避けられない女性の社会構造上のポジションによるものである。第二、第三のマリコがいることは想像に難くないだろう。彼女たちが「主に自分自身のコントロールが及ばない環境の被害者」（Young, 2011:45=65）であることは明白である。(3)

またこの架空の事例が示すように、マリコが経験しているセクハラの責任を負うべき特定の加害者はいない。多少の意地悪はあるだろうが全員が世間一般でこれまで事実上容認されてきた言動をしているに過ぎない。女性を抑圧するジェンダー構造の中で、特段の非難には当たらない個々人の行為が、マリコが被っている不正義に「直接的にではなく、むしろ間接的、集合的、そして累積的に寄与している」（Young, 2011:96=144）のである。こうして「罰するほどの加害行為はなくても、被害者は生まれる」（北仲・横山、二〇一七年、二七頁）。この架空の事例は、大学におけるセクハラ問題を理解する上で、ヤングの責任モデルが有用であることを示している。

3　問題点

ヤングの責任モデルはさらに、構造的不正義の解決策として〈これからの正義への集合的責任〉の分有を提案する。(4)この提案では「自らの行為を通じて何らかの不正な結果を伴う構造的プロセスに寄与した人々はすべて、その不正義に対する責任を分有する」（Young, 2011:96=144）ことになる。ヤングは憎悪犯罪を主要な例とする他の研究者の理論から多くの示唆を受けたと断った上で、「分有された責任」概念を次のように説明している。「私の責任は本質的に他人と分有されている。なぜなら危害は、容認された制度や実践の範囲内で私たちの多くが共に行為することによって引き起こされており、また、私たちの行為の何が、特定の個人が被っている不正義のどの部分を引き起こしたのかを見定めることは、誰にも不可能だからである」（Young, 2011:110=163）。

この「分有された責任」概念は、その多くが放置されている大学におけるセクハラをなくす方法を編み出していく上で有効だと思われるが、問題点もある。

ヤングによれば、この分有責任は「政治的責任」であり、「個人的に負われるものだが、一人で負われるものではない」（Young, 2011:109-110＝163）。「ここでの「政治」が意味するのは、私たちの諸関係を組織し、また私たちの行為を最も正しいやり方で調整するために、公共的コミュニケーションに他者と共に携わることである」（Young, 2011:112＝166）。構造的不正義への寄与者は、他者と行動を共にすることで〈これからの正義への集合的責任〉を果たすことができるというのだ。

大学におけるセクハラをなくすためには、分有責任という理念は有用であるだろう。しかしこの未来志向の政治的責任論が被害者にも責任を負わせるものとなっていることに、まずは着目したい。

社会的つながりモデルでは、構造的不正義の犠牲者と正当に呼びうる人々には、そうした構造の変容へ向けた行動に参画するという他者と分有する責任も持たせうる。実にいくつかの問題では、構造の中でより不利なポジションにあると言われうる人々が、組織化と不正義の矯正策に関する提案とを主導するべきなのかもしれない。なぜなら最も危険にさらされているのは、そうした人々の関心事であると言えるだろうからである。さらに不正義の被害者は、そうした社会的ポジションにあることによって、問題の本質と自分たちよりも権力と特権のあるポジションの人々が提案する政策や行動から生じうる効果とについて、独自の理解を示すことができる（Young, 2011: 113＝168）。

したがって本稿の架空の事例で言えば、マリコにも〈これからの正義への集合的責任〉が分有されることになる。ヤングはさらに次のようにも述べている。

不正義の被害者は通常、不正義を生む構造的プロセスに寄与している。工場労働者はしばしば、例えば提示された賃金をいくらであろうとも受け取り、上司の権威に逆らわないが、そのことで、彼らにより少ない賃金でより多く働かせようとする雇用者の尽力を補完している。そうでないとしても、不正義の被害者は、不正義を生みだしている構造に異議を唱えるためになんらかの責任を負うべきである。自分が被っている危害について最もよく知っているのは彼らであり、よってまた、自分の状況を広く知らしめ、それを不正義と呼ぶのは〈彼らに限定されるものではないにせよ）彼らのすべきことである。不正義を改善しようとする努力に被害者自身が関与しない限り、善い意図の部外者が不注意にも彼らに別の仕方で危害を加えるかもしれないし、効果のない方向に改革を向かわせてしまうかもしれない（Young, 2011:146=216–217）。

不正義の被害者は構造的不正義に加担してしまっている。マリコの事例で言えば、マリコは和を壊すことを覚悟で、心ない噂を否定し、決めつけに抗い、嫌味に反論し、嫌なことは嫌だと言い、おかしなことをおかしいと言えばよかったのかもしれない。セクハラと認定されないことを承知の上で、ハラスメント相談室に相談に行けばよかったのかもしれない。「落ち度」はまったくなかったとは言い切れない。だがマリコにはセクハラを生みだす構造に抗うことが、そもそもできたのだろうか。

4　責任へのケイパビリティ

未来志向的であるヤングの責任モデルは、構造的不正義への寄与者を非難しないと同様に、被害者の「落ち度」も責めない。被害者の「落ち度」を責めないことはもちろん正しい。[5] が、それによってヤングの責任モデルは行為者のケイパビリティを十分に考慮しないものとなっている。同様の指摘は、ヤングの責任モデルは行為者の「応答能力」に十分な注意を払っていないとするジェイド・シフによってもなされている（Schiff, 2013）。

だが、被害者のケイパビリティを検討することは、むしろ〈これからの正義への集合的責任〉の分有の仕方にアプローチする上で不可欠である。ヤングは注意深くも「構造の中で相対的に弱いポジションにいる人々」の政治的責任は、「より力のある行為者を批判したり圧力をかけたりするために組織化する以上のものにはなりえないことが多い」（Young, 2011: 153=212–233）としている。だが、被害者が自らに危害を加えた構造を変容させるために、批判したり圧力をかけたりすることは容易ではない。性的暴行のケースにおいてでさえ、声を上げる被害者を非難する風潮が根強い社会では、後に続こうとする人々の勇気は挫かれている。[6]

ここでは、ヤングの責任モデルにひとつの友好的な修正的提案をしたい。それは、分析においても処方箋においても行為者の責任へのケイパビリティを考慮に入れることである。

ニーチェ的な意味で非難は権力への意志の行使であるが、批判はそうではないという理解に基づくヤングが、「行動しないこと、十分に行動しないこと、効果的ではない行動をすること、逆効果の行動をとることについては、批判されてよいし、されるべきである。そして私たちは、ともに責任を分有している他者を、そうした理由で批判する権利だけではなく、責務をも負う」（Young, 2011:144=213）と述べるとき、被害者には他者からの批判を受けるにふさわしいケイパビリティと、他者を批判するためのケイパビリティがあるということが、前提されてしまっている。しかし女性を抑圧する形式でジェンダー化された社会構造においては、批判を受けたり批判を行ったりするのに適したケイパビリティが女性に十分に保障されているとは言えないだろう。

他方で、構造的不正義に寄与した、犠牲者を除く人々の責任へのケイパビリティについてはどうだろうか。ヤングはこれを問うことにも否定的だと思われる。というのも、そうすることは第一に、過去に関する議論に焦点を合わせてしまい、第二に、彼らに非難に対する自己防衛反応を引き起こしてしまい、〈これからの正義への集合的責任〉を分有するにあたっての「協働のためのモチベーション」を損なわせてしまうだろうからである（Young, 2011:117=174）。

するとたしかに、本稿の架空の事例に見るような大学におけるセクハラについては、ここでのヤングの見解を支持せざるをえない。関係者の責任へのケイパビリティを評価し、それに応じて責任の種類と度合いを変えることは不可能だからである。だが大学という場であるからこそ、次節で提案するような〈これからの正義への集合的責任〉の分有と遂行方法がありうる。

5 責任の分有と遂行方法の一試案

大学という組織に固有の特性として「学問の自由」にもとづく「自治の原則」がある。大学は「独立した自営業者の集まり」のようであり、「ローカルルールが優先」されてしまい「いくら上から学長や研究科長が命じても、黙って言うことを聞くということ」は期待しにくい人々の集まりである（北仲・横山、二〇一七年、一七二－一七五頁）。

このような場においてセクハラをなくすために、分有された責任をどうすれば集団的行為を通じて果たしうるのか。キャンパスにおけるデモやストライキ、あるいは大学サービスの不買運動という手法も考えうるのかもしれないが、本稿では、分有責任の遂行の一環として不正を生みだす構造の中にいる人々に反省の機会を持たせ、それによって批判のためのケイパビリティを高めることを提案したい。

反省しない行為者、つまり自らに一方的な利益をもたらしているかもしれない現行の構造に何の問題点も見いだしていない行為者が、構造変革へ向けた集団的行動に積極的に参画することは期待できない。マーサ・ヌスバウムはヤングの責任概念が行為者の反省を重視しないものであることを指摘した上で、人々が他者と協働する条件としてのナルシズムの克服を挙げている。「自分自身のナルシズム、利己的な不安、そして他者に対して威張りたいという欲望を明らかにし、それを克服しようと努めることによってのみ、私たちはそうした強固な障害物から幾許かではあっても自由に、本当の意味で他者と向き合うことができる」（Nussbaum, 2009:145）。

こうした反省の要素を含んだ学問の場にふさわしい〈これからの正義への集合的責任〉の分有と遂行方法として、稲原美苗の説く「哲学的当事者研究」が示唆的である。大学は社会の中にあり、その社会には女性を抑圧するジェンダー構造があり、人々はその中で性別に応じたポジションを得ている。よって大学におけるセクハラ問題では全員が当事者であり、全員が他者と共に、しかしながら自分で問題に向き合い、「自己の中に潜んでいる正常性の構成を捉え直す試み」（稲原、二〇一五年、一五頁）に従事することが望ましいだろう。

範囲は限定されるが、その成果はＦＤ（ファカルティ・ディベロプメント）として発表し合える。各部署で定期的に開催されるＦＤ研修会で、セクハラという構造的不正義があることを前提に、みずからのポジションと言動を反省し、分析し、その知見を報告する。これによって誰もが、自分にセクハラは関係ないと高を括ることはできなくなるだろうし、被害者も潜在的被害者も、研究成果としてみずからの声を届けることができるだろう。このような学びには、外部講師のレクチャーを聞いたり、事例を集めた映像資料を見たりすることよりも、〈これからの正義への集合的責任〉を分有する行為者のケイパビリティの向上において、よりましな教育的効果が見込まれるだろう。

結　び

本稿で示したようにヤングの責任モデルを通してみると、

大学におけるセクハラは構造的不正義の産物であると言える。大学におけるセクハラは、特定の性を抑圧する形式で構造化された社会を変容させない限りなくならない。大学にかかわる行為者はすべて、構造を変容するという責任を、ワークショップのようなかたちで他者と共に自分で果たさなければならない。社会的な構造のレベルにおいてだけではなく、個人的な相互行為のレベルにおいても正義が必要であることを、ヤングは教えてくれた。

文献

稲原美苗「フェミニスト現象学における障害の身体論の展開：哲学的当事者研究の可能性」(『大阪大学大学院文学研究科紀要』第五五号、二〇一五年。

北仲千里・横山美栄子『アカデミック・ハラスメントの解決　大学の常識を問い直す』寿郎社、二〇一七年。

Nussbaum, Martha, "Iris Young's Last Thoughts on Responsibility for Global Justice" in Ann Ferguson & Mechthild Nagel eds., *Dancing with Iris: The Philosophy of Iris Marion Young*, Oxford University Press, 2009.

Schiff, J. L., "Power and Responsibility" in Genevieve Fuji Johnson & Loralea Michaelis eds., *Political Responsibility Refocused: Thinking Justice after Iris Marion Young*, University of Toronto Press, 2013.

Young, Iris Marion,"House and Home: Feminist Variations on a Theme", in Iris Marion Young, *Intersecting Voices: Dilemmas of Gender, Political Philosophy and Policy*, Princeton University Press, 1997.

----------"Lived Body vs Gender: Reflections on Social Structure and Subjectivity", *Ratio* XV, 2002.

----------"Responsibility and Global Justice: A Social Connection Model," *Social Philosophy & Policy Foundation*, 2006.

----------*Responsibility for Justice*, Oxford University Press, 2011〔＝アイリス・マリオン・ヤング『正義への責任』岡野八代・池田直子訳、岩波書店、二〇一四年〕。

注

(1)　セクハラのみ、あるいはセクハラとアカハラまたはセクハラとパワハラの報道された処分例として、北仲・横山(二〇一七年、三一―三四頁、三七―三八頁)を参照。

(2)　例えば筆者が勤務する大学では、「教職員が他の教職員、学生もしくは関係者に不利益や不快を与える人権侵害の言動、または学生もしくは関係者が学生もしくは教職員に不利益や不快を与える人権侵害の言動」を「ハラスメント」とし、「相手の意に反し、相手に不利益や不快を与える性的な人権侵害の言動」を「セクシュアル・ハラスメント」とし、「学生の保護者ならびに関係業者およびその従業員等本学と職務上の関係を有する者」を「関係者」としている。立命館大学ハラスメント防止委員会のホームページを参照。

（3） 現象学的フェミニズムの第一人者であるヤングは、現象学の「生きられた身体」（lived body）という概念の有用性を重々承知しつつも、「ジェンダー構造は…個々人の行為と自覚を調整する」として、構造における女性の抑圧を理論化するためにジェンダー概念を保持している（Young, 2002）。

（4） ヤングは、途上国の労働搾取工場の事例を主に用いて「分有された責任」を考察し、「不正義を是正するための集団的行為に関連して、行為者が自らの行為と他者の行為について判断する際に用いうる四つのパラメータ」（Young, 2011: 144=214）として、権力（多国籍企業）、特権（富裕国の消費者）、利害関心（労働者、工場主、小売業者）、集団能力（労働組合、教会、株主組織、学生）を挙げて、それぞれがなしうることを説明している。

（5） ヤング（Young, 1997）によれば、ヤングが子どもの頃、一家が郊外の新興住宅街へ引っ越して間もなく父親が他界し、母親と子どもたちで暮らすようになった。修士号を持ち、三ヶ国語も話せて、子どもが生まれるまで働いていた母親はもともと家事をする方ではなかったが、支援がなく途方にくれるなか飲酒もするようになり、子どもの「ネグレクト（放置）」を理由に、二度も逮捕されてしまった。施設に入れられたり里子に出されたりすることがあっても、母親は子どもたちを彼女なりの仕方で愛しており、食事は十分だったし、服も汚れていなかったとして、決して母親を責めないヤングの叙述が印象的であるが、彼女の責任分有論は自らの母親にも責任をおわせることになりはしないだろうか。

（6） 声を上げるためのケイパビリティが女性に欠けさせられている状況を、筆者は別稿で論じた。神島裕子「公共文化における「女」——私たちの恐怖心を取り除くのは誰の責務か」『思想』一一一八号、二〇一七年。

〈特別企画「ハラスメントとは何か？——哲学・倫理学からのアプローチ」〉

総称文とセクシャルハラスメント

和泉《いずみ》 悠《ゆう》
（南山大学）

1 はじめに

（1）
a すべての女性はスカートを履くべきだ。
b すべての女性は子供を生むべきだ。
c すべての男性はネクタイを締めるべきだ。
d すべての男性は稼ぎ頭であるべきだ。

これら（1）のような発言に対して、読者のほとんどは程度の差こそあれ、何らかの形で否定的に反応するだろう。このような発言は不適切だと感じるかもしれないし、有害だと判断するかもしれない。あるいは明らかに非倫理的・不道徳的だと厳しく発言者を非難するかもしれない。以下にその根拠を少し検討するが、本稿では、（1）のような文を用いた主張が何らかの意味で害悪を持つ、あるいは不当であると仮定する（以下では「何らかの意味で害悪を持つ、あるいは不当だ」を省略して単に「不当だ」とする）。

翻って、次の（2）のような発言に対しては、同じような反応が得られないだろう。

（2）

a　女性はスカートを履く。

b　女性は子供を生む。

c　男性はネクタイを締める。

d　男性は稼ぎ頭だ。

例えば、実際にスカートを履く女性が存在するため、そもそも（2a）は十分に検証され真であるように感じられる。

本稿では、こうした義務様相が含まれた（1）といわゆる「総称文」(generics) である（2）は類似的であり、もし（1）を用いた典型的な発話が批判されるべきならば、（2）を用いたそれも批判されるべきだと主張する[1]。

以下では次のように議論を進める。第一に、（1）のような文がどのような不当な内容を表現しているのか、Angelika Kratzer による義務様相の標準的意味論を基に概観する（2節）。第二に、（2）のような総称文の基本的性質を解説しながら、その使用が曖昧な言説を生じさせることを指摘する（3節）。第三に、総称文の意味論的分析が、（2）の不当性を含意すると主張する（4節）。本稿では、Nicholas Asher と Michael Morreau による様相分析を紹介し、（2）が不当な内容を表現することを示す。最後に結論として、総称文の使用を抑制し、曖昧性を排した量化あるいは単称的表現を使用して議論を行うことを提案する（5節）。

2　義務様相と環境型セクシャルハラスメント

Kratzer (1977, 1981) は *can* や *must* といった様相表現の多様な意味内容に対して、可能世界意味論を用いた統一的分析を提示した。Kratzer 分析をかなり単純化して、そのまま日本語の「べき」に当てはめると[2]、例えば（1a）の意味論的内容を次のように記述することができる。

（3）

（1a）は文脈と会話の背景（conversational background）を踏まえると、可能世界 *w* において真だ iff 会話の背景に含まれる規範（あるいは理念、規則、法といったもの）がすべて遵守されているような世界 *w′* それぞれについて、*w′* ではすべての女性がスカートを履いている[3]

会話の背景は「道路交通法によると」といった形で、明示的表現によって決定される場合もあれば、隠伏的に文脈に含まれている場合もある。例えば、（4）のカッコ内が述べられていなくとも、日本国内の交通規則について語っていることが明らかならば、カッコ内が含まれた発話と全く同じように発話が理解されることもあるだろう。

（4）

（道路交通法によると）自転車は原則車道を通るべきだ。

上の分析によると、（4）が真となるのは、道交法がすべて遵守されているどの可能世界においても、自転車が原則車道を通行しているときでありかつそのときに限る。[4]

さて、（3）の分析を踏まえると、（1ａ）が否定的反応を引き起こす理由として、（i）常識的規範を踏まえると端的に偽である、あるいは（ii）話者が想定する会話の背景が受け入れられない、という少なくとも二つのものが考えられる。一般的常識がすべて遵守されている可能世界を考えてみると、そこでの人々の服装は多様だろう。そのような可能世界において、すべての女性がスカートを履いていると考えることは、単純に間違っているように思われる。あるいは、（1ａ）が「わたしの研究室のルールによると」といったような、極めて恣意的な規範を想定しながら述べられているとすると、文が表現する命題そのものは真かもしれないが、そこで表現されている規範を受け入れる必要がまったく感じられない。

偽なる命題を表現したり、恣意的な規範を表現したりすることと、発話の不当性はどう関係しているのだろうか。その関係を理解するために重要なのは、「環境型セクシャルハラスメント」の概念である。

（5）

環境型セクシャルハラスメント

職場において行われる女性労働者の意に反する性的な言動により女性労働者の就業環境が不快なものとなったため、能力の発揮に重大な悪影響が生じる等当該女性労働者が就業する上で看過できない程度の支障が生じること…[5]

女性労働者の就業環境の悪化がセクハラの必要条件だとすると、[6]（1）のような文の使用がセクハラを部分的に構成する、あるいはセクハラを引き起こす環境の醸成に貢献する現実的な可能性があるだろう。[7] 外見や性別役割分業に関する規範的命題を主張し、押し付ける行為は、それだけで就業環境の深刻な悪化を構成する可能性がある[8]。さらには、ステレオタイプ脅威（stereotype threat）の存在を考慮に入れると、性別役割分業意識が維持されている限り、女性の能力の発揮が阻害されることが考えられる[9]。すると、因果的に間接的な形で、（1）のような文の使用が就業環境の悪化に貢献することとなる。以上の考察は、もちろん義務様相とセクハラの関係について、その表面をなぞっただけに過ぎない。しかしながら、（1）のような発話に対するわれわれの否定的な態度を踏まえると、（1）を用いた発話が何らかの意味で不当だという本稿での仮定の正しさには、それなりに根拠があると思われる。その不当さが（5）や他の定義によって「セクハラ」と認定されるべきなのか、何らかの規制や制裁を必要とするものなのか、そういった問いを本稿で取り扱うことはできない。いずれにせよ、以上の考察が明らかにするように、規範性の表現とセクハラは何らかの形で関係しており、（1）を用いた発話を不当なものにしていると考えられる。以下では、（1）の不当さを仮定して、（2）も類似的に不当であると主張していく。

3　総称文の特徴

本稿で中心的に議論される総称文は、しばしば「特徴付け総称文」（characterizing generics）と呼ばれるものであり、単一の個体や出来事についてではなく、複数の個体について、それらを一般的あるいは法則的に特徴付ける（Krifka et al. 1995）。

（6）
a　象は長い鼻を持つ。Elephants have long trunks.
b　猫はニャアと鳴く。Cats meow.
c　ニワトリは卵を産む。Chickens lay eggs.
d　蚊はデング熱を媒介する。Mosquitos carry the dengue virus.

これらの典型的な例に関して統語的に特筆すべき点は、日本語でも英語でも、名詞が量化表現や冠詞などによって一切修飾されずに現れるところである[10]。

その意味内容に関して第一に指摘されるべきは、特徴付け総称文が真となる条件は明示化されず、特定の語彙や文脈などに依存して大きく変化する、ということである。（6a－6d）はすべて真だと判断されるだろうが、それぞれの生物種の数量に関する含意は大きく異なる。例えば（6a）は、例外を許しながらも、大多数の象個体に当てはまる一般化だと思われる。密漁行為などのせいで、悲しむべきことに鼻の短い象もいるだろうが、（6a）はやはり真となる。明示的な量化表現と対応させると「ほとんどの」などが当てはまるだろう。一方、（6c）も明らかに真だと思われるが、卵を産む可能性があるのは雌鶏だけであり、また、雌鶏でも卵を産まない個体がいるだろう。すると、存在するニワトリの中でも、実際に卵を産むのは「半数以下」ということになる。さらに、（6d）が真となるのは、ごくごく少数の蚊の個体がデング熱ウイルスを運ぶからであり、おそらく、九九パーセント以上の蚊の個体は、そうしたウイルスを持たないだろう。すると、（6d）は存在量化に対応するとも考えられる。

同じ構文を持ちながらも、（6a‐6d）が含意するように思われる量化は「ほとんどの」から「少なくとも一匹の」まで大きく異なる。これは「女性」や「男性」といった社会的・人工的構築物に関する特徴付け総称文においても同じことである。例えば（2a）のような文を真だとして発話する者は、いったいどのような量的な条件を念頭に置いているのだろうか。「ほとんどの」女性がスカートを履くと考えているのだろうか、それとも「少なくとも一人の」女性がスカートを履くと考えているのだろうか。少なくとも、（2）のような語りが極めて曖昧であることが以上の考慮から帰結する。

さらに、同様の構文を持つ文が、例外なく「すべての」と同じ量化的含意を持つ事例も存在する。

（7）

a　正三角形は二等辺三角形だ。Equilateral triangles are isosceles.

b　犬は哺乳類だ。Dogs are mammals.

c　恐竜は絶滅した。Dinosaurs are extinct.

例えば、もし正三角形の中に一つでも二等辺三角形でないものがあれば、（7a）は偽だと判定されるだろう。これらは語の定義を述べているようにも感じられるし、動物種や概念などについて述定しているようにも感じられる。これらがどのように分析されるべきなのか、総称文の一種と分類されるべきなのか、特徴付け総称文とどのような関係にあるのか、そういった理論的問いを脇によけるとしても、（2）の事例と少なくとも表面的には区別がつかない、という点が強調されるべきだろう。[11] すると、（2）のような文を用いた多義性の誤謬（equivocation）が可能となる（Langton et al., 2012; Wodak et al., 2015）。

（8）

a　女性はスカートを履く。だって、見てごらんよ、そこの街行く女性がスカートを履いているでしょ。（存在量化的用法）

b　女性はスカートを履く。だから、スカートを履かない人は女性をやめているよね。スカートを履かないあたももっと女性らしくしなきゃ。（定義的用法）

（8）のような論証に説得力を見出す読者はいないと思うが、このような言説は少なからず世間に流布しているように思われる。（8a）では、（2a）を存在量化として正当化しながら、（8b）では（2a）を例外のない定義であるかのように取り扱っている。

この節での議論をまとめておくと、（2）のような総称文はその真理条件がまったく明示的でないだけでなく、その多様な解釈を利用した誤謬を生じさせる可能性がある。これらの観察がすでに、理性的な対話において（2）のような総称文の使用を避ける実利的な理由の存在を示している。以下では、上述のような性質を持った（2）の具体的な意味論的分析を検討することによって、（2）が不当な内容を表現しうると主張する。

4　総称文の意味論――「普通」世界アプローチ

本稿の執筆時において、総称文の意味論についての通説は存在しない。[12] しかしながら、いくつもの有力な立場が提出されており、紙面の都合からここではそのうちの一つ、可能世界意味論と「普通」概念を用いたアプローチ（Asher and Morreau, 1995）のみを具体的に取りあげるが、他の立場を踏まえても同様の帰結が生じると筆者は考えている。[13] Asher と Morreau によると、総称文は義務や規範を表す様相文の一種として分析される。「ジャガイモはビタミンCを含む」

と（正しく）述べたとしても、煮込み過ぎたり、焼き尽くしたりして灰になったジャガイモにまでビタミンCが含まれている、と主張しているわけではない。そういった極端な事例でなく、「普通」のジャガイモが「普通」の条件の下で「普通」に計測してみるとビタミンCを含んでいる、と述べているのだ。この直観を具体化するために、Asher と Morreau は、命題と可能世界が与えられると到達可能世界を出力する関数‘*’を導入する。その出力‘$*(w, p)$’は、命題pが可能世界wで成立しているとすると、wで「普通」成立するようなことがすべて成立しており、かつpも成立しているような可能世界の集合である。つまり、「普通はこうなっている」、「当然かくかくしかじかだ」という世界観・信念体系が、可能世界の集合によって表現されているのだ。また、Asher と Morreau は、総称文は結局個体への全称量化をともなうという考えを採用し、「ジャガイモはビタミンCを含む」が‘$\forall x$(potato(x) > contains-vitamin-C(x))’という論理形式を持つと想定する。ここで導入された論理記号‘>’は総称文に対応するとされ、それを含む文の真理条件は次のように表される。

（9）

$M,w,a \vDash \varphi > \psi$ iff $*(w, [\![\varphi]\!]_{M,a}) \subseteq [\![\psi]\!]_{M,a}$ （Asher and Morreau, 1995, p. 313）[14]

例えば、‘$\forall x$(potato(x) > contains-vitamin-C(x))’を例として、この文を現実世界で評価してみよう。議論領域Dに含まれる個物を一つ適当に選んでみると、もしそれが現実世界でジャガイモだったら「普通」起こるであろう出来事がすべて起こっている可能世界を‘*’が決定する。そしてそのようなそれぞれの個物に相対的な「普通」世界で、その個物がビタミンCを含んでいれば、その個物に関して‘potato(x) > contains-vitamin-C(x)’が真となる。D中のすべての個物について、同じことがいえたなら、この文は真となる。[15] さて、この分析を（2a）に当てはめてみると、（2a）はおおよそ「それぞれの人物について、もしその人が女性だったとき普通成立していることがすべて成立している世界では、その人がスカートを履いている」という内容を表現していることになる。そのような命題を主張することの不当さは、2節で議論された（1a）の不当さと並行的である。（1a）は様相的な内容を表し、何が規範か、何が当然かが可能世界の集合によってモデル化されている。同様に（2a）も様相的な内容を表し、何が普通か、何が当然かが可能世界の集合によってモデル化されている。一方が不当ならば、他方も不当だと考えられる。具体的に（2a）が表す内容を検討すると、まず、（i）個人の権利が尊重された「普通」の世界においては、いかなる性自認を持った人物も多様な服装をしているだろう。よって（2a）は明らかに偽であり、（2a）を真だとみなす発話者はとてもグロテスクな形で「普通」世界を認識しているように思われる。あるいは、（ii）話者が隠伏的に想定するモデルの＊が、（2a）をトリビアルに真にするかもしれない。もしモデルが何らかの形で「ことばの意味」を近似しているとすると、（2a）への反発は話者と聞き手がまったく異なることばを話しているからだ、と考えることもできる。聞き手は、（2a）が真であるかのように語る人物が同じ言語を話しているようには思えず、そこで想定されている「普通」を受け入れることができないのである。

本節では、総称文の代表的な分析一つを検討し、（2）のような総称文が規範的内容を表現していることを明らかにした。したがって、明示的に規範的内容を表現する（1）が不当であるならば、（2）も少なくとも何らかの度合いで不当であると考えられる。

5　結論――総称文使用を抑制する

以上の考察が示唆するのは、われわれは総称文の使用に非常に敏感でなければならない、ということである。第一に、3節が示すように、総称文が表す量的な含意は明示的でないため、たとえ正しい存在量化解釈が意図されていたとしても、それを悪意を持ってあるいは誤解して、「ほとんどの」解釈や全称解釈へと論点をずらす読者が存在する可能性がある。第二に、4節が示すように、総称文の使用は規範的内容を表現し、性差別や性別役割分業意識を持続させる可能性がある。われわれは、「男性は」、「女性は」、「男は」、「女は」などと文を始める場合、こうした可能性に常に留意しなければならない。[16]

そもそも、「男は…」、「女は…」などと粗雑な形で議論を進めなければならない理由があるだろうか。「ほとんどの」解釈が念頭にあり、性自認が「男性」であるヒトの半数以上に対して、何らかの性質を帰属させたいならば、そう明示的に述べればいいだろう。「かくかくしかじかの調査によると、千人中八五八名の男性が…だ」などと述べればよいのであり「男性は…だ」と誤解の余地を残しながら述べる必要はない。存在量化が念頭にあるのならば、「これまでに…な女性が三二名存在する」と明示的に述べればよい。もしその主張に批判があるのなら、調査の妥当性や数値の解釈などについて議論を深めることができる。あるいは、「デイヴィッド・ヒュームは…であり、メアリ・ウルストンクラフトは…であった」といったように、単称的に個人について語ればよい。

本稿では、明示的に規範を表現する文（1）と総称文（2）の意味論的内容を比較した。もし、例えば性別役割分業について明示的に規範を述べることが不当ならば、対応する総称文を述べることも不当であると主張した。少なくとも一部の総称文使用は、非明示的な形で規範を表現する。女性（だろうがどのような性自認を持つ人々だろうが）の活躍を妨げる規範を維持することは、少なくとも間接的なセクシャルハラスメントだろう。よって、ことばの扱いに厳格なすべての哲学者は、総称文の使用に対しても厳しい態度で臨まなければならない[17]。

参考文献

Asher, N. and Morreau, M. (1995). What some generic sentences mean. In Carlson, G. and Pelletier, F. J., editors, *The Generic Book*, pages 300–338. Chicago University Press, Chicago.

Chrisman, M. (2016). Metanormative theory and the meaning of deontic modals. In Charlow, N. and Chrisman, M., editors, *Deontic Modality*, pages 395–429. Oxford University Press, Oxford.

Franke, K. M. (1997). What's wrong with sexual harassment? *Stanford Law Review*, 49(4): 691–772.

Izumi, Y. (2012). *The Semantics of Proper Names and Other Bare Nominals*. PhD thesis, University of Maryland, College Park, Maryland.

Kratzer, A. (1977). What 'must' and 'can' must and can mean. *Linguistics and Philosophy*, 1(3): 337–356.

Kratzer, A. (1981). The notional category of modality. In Eikmeyer, H.-J. and Rieser, H., editors, *Words, Worlds and Contexts*, pages 38–74. Walter de Gruyter, Berlin.

Krifka, M., Pelletier, F. J., Carlson, G., ter Meulen, A., Chierchia, G., and Link, G. (1995). Genericity: An introduction. In Carlson, G. and Pelletier, F. J., editors, *The Generic Book*, pages 1–124. Chicago University Press, Chicago.

Langton, R., Haslanger, S., and Anderson, L. (2012). Language and race. In Russell, G. and Fara, D. G., editors, *The Routledge Companion to the Philosophy of Language*, pages 753–767. Routledge, New York.

Leslie, S.-J. (2007). Generics and the structure of the mind. *Philosophical Perspectives*, 21: 375–403.

Leslie, S.-J. (2008). Generics: Cognition and acquisition. *Philosophical Review*, 117(1): 1–47.

Leslie, S.-J. (2017). The original sin of cognition: Fear, prejudice and generalization. *The Journal of Philosophy*, 114(8): 1–29.

Nickel, B. (2017). Generics. In Hale, B., Wright, C., and Miller, A., editors, *A Companion to the Philosophy of Language*, 2nd, pages 437–462. Wiley-Blackwell, Malden, Massachusetts.

Spencer, S. J., Steele, C. M., and Quinn, D. M. (1999). Stereotype threat and women's math performance. *Journal of Experimental Social Psychology*, 35: 4–28.

Steele, C. M. (2010). *Whistling Vivaldi: How Stereotypes Affect Us and What We Can Do*. W.W. Norton & Company.

Wodak, D., Leslie, S.-J., and Rhodes, M. (2015). What a loaded generalization: Generics and social cognition. *Philosophy Compass*, 10(9): 625–635.

和泉悠 (2016).『名前と対象——固有名と裸名詞の意味論』勁草書房。

注

（1） 紙面の都合から本稿では、（1）と（2）がどの程度類似的なのか、同じ程度不当なのか、実は後者が陰湿でより不当なのか、といった問いは考察できない。

（2） 日本語の「べき」は *must* や *ought to* と異なり認識論的様相解釈を持たないため、多義的な様相表現を説明する Kratzer 分析を直接適用することは実際にはできない。

（3） いわゆる極限仮定（the Limit Assumption）を置き、規範が守られる最適世界（best worlds）の集合が存在すると想定している。（Kratzer, 1981）においては、極限仮定がない必然性の定義が与えられる。また、会話の背景の役割をもう少しだけ丁寧に述べると、義務様相に関する会話の背景として、現実的な世界の集合を出力する様相ベース（modal base）とその集合の要素をランクづける命題を出力する順序ソース（ordering source）の二種類の関数が措定される。順序ソースにより世界をランク付けることによって、義務論理におけるパラドックスを解決したり、自然言語における様相表現の振る舞いを説明したりすることができるとされる。

（4）「べき」が含まれた文に真理条件を与えているからといって、特定のメタ倫理的立場を前提としなければならないわけではない。例えば（3）が実際に成立している出来事を記述していると解釈する必要はない（Chrisman, 2016）。

（5） 平成十年三月一三日労働省告示第二〇号（http://www.mhlw.go.jp/shingi/2005/09/s0927-6d.html）より抜粋（最終閲覧日二〇一八年二月九日）。

（6）（5）を一見すると、女性労働者の特定の感覚がセクハラの必要条件であるかのように思われるかもしれない。発言や行動が「意に反する」ものであり、そして環境が「不快」でなければ、この定義によるセクハラは成立しない。しかし、まずこれがどこまで厳密な定義として提示されているのか定かではない。ひょっとしたら、十分条件として提示されているだけなのかもしれない。また、セクハラを性差別の一形態ととらえる考えによれば、（5）における「不快」の使用は少なくともミスリーディングだろう。当人が気づいていなくとも差別されていることはありえるからである。

（7） 当然、「男性」労働者やいかなる性自認の労働者に対しても、割合や権力関係を変更すれば、類似的な議論が成立する。ここでは単純化のため、「女性」が被害者のケースに焦点を絞っている。

（8） Franke（1997, p. 696）によると、セクハラは「職場におけるジェンダーステレオタイプを反映または永続化」し、「女性を女性化し男性を男性化しようとするジェンダー規範の集まりを永続化し、強要し、取り締まる」とされる。こうした考えに基づけば、（1）を用いた主張行為はセクハラそのものとなる。

（9） 例えば、難易度の高い数学のテストにおいて、そのテストの成績に性別による差はない、と予め伝えられただけで成績の男女差が消失する（Spencer et al., 1999）。ステレオタイプ脅威一般については（Steele, 2010）が詳しい。

（10） 英語では他にも、*The elephant has a trunk* や *A cat meows* のように、冠詞を用いた文でも総称的内容が表現され、日本語においても「猫がニャアと鳴くのは周知の事実だ」のように、埋め込みの事例では格助詞「が」が「は」の代わりに用いられる。よって、（2）や（6）で示される構造が特徴付け総称文に必要というわけではない。

（11） こうした冠詞などを伴わない「裸」の名詞一般の意味論は、（Izumi, 2012; 和泉悠, 2016）で提案されている。

（12） 現代的な文脈においても、少なくとも数十年は総称文の研究が蓄積されているが、総称文についての論文を多数執筆し、自らの理論を擁護するために本をまるまる一冊書いたBernhard Nickelは、「総称文の研究はいまだとても早い段階にあるといえる」と述べる（Nickel, 2017, p. 459）。

（13） 例えば、発達心理学など認知科学に焦点を当てた、Sara-Jane Leslie（2007, 2008）によるデフォルトの一般化としての総称文分析があげられる。Leslie自身が、総称文とそれを可能にするヒトの認知システムの特徴がもたらす倫理的帰結について詳しく議論するため（Leslie, in press）、ここでは議論しない。

（14） Mはモデルで、「普通」世界を決定する関数が含まれ（$M=\langle W, D, *\rangle$）、αは変項へのアサインメントだとする。

（15） 上述のKratzerの分析と異なるのは、この分析は絶対的な「普通」世界の集合を想定しているわけではない、という点である。全称量化が様相を導入する記号$\dot{\forall}$.の外側に現れるため、「すべてのジャガイモがビタミンCを持つ」が「普通」だと含意されるわけではない。何かがジャガイモだったとして、それが「普通」の条件下で育ち、「普通」に収穫され、「普通」に流通し、「普通」に調理されたとすると、それはビタミンCを持つと述べており、現実の大多数のジャガイモが、実際にビタミンCを有するとは述べていないのだ。この特徴は、「ウミガメは長生きする」のように、現実にはほとんどの個体が長生きしないにも関わらずわれわれが真とみなすような事例を説明するのに役に立つ。

（16） 同じ論点が、もちろん、「日本人は」、「外国人は」、「大人は」、「哲学者は」などと始まる総称文にも当てはまるだろう。

（17） 本稿は、執筆の初期段階から最終段階にいたるまで、池田喬氏、堀田義太郎氏からの有益なコメントに助けられた。また本稿の一部は南山大学哲学研究会、日本科学哲学会で発表され、参加者からの鋭い批判を受けることができた。ここで参加者の皆様に感謝したい。なお、この研究の一部は二〇一七年度南山大学パッヘ研究奨励金Ｉ-Ａ-２による補助を受けている。

補遺1　哲学・思想系学会におけるハラスメントへの対応状況

鈴木《すずき》　伸国《のぶくに》
（上智大学）

「自分たちのことを誰よりも客観的で、バランス感覚に優れていて、公平な判断力を持っていると考えている」（C・コッホ）、そんな人たちの集団において無意識のバイアスは特に強く現れると言われる。バイアスの強弱が対策規程の公表の多寡と正の相関をもつとも言えないが、少なくとも日本の哲学・思想系学会でのハラスメントへの対応は他の領域に先んじているとは見えない。

高等教育機関におけるハラスメント対策については、既に「キャンパス・セクシュアル・ハラスメント・全国ネットワーク」等での集約があるが、個々の学会での対応状況を一覧する手段は見当たらなかった。そのため以下の対応状況報告では、学会毎に公表している諸規程を、対策の整備状況にしたがって整理し紹介することとした。また哲学・思想系学会における対策規程の公表は国内外ともにごく少なかったため、国内状況については人文社会など他の領域の状況を参照し、哲学・思想領域については英米圏の事例を参照した。

個別の学会の対策でもっとも簡潔なものは、倫理綱領（規程、規定、行動指針など）においてともかくハラスメントの禁止に言及することである。「ハラスメントにあたるいかなる行為もしてはならない」（日本文化人類学会）、「会員はセクシャル・ハラスメントやアカデミック・ハラスメントなど、ハラスメントにあたる行為をしてはならない」（日本環境教育学会）等である。ただそこで名指されるハラスメントの種類は一様ではない。また「年齢、性別、国籍、地位」にもとづく差別一般に並んで言及される場合もある（日本宗教学会）。

いくつかの学会ではそれを一歩進めて、ハラスメント対策宣言やガイドラインを作成し（あるいは倫理綱領中に）、種々の防止策に言及するとともに、ハラスメントをより詳細に定義している。例えば日本比較文化学会ではそれを「（地位利用・対価型）優越的な地位や継続的な関係を利用して、相手の意に反する性的な、または、不当な言動によって、相手の人格を傷つけたり、研究活動などに不利益を与えたりすること。（環境型）日常の人間関係において、相手の意に反する性的な、または、不当な言動によって、相手に屈辱や精神的苦痛を感じさせたり、不快な思いをさせたりすることにより、研究環境や人間関係などを悪化させること」と定めている。ただしハラスメントの発生する形態は多様であり、紙面での定義づけによる事案の特定には限界もある。そのためジェンダー法学会のように防止委員会を設置し、ワークショップ、セミナーの開催などの研究・広報活動を取り決める学会もある。日本教育心理学会では対策リーフレットを作成し、相談申込み用紙とともにＨＰに掲示している。

事案の認定に続くのは対処である。ハラスメントに関して問題は処罰ではなく、被害者の保護であり、被害者と加害者の接触をなくすことである。そのため加害者には一定期間、委員活動、大会での登壇の辞退（日本社会学会）、年報への論文掲載の自粛（日本政治学会）あるいは学会活動全般の自粛（東北哲学会）が要請される。アメリカ宗教学会（ＡＡＲ）では可能な対処策として、加害者への文書による戒告、ハラスメントに関する学習指導、会員資格の有期の停止あるいは剥奪の三つを挙げている。

具体的な事案への対処には種々の難しさもある。ハラスメントは学会活動のなかだけに限定されておらず、大学等の所属研究機関での活動とつながっている場合が多い。それらの機関は学会の裁量の圏外にあり、その場合、学会の決定は問題を局在化させるだけのことにもなりうる。そもそもそれ以前に体制を完備しようとすれば、相談窓口の設置、申告者の秘密保護、調査委員会の設置と具体的認定手続きなど、多岐にわたる準備と、多くの人的資源を要する。一旦は手続き詳細を定めるガイドラインの作成を構想しつつも、「制度の創設が現時点で必ずしも適切でない」（日本法社会学会）との結論に至る学会もある。

しかしその困難の存在はハラスメント対策を倫理綱領の設置

までに留めることを正当化しない。アメリカ哲学会（ＡＰＡ）の施策は現実的な次善策を示しているように思われる。そこでまず目立つのは学会の内外に関わりなく妥当する行動規範（Code of Conduct）の提示である。ハラスメントは学問の自由そのものを阻害するものであり、「哲学という学科とその探求の促進」という学会全体の理念に反する。行動規範には「性的なハラスメントは、学会の諸活動でのものであればその責任者、業績評価におけるものならば監察人（ombudsperson）、学会役員による、または学会役員へのハラスメントであれば学会長に、それぞれ報告されるべきである」と定められており、その展望は学会活動の枠に制限されてはいない。また学会員には自身の所属する研究機関において、ＡＰＡのハラスメント対策実践ガイドライン（We Can Act, 2013）に沿った行動を勧奨している。

ただしＡＰＡは具体的な事案の処理については、その手続きを現実的かつ慎重に定めている。手続きは口頭申し立て（Informal Complaint）と文書による申し立て（Formal Complaint）に分けられている。前者は所属教育機関におけるハラスメントから大会などの学会活動におけるものまでを含むが、監察人が直接に相談にのり、対処する枠組である。後者は、行動規範の条項に的確に違背する事案であることが求められるが、申し立てとともに臨時委員会が組織され、委員会は申告人に追加の証言等を求め、事案の審査を開始する。規程には、申告時に委員会が手続きに要する期間を見込み申告者に告知すべきこと、事案の性質と司法の要求によっては匿名性が破られる可能性があること、監察人が定期的に事案処理報告をすることなど、手続きの詳細が定められている。興味深かったのは、文書による申し立てについて「学会は個人を処罰対象としない」とされており、そこで瑕疵が問われるのは学部・学科などの組織体である点である。それについて規程にはそれ以上の説明がないが、筆者はそこに、学会の裁量権の限界と、実効性のある被害者保護のための（所属機関による）処罰の勧奨が含意されていると推測する。

行動規範や事案処理規定等の文書化は必須であろうが、それだけでハラスメントがなくなるわけではない。ＡＰＡの実践ガイドライン、英国哲学会（ＢＰＡ）の実践勧奨制度（Good Practice Scheme）、マサチューセッツ工科大学（ＭＩＴ）の「傍観者とならないために」（Active Bystander Strategies）などは、ハラスメントが起こりにくい知的環境を構築してゆくための実践指南書のようなものであり、ハラスメントへの英米圏での取組みの厚さを示している。とくにAPA、BPAの取り組みは個別学会としてよりも、上部学会（umbrella organization）の率先事例として参考に値する。

補遺2　ギリシア哲学の視点からハラスメント問題を考える

和泉《いずみ》　ちえ
（千葉大学）

1　序

自然科学との比較において、人文・社会科学の知的進歩は百年一日、否、千年一日の様相を呈する。一九七〇年代以降フェミニズム運動の高まりと共に顕著に指摘され始めた各種ハラスメントを巡る法的措置の直近の背景は、一九四五年六月サンフランシスコで調印された国際連合憲章第一章第一条三項、すなわち「人種、性、言語または宗教にかかわらず、すべての個人の権利と基本的自由が尊重されなければならない」という基本原理に求められるが、この思潮の根源には、古典期アテナイの知識人たちが数多参戦した「ノモス・フュシス論争」が揺曳する。

その一端を活写するプラトン『ゴルギアス』をあらためて紐解こう。当時の「ノモス・フュシス論争」の緊迫した応酬の数々が、ソクラテスとカリクレスの対峙を通して鮮やかに蘇る。「強者は弱者のものを力ずくで奪い、優者は劣者を支配し、そして立派な者は下らない者よりも多く持つこと、これが動物や国家や種族の間で是とされる自然の正義である」と主張するカリクレス(1)、他方ソクラテスは「天空も地上も、神々も人々も、これを一つに結びつけているのは、共同であり、また友愛や秩序、正しさであり、節制や正義である(2)」という自然観に立脚し「他者を支配せず、互いに等しく存在すること」(3)の意義を説く。『ゴルギアス』が明瞭に描出する「自然の正義」を巡る対立軸は、二十一世紀初頭のハラスメント問題を再考するに際しても示唆に富むと思われる。本稿は『哲学』六九号特集企画補遺として、ギリシア哲学の見地からハラスメント問題に焦点をあて、ささやかな手がかりを提示したいと考える。（本稿に課せられたテーマに従い、古典文献定訳ではなく以下「ハラスメント」あるいは「セクハラ」あるいは「パワハラ」という文言を多用する。）

2　古代地中海世界ハラスメント加害者列伝

さてここで、古代地中海世界を代表するハラスメント常習犯の面々を総覧しよう。その筆頭は、「神々と人間の父神」(4)として神話伝承世界の「最高最強の地位」(5)に君臨するゼウスである。アイギナ、イオ、ダナエ、レダ、ガニュメデス等々の逸話が象徴的に物語るように(6)、ゼウスは変幻自在に姿を変え、相手の性別にかかわらず欲望の赴くままにセクハラ行為を重ねた。さらに加えて彼の凄まじいパワハラの数々は、ホメロスやヘシオドスが叙事詩随所で詳述する通りである。またギリシア軍の総大将アガメムノンや勇者アキレウスの行動も、セクハラあるいはパワハラの典型例として解釈可能だろう。彼らの行動規範は「強者は弱者のものを力ずくで奪う」ことであり、その傍若無人の振る舞いは武勇に秀でた英雄の誉として叙事詩を彩る。この種の蛮行には神話伝承世界に登場する面々の大半が加担しており、その行状は口承伝承の連鎖を通して当時の人々の記憶に刻印される一方、「このような題材を、若い人々への文芸教育のために用いるべきではない」という批判も併存した(7)。

またホメロス『イリアス』の主要モチーフが、総師アガメムノンの横暴行為に対する家臣アキレウスの怒りであることも興味深い(8)。叙事詩に登場するハラスメント被害者たちの多くは、強者の暴挙に対して義憤の感情を表明し、その行為を阻止するべく嘆願や忠告をはじめとする言論による説得の方途を模索した。

さて神話伝承世界を離れ、古代地中海世界を取り巻く史的現実に目を転じよう。民主制を産み出した前五世紀のギリシア人にとって、ハラスメント加害者とは「ペルシアの大王」をはじめとする「独裁者」の姿に集約される(9)。宮廷の権勢を背景に「贅沢と放埒と自由」を生まれながらに享受する独裁者は、欲望の増大にひたすら奉仕し、ギリシアをはじめとする周辺の土地と人間を蹂躙した(10)。ペルシアそしてマケドニアの歴代独裁者に対するギリシア人の警戒心は、他者への越権行為を是とする暴君が如何に育成されうるのか、その諸条件についての洞察の深さを反映するといえよう。

むろん日常生活の端々においても、ハラスメント行為は絶えず生起する。その悲劇的あるいは喜劇的顛末を、当時のギリシア人たちは劇場というトポスにおいてカタルシス（魂の浄化）を味わいながら鑑賞した。ハラスメント問題という視点から、エウリピデスやアリストファネスを読み直すことも新鮮な気づきをもたらすという意味において有益だろう。古代の悲喜劇作家が分析を加えた人間模様の力学は、「人間性」の本質が変わらない限り、現代そして未来においても俗世の断面を照らし出す。

以上概観した手がかりを踏まえ、古来よりハラスメント加害者に共通する信条は、次のように総括されるだろう。(11)

（1）強者は弱者のものを力ずくで奪い、優者は劣者を支配し、そして立派な者は下らない者よりも多く持つこと、これが動物や国家や種族の間で是とされる自然の正義である。

（2）他者を支配せず互いに等しく存在することを尊重する態度は、自然の正義に反する。

（3）他者は支配すべき対象であり、快楽を満たすために存在する。

（4）欲望は、できるだけ大きくなるままに放置するのがよい。

（5）節制や正義は醜い。

（6）身体的快楽こそが善である。

（7）友を利し敵を害し、借りたものを返すこと（報復を含む）が正義である。

これらの言明は、プラトン対話篇においてカリクレスやトラシュマコスが強硬に主張する「自然の正義（ト・ディカイオン・カタ・テーン・フュシン）」の骨格を形成する。

ハラスメント問題を解きほぐす糸口は、根本的意味において、古代においても現代においても、上記諸見解を哲学的かつ批判的に再吟味し続ける営みの中に見出されるといえるだろう。

3　西洋古典から学ぶハラスメント対策

——嘆願、忠告、裁き、祈り

西洋古典文献は、ハラスメント対処法に関して有益な示唆を提供する。その一つは、然るべき立場の者による嘆願行為であろう。嘆願は、複数のルートを通じて行われ、たとえ一端拒絶された場合でも他経路を介して辛抱強く試みられた。その成就の確率は、ホメロスを参考にする限り低くはない。

　また老人や賢者による忠告も顕著な効果を発揮する。その代表例、すなわちトロイアの老王プリアモスの忠告は、ヘクトルの遺体を陵辱し続けるアキレウスの行為に終止符を打った[12]。

　さらに地上世界のみならず死後ハデス（地下世界）においても遂行される裁きの次第は、極悪非道な行為に対する抑止力として一定の説得力を持つといえよう[13]。たとえ権力者が地上の裁きを免れたとしても、彼らは確実にハデスで裁かれ重い刑罰に処せられる。ソクラテスは地下世界ハデスの構造を、折に触れては詳細に描出し続けた[14]。

　生死に左右されない裁きの成就を約束する世界観は、ハラスメント行為それ自体を超克する地平を切り拓く。以下、プラトン『ゴルギアス』掉尾を飾るソクラテスの言葉を引用しよう。

「もし誰かが、君を馬鹿者だとして軽蔑するとしても、また誰かが君を侮辱することを企てたとしても、それはそうさせておきたまえ。いや、そればかりか、あの不名誉な平手打ちを身に受けるとしても、ゼウスに誓っていうが、君はとにかく平然として、それを受けていればいいのだ。君がもし徳を修めて、ほんとうに立派なすぐれた人物となっているのなら、そのような仕打ちを受けたとしても、君は何一つ恐ろしい目にあうことはないだろうからだ。」（プラトン『ゴルギアス』527c5-d2）

上記ソクラテスの勧告は、後のパウロ神学の主旋律に対しても調和的に共鳴すると思われる。（補遺ならではの憶測を、お許しいただきたい。）以下、『コリント人への第二の手紙』を参照しよう。

「すると主イエスキリストは、私に言われたのである。私の恵みはあなたにとって十分である。なぜなら力は弱さにおいて完全になるからである。それゆえ私はむしろ大いに喜んで、自分の諸々の弱さを誇ることにしよう。キリストの力が私の上に宿るからである。それゆえ私は、諸々の弱さと、侮辱と、危機と、迫害と、そして行き詰まりとを、キリストのために喜ぶ。なぜなら私が弱い時、その時にこそ私は力ある者だからである。」（『コリント人への第二の手紙』12章9節b-10節）

上記二つの引用から看取されるように、キリストの力ゆえに弱さや侮辱を喜んで受け入れるパウロの思想は、徳の力ゆえに侮辱を甘受すべしと説くソクラテスの勧告と相似形を呈するように思われる。両者は「害を受けること」に対して、共に同様の姿勢で対峙していたと推察される。彼らの世界観の根底には、裁きに関する終末論が、その具体的情景は異なるにせよ、等しく確かに存在する。

ハラスメント問題の射程は、加害者の快楽および被害者の苦痛という次元を超越して、宇宙論的規模で繰り広げられる正義と裁きを巡る終末論の古来の系譜へと連なる。地上の問題は常に天空および地下世界と密接に関連することを、ギリシア思想は我々に想起させる。

注

(1) プラトン『ゴルギアス』483d.

(2) プラトン『ゴルギアス』508a.

(3) プラトン『ゴルギアス』489a-b, 491d.

(4) ホメロス『イリアス』第一巻514行、第五巻33行。

(5) ホメロス『イリアス』第十九巻258行。

(6) ゼウスによるアイギナ誘惑についてはアポロドロス『ギリシア神話』3.13.6参照。イオについてはアポロドロス『ギリシア神話』2.1.3あるいはオウィディウス『変身物語』1.7参照。ダナエについてはオウィディウス『変身物語』4.607ff. 参照。レダについてはアポロドロス『ギリシア神話』3.10.5-7参照。ガニュメデスに関してはオウィディウス『変身物語』10.155ff. 参照。

(7) プラトン『国家』第二巻377a-383c.

(8) ホメロス『イリアス』第一巻冒頭参照。

(9) プラトン『ゴルギアス』470e.

(10) プラトン『ゴルギアス』483d, 492c-d.

(11) プラトン『ゴルギアス』483d-491d、『国家』337aff., 358b-c, 367aff. 等々。

(12) ホメロス『イリアス』第24巻468ff.

(13) プラトン『ゴルギアス』523aff.

(14) プラトン『ゴルギアス』523aff.、『パイドン』107dff. 等々。

特別企画「〈哲学〉の多様な可能性をひらく――哲学教育ワークショップの試み」

日本哲学会が哲学教育の推進を目的として設置している「哲学教育ワーキング・グループ」は、年次大会において哲学教育に関する公開の「哲学教育ワークショップ」（以下「ワークショップ」と略記）を毎年開催してきた。その主題は以下に記すとおり多岐に渡る。(1)

「高等学校の〈哲学・倫理〉教育で何をどのように教えるか――大学での哲学教育・教養教育と高校教育との連携に向けて」（二〇一〇年、大分大学）
「高校生にどんな哲学的かかわりができるか――現代社会における高等学校〈哲学・倫理〉教育」（二〇一一年、東京大学）
「小中学校における哲学教育と教員養成」（二〇一二年、大阪大学）
「高校における哲学対話教育」（二〇一三年、お茶の水女子大学）
「哲学教育と倫理・道徳教育」（二〇一四年、北海道大学）
「シティズンシップ教育と哲学教育」（二〇一五年、上智大学）
「哲学対話とクリティカルシンキング」（二〇一六年、京都大学）
「哲学対話と哲学研究」（二〇一七年、一橋大学）

ほぼ毎回、百名前後収容できる会場が一杯になるほどの聴衆を集めてきたことからは、主題設定が学会内外の人々の関心に応える適切なものだったことが窺われる。

表題には「高等学校」「高校生」という語がもっとも頻繁に現れるが、表題には明示されなくともほぼすべてのワークショップで高等学校の授業に関する提題が行われており、ワークショップの関心は、これまでのところ、圧倒的に高等学校における哲学教育に注がれていることになる。それは、高等学校における公民科科目、特に「倫理」の存在を考慮すれば当然のことである。[2] また、来る二〇一八年のワークショップでは、高等学校に新しく導入される科目「公共」が主題として取り上げられる予定であり、高等学校の哲学教育に対する関心は続く。

その他に主題となったのは、大学における哲学教育、小学校や中学校における哲学教育、市民による哲学的対話の活動である。大学における哲学教育は、二〇一〇年に大学教育と高等学校教育の連携という形で主題とされたが、二〇一六年にもクリティカルシンキングという主題の下で取り上げられた。小学校や中学校における哲学教育は、二〇一二年に主題とされたが、二〇一六年にも中学校の授業に関する提題があった。市民による哲学的対話の活動は二〇一七年のワークショップ「哲学対話と哲学研究」において取り上げられた。これらのうち、小学校、中学校における哲学教育や市民による哲学的対話の活動になじみがなかったり、それらをワークショップで取り上げることに違和を感じたりする読者もおられるかもしれないので、少し説明を加えておきたい。

ワークショップで主題とされた小学校、中学校の哲学教育は、一九七〇年代にアメリカ合州国の哲学研究者、マシュー・リップマン（Matthew Lipman）が提唱した「子どものための哲学（P4C《ピーフォーシー》＝Philosophy for Children)」という教育手法ないし教育運動の流れを汲むものである。[3] 日本でも一九九〇年代から試みられていたが、二〇一〇年ごろから実践例が増え、現在では日本各地で実施されている。リップマンの目標は子どもに哲学の概念や理論を教えることではなく、子どもが哲学的な問いをめぐって対話することによって、哲学的に思考することを学ぶことにある。その手法をリップマンは「探究の共同体（Community of Inquiry)」と名づけ、授業方法と教材を開発した。子どものための哲学は最初リップマンの教材とともに世界に広まっていったが、現在ではもとの授業方法や教材からかなり離れて多種多様な形で実践されている。呼称も「P4C」の他に「青少年のための哲学（Philosophy for Youth）」「学校での哲学（Philosophy in Schools）」などさまざまである。ここでは、便宜上「子どもの哲学」とする。

ワークショップで子どもの哲学の流れを汲む教育実践を取り上げてきたのは、まず、それ自体が意義深い〈哲学〉の一つの形だと考えられるからである。子どもも哲学的な問いを問うことができ、それをめぐって思考することができるし、おとなも子どもとともに哲学的対話を通じて思考することを楽しむことができる。だが、それだけではない。子どもの哲学はいろいろな意味で有用でもある。ふだん考えることがなく誰も最終的な答えを知らない哲学的な問いを、自分で考え、コミュニケーションを通じて他の人々とともに考える経験は、知的活動のもっとも基本的な技法と作法とを養うことに役立つだろう。近年教育現場では主体的かつ共同的に学ぶためのアクティブ・ラーニングが推奨されているが、子どもの哲学は、いわば究極のアクティブ・ラーニングなのである。また、新しく教科化される小・中学校の「道徳」の力点は「考える」ことに置かれているが、子どもの哲学は「考える道徳」の授業にもっとも適した手法であるとも考えられる。さらに、子どもの哲学の手法は、高等学校や大学における哲学教育、市民による哲学的対話にも活用することができる。

市民による哲学的対話の活動を取り上げたのは、それが社会教育や生涯教育など、広い意味での教育に関連すると考えられ、また、哲学の専門家ではない人々による哲学的対話と哲学の専門的な研究・教育との関係を検討する貴重な機会になると期待されたからである。市民による哲学的対話のもっとも一般的な形は「哲学カフェ」である。一九九〇年代にパリの街角で始まったとされる哲学カフェは、日本でもすでに二〇〇〇年ごろから開かれていたが、昨今の流行には目を見張るものがある。(4) 各地でさまざまな哲学カフェが開かれ、一説にはざっと二百箇所とも聞く。街角で開かれる哲学カフェだけでなく、子育て中の母親たちが運営するもの、教育関係者のために開かれるもの、地域の人々が集まって開くものなど、実にさまざまである。

さて、ユネスコ（UNESCO＝国連教育科学文化機関）は、一九九五年の「哲学のためのパリ宣言」で「すべての個々人は、どんな形であっても、また世界中のどこにいても、哲学を自由に学ぶために自分の時間を費やす権利を有するのでなければならない」、「現在、哲学が教授されているところでは、哲学教育は維持され、あるいは伸張されなければならない。また、現在、哲学が教授されていないところでは、哲学教育が導入され、かつその教育は明確に『哲学』として企画されなければならない」(5)と述べている。子どもの哲学も市民による哲学的対話の活動も、この文脈の中に位置づけることができる。

この特別企画では、これまでのワークショップの提題の中から、高等学校における哲学教育、大学における哲学教育、小・中学校における哲学教育に関する三点を選び、ワークショップでの討論およびその後の実践と考察を踏まえて、あらためて書き下ろされた論考を掲載するとともに、オーストラリアからワークショップにお招きしたティム・スプロッド氏の提題（英語）の翻訳を収めることにした。そのため、紙幅の制約上、市民による哲学的対話に関する論考を載せることができなくなったが、教員の養成という興味深い主題を扱うとともに海外の哲学教育の動向を伝えるスプロッド氏の論考の紹介を優先することにした。

寺田俊郎

注

（1） 各ワークショップの資料を日本哲学会のウェッブ・ページにて閲覧することができる。http://philosophy-japan.org/

（2） 哲学教育ワーキング・グループの幾人かのメンバーは日本学術会議の提言「未来を見すえた高校公民科倫理教育の創生――〈考える「倫理」〉の実現に向けて」の作成にも協力した。本提言では「倫理」の授業において古典文献の一節の読解と哲学的対話の二つを併用することが提唱されている。

（3） リップマンの基本的な考え方については、以下の文献を参照のこと。Matthew Lipman, *Thinking in Education*, 2nd ed., Cambridge University Press, 2003. 河野哲也・土屋陽介・村瀬智之（監訳）『探究の共同体――考えるための教室』玉川大学出版部、二〇一四年。

（4）哲学カフェの発祥、日本における展開については、たとえば以下の文献を参照のこと。鷲田清一監修、カフェフィロ［CAFÉ PHILO］編『哲学カフェのつくりかた』大阪大学出版会、二〇一四年。

（5）二〇一一年ワークショップにおける提題者、ダリル・メイサー氏の資料より引用。

ねじ花はねじ花のように――「倫理」哲学対話の記録

（長野県屋代高等学校・附属中学校教諭）
綿内《わたうち》　真由美《まゆみ》

伏せっている。五十分ずっと、机に伏せっている。目は固く閉じられている。「おーい、起きないかい」声をかけるが反応はない。授業が終わり、移動教室だ。まだ伏せっているので声をかけ机を軽くノックする。と、その手は強く振り払われ、からだがぐんと持ち上がり「うるさい！　放っておけ！ずっとそうだった！　何も変わらない！」…

「ねじ花はねじ花のように」ある医師の言葉だが、聞いたときには憤慨した。理想は分かるが「高校」という場で暮らしていくには、ねじれたままでは難しい。どうしてもルールのなかでまっすぐ《うまくやる》ことが必要になってくるのだ。授業に出て体を起こしていてもらわねば、在籍すら難しくなってしまうのだ。…田圃道を歩きながら悶々としていると、ふと桃色の野草に目が止まった。ねじれている。ねじ花だ！　初めて見た興奮が覚めると涙が溢れ出てきた。畦に咲くその姿が、とても美しかったのだ。

「学校」って一体何だろう？　ねじ花を枯らす場であっていいはずがない。でも実際、ねじ花は十五年間まっすぐにさせられようとし、苦しんできたのだ。机に貝のように伏せる姿は、本人なりの学校への「適応」の姿だった。自分の存在、環境や特性を「学校」が受け入れないことを知っている。だから、何も言わず伏せるのだ。ひたすら伏せて、「学校」に「適応」してきた。

「人間」と一口に言ってもその存在は多様だ。その多様な姿を、学校は受け入れ、ともに生きることができているだろうか？　既成のバリアを張り巡らせることで、自由な問い、考え、言葉や表現、決断といった学びのチャンスや喜びを奪っていないだろうか？例えば、詰められた時間割、授業やテスト、生活指導等で求められるひとつの解やルールへの従順によって、子どもたちだけでなく、大人の学びも奪われているかもしれない。学校が学びの場であり、そこにいる人が学ぶ人たちであるというならば、このことはとてもおかしなことだ。

　そもそも、大人で教員でもある私は絶対の正解を知らない。専門科目の倫理ですら知っているのは先人たちの思考過程のごく一部で、それすらも「私はこう考える」とか「研究者の間ではこのように考えられている」というようにしか言う事ができない。様々なルールに関しても、それが各個人を幸福にするかどうか分からない。実は幸福が何なのかもよく分かっていない。他者の人生をかわりに生きることはできないから、「こうしなさい」と言い切ることはできない。

　そんな私にできることは唯一、ともに考えることだ。「なぜそうなのか」「ほんとうはどうなのか」「どうするのがよいのだろうか」と、自由に問い合う場をつくることだ。多様に生きてきた多様な人々が集まる学校という場を、大人も子どももみんながじっくり言葉をききあい考える場にできたら、各個人にとってより安心や喜びのある学びの、そして生活の場にしていけるのではないか。というか、ぜひ私と一緒に考えてほしい…！　そんな思いをもって、HRや授業、課外活動、教員の研修会等学校の様々な場面で哲学対話を重ねてきた。以下は「三年選択倫理」の授業記録である。

三年倫理選択授業での哲学対話

グループワークが基盤の哲学対話

　H二三年度は問いを教員が提示し、それを個人やグループで考え全体共有する形で行った。H二四年度は、子どもたちから出た問いを共有し、それぞれの体験をベースに考えるソクラテスメソッドを活用したグループ対話の形で行った（参考『ダイアローグはじめました！高校倫理「いつもの授業」より』千葉大学大学院人文社会科学研究科研究プロジェクト報告書第二五五集）。

　この形は小グループでの話し合いが基盤となるため、時間的に参加者全員が考えを述べる場が保証され、言葉を発するタイミングが掴みやすく意見がいいやすいというメリットがある。ただしグループ形成がうまくいかないと、問いや意見のやり取りができず考えることを楽しめない。ファシリテーター役の教員は、基本的にグループの外にいる。よって、子どもたちの声に集中して話し合いを調整したり、板書できるのがメリットだ。しかし、言い方を変えると「教員は対話そのものに入らないですむ」「自分では考えていない」ともいえる（また、板書やノートを書くことにかなりの労力が割かれていた。この点に関しては、ＩＣＴ活用によって改善の余地があるように思うので、いつか実践してみたい）。

私自身は考えることができているだろうか？そもそも考えるってどういうことなんだろう？と問い直し、次年度からは教員もいち参加者として輪に加わり，みんながじっくり考えることのできる、子どものための哲学ハワイスタイルで授業を行うことにした。

p4cハワイスタイルでの哲学対話

p4c（子どものための哲学）の特徴は、一般的な哲学教育が「teaching Philosophy」であるのに対して「doing Philosophy」であることだ（ＮＰＯ法人こども哲学おとな哲学アーダコーダ「こども哲学入門講座」配布資料より）。それは、教室＝授業において絶対的な答えや知識を前提とせずに、簡単にはこたえの出ない問いについて生徒や教員がともに自省したり想像したりしながら考えてみること、他者の意見をきいてまた新たに考え表現してみること、というような思考の深まりを目的としている。

つまり、「みんなが哲学者になっちゃおう！」ということだ。なんて素敵なのだろう！　様々なスタイルの中でハワイ方式を参考にしたのは、Ｐネームやコミュニティボールの使用でワクワク感が高まるのと、ソーシャルスキルトレーニング（当時放課後に実施していた。呼ばれたい名前で参加し、ボールを投げあうことでコミュニケーションスキルを身につけるワークがあった）に通じるものがあったからだ。さらに、ハワイ方式では「セーフティ」を大切にする。セーフティとは、その場が安心安全な場であることで、中川さんは以下のように述べている。

話すことは容易に阻害される。目の前の人があくびをするだけで、あなたの話に「面白くない」という声がでるだけで、周りの誰もが話を聞いていないだけで、あなたはソクラテス的な探究への参加をとりやめてしまうかもしれない。それゆえ、その、それぞれのテツガクに対するケアが必要になる。それが聴くことなのである。聴くことは、各人の生活に根ざした答えを話すための状況を作り出す。担任の先生が聴いてくれていることで、ジャクソン博士があなたの話に「面白い」と反応してくれることで、クラスの友達が自分のほうを眺めてじっときいていることで、心を開き、話し始める。…本当に大切なのはうまくテツガクすることではない。テツガクをはじめることなのだ。そのためには、考えること自体を始めるケアこそが最も重要なのであり、ｐ４ｃハワイが主張するセーフティとは、このケアの別の名前のことだったのだ。（「学校で、セーフな場で、共に考える――ｐ４ｃハワイの実践から」中川雅道著『メタフュシカ』第四四号抜刷、六二頁）

多様な特性を持ち、多様な人生を歩んできた子どもたちのいる場では、だからこそセーフティを最も大切にしたい。クラスをひとつのコミュニティにして、それぞれが抱える簡単には答えのでない問いと向きあいたい。他者の考えに触れながら、自分の考えを深め、力を蓄えて、また新たな問いに出会いたい。そのためには教室を、生徒も教員も教科書に載っている哲学者も問いの探求者として対等・平等に尊重される、セーフな場にすることが大切だ。よって、以下のようなツールを共有することとした（資料は本論稿末に付した）。

① コミュニティボールとＰネーム［資料２］
② 対話のミソ８［資料４］
③ 質問・マジックワード［資料５］
④ みんながじっくり考えるって？（考えるためのスキル）［資料３］
⑤ 哲学っぽい本のならぶ本棚、ぬいぐるみ、のれん、足つぼ健康ボード

②③は黒板に掲示し、対話中いつでも誰でも使用できるようにした。④は考えることの手がかりとして配布・掲示した。⑤はおまけで、興味のある問いを深めたり、リラックスして対話に臨めるように設置した（ちなみに一番人気は健康ボード）。

教室では床に円座を予定していたが、思いの外床が冷たく、スカート着用の子どもたちもいたので、椅子を円形に並べて

座ることとした。円での対話に加わりたくない子どもには、外でシートや黒板に対話記録を書いてもらうこととした。授業は常にオープンにし、校内外に参加を呼びかけた。

さて、授業である。生徒たち自身の問いをテーマとして一時間対話をし、その後テーマに関連させて思想や現代の諸課題について概説を加えるというスタイルで授業を行った［資料1、6］。以下は、「自由に生きるってどういうこと？」という問いで行った対話記録の一部である。この日の参加者は子ども一五名、大人二〇名。輪を二重にする金魚鉢スタイルで実施した。＊文中の名前はすべてPネームの頭文字。

対話抜粋

S　（目があって）Tからいいかな？

T　自分の好きな環境で好きなことやってメシを食べていけること。ボール回していい？

F　（沈黙）…ちょっと思ったけど、ひとそれぞれ自由がある。俺は〜…法律に縛られないで好きにできるのが自由かな、一般的には人は法律とかきまりがあるほうが自由を感じる…。

M　何にも縛られない…ことですかな。俺のイメージだと大草原をでかいバイクで走るような。

R　私の思う自由は自分の力で生きること。進路でも親から言われたからこうする、とかじゃなくて、反対されても自分の力で進路決めた人をみると、ああすごいな、自由だな、と思います。

A　自由は、やりたいことをやる！

ma　今が自由なんじゃないかなと思います。

m　aと同じ意見で、今がもう自由に生きてるんじゃないかなって。前の結婚の話のときにもあったけど、今は自分で選択して食べたりどっか行ったりしてるから、それが自由なんじゃないかなと思いました。

S　えーと、そうですね、うーん…なんか、えっとね、なんにもないところになんか新しいものを生み出していくことが自由って感じる。

C　プレッシャーや威圧感がなければ自由。

s　うーん…気軽に生きていくこと。

……

S　ひとまわりしたね。Fは「一般的には」と言ってたけど、

F　自分自身ではどう思う？
F　ボクの自由は、そうだな～、休みの日、昼に目を覚ましてベッドでごろごろ…。
S　面白いね、なんで？
F　昼まで寝てるなんて普段できない。
R　さっききまりがあったほうが人間は自由を感じる事ができるっていってたから、いつもはきまりがあるっていうか時間通りに生きてて窮屈だから、そう思うのかな。
F　そうかな。うん。よくわからないけど。
a　中学生の時に先生から、規則があるときはそのなかで自由にできるけど、社会に出て自分で何かするようになったら自分で責任を取らなきゃいけないっていわれた。だからその責任が今は他の人に守られているから、自由なんだと思いました。
S　ちょっとむずかしいな、もうちょっと具体的にお願いします。
a　だから、制限のなかで生きているときは、自分で責任をとらなくていい、まだ小学生だったら親がおこられるけど、社会に出たら自分のせいだから自分で謝らなきゃいけない、それが自由に生きてる証拠なんじゃないかな。

m　じゃあ、社会に出たら自由はもうないってこと？
A　ん？絶望⁉
m　今はちっちゃいから責任をとらなくてよくて・・おとなになってから・・？なんだろうな～。
R　Cのプレッシャーとも関係ある？責任ってなに？

……

S　自由であることの証明は、責任があるってこと？
T　自由にやるけど、何かあったときに責任を取るってことが自由。
G　自由になるためには、責任を取れる人間にならないといけないってこと？
A　幼稚園児とかは？責任をもって？ちっちゃい子は責任取れると思ってないのに自由にしてる。
S　幼稚園児は自由でない？
a　決められた範囲の中での自由、幼稚園児には制限がある。
R　私たちと幼稚園児は物事を変える力、言いつけを破ってやれる力が違いすぎるから、その分自由と言っても範囲が狭い。
F　じゃあ、自由になるために大きくなるのかな、みんなの話を聞いてて、大人になるとだんだん自由になっていくのかあと思いました。

m　でもそれじゃあ、自由にどんどんなっていく…責任は…？

F　だんだん自由が大きくなるに従って責任も大きくなっていく。

R　Fと同意見で、責任と自由は同等、生徒会で自由に何かを変えたり人を動かす力があるけど、同等に責任も大きい、自由にやったことで弊害も起きるかもしれないし。

a　下足と上履きの区別で怒られた。それを破って自由にするためにはきれいにすることができなきゃいけない。

m　自由になるためには責任という代償を負わなければならない？

A　ん⁉じゃあ自由じゃない⁉

a　規則をやぶるときに、やっていいこととやっていけないことがわかる。それで自由の幅も責任の幅も広がる。

A　自由になりたいんだったら責任とか考えずやればいい。

S　私もそう思う。幼稚園児は大人より自由だと思うし、上下履き区別もどうでもいいっていうか、遊びたい時に遊ぶのが自由じゃない？

a　区別をつけることで、見えてくるものがある。責任なく好き勝手やってたらどうなんだろ？

A　じゃあ、責任をもたずに自由にできることって無いんですか？

G　すきなものを好きなだけ食べる。

M　それはそうか、でも幼稚園児はできないよね。お母さんにとめられる。

R　それならやっぱり大人の方が自由だよね。自分の力で好きなところに行けたり好きなものを食べれる。自由なように見えても幼稚園児は自由にできないことが多いんじゃない？

S　さあ、時間ですが、あと二三人。

M　自由だと犯罪の道、麻薬とか…法律があったほうが自由でいられる…。

ss　不自由だと嫌なのかな？　不自由でもいいときもあるような気がしたのですがどうなんだろう。

t　無重力とか拘束のない空間にいる場合と、地球で重力に縛られている場合、何かしようとした場合にどうかな～なんて考えていました。

K　自由に選んでいるつもりが実は自由に選んでない場合があるんじゃないかなと思って。例えば俺がセーラー服を自由に選ぶことってないと思うんだよね。そのあたりどうなのか…。

U　法律とか犯罪の話があったけど、みんな自由なら自分の自由はどうなのか、自分の自由とまわりの自由のことをもっと考えたい。

子どもたちの対話記録シートより

「自由に生きるってどういうこと?結論として、自由を得るということはそれなりの代償があり、また人は何も足かせがない無法地帯では逆に生きづらいということだった。しかしまったく代償も生きづらさもないことこそが思い描く自由なんだな、と思った。けれど、その自由は、人間が決して手に入れることができないだろう。心から自由になりたいって望んでいる人は多分いないはずだから。決して届くことのない世界に憧れているんだなー、と思った。今の所、私の思う自由は自分で選択していくことだ。昔は、何につけても自分の意志を通せることは少なかった。比べて、今は皆自己決定権を持っている。自由だ。」（R）

「自由と同時に責任が問われるのだと思う。ではなぜ責任は自由に関係しているのか?」（a）

「話を聞いていた先生たちの話を聞いていて、逆転の発想や物理的な面などちがう視点で考えれば深まるとおもった。一人ひとり考える「自由」っていうものがちがくておもしろいと思いました。みんなの考える「自由」がちがうっていうことは、一人ひとりの感性や価値観が違って自由だと感じる基準が違うことなのかなと思いました。色々人の意見っておもしろい‼」（G）

大人たちの対話記録シートより

「中学校は自由なのか?」（中学校の先生）

「自由を得るためには責任という代償がある?という言葉に考えさせられた。」

「何のプレッシャーも無いのが自由かも、というのがナルホドと思った。意識下に働きかけるプレッシャーみたいなものが僕らを操っているのかな、と思ったので。」

「常々考えているが、「自分はどこまで自由に選択しているのか?」」。自由に選んでいると思っても実は生まれ育った過程の中でそういうものを選ぶようにプログラムされて

きたのではないかと思ってしまうのです。」(k)

「自由はおそらく一〇〇%成立しないもので、むしろ不自由にありながら自由を妄想・想像することが唯一の自由なのかなと思いました。自由は美化されがちだが、そうなのだろうか?」(kk)

「自由という一言からこんなに深まるのか…哲学する授業だった。」(t)

授業後の大人の授業研究会で出た意見

「考えたことを他者に伝える力はきっと将来子どもたちの力となる。「生きる力」が養われている。」

「輪になることで対話を感じられるので、生徒たちが意見を出しやすいと感じた。」

「「探求する仲間」という考えは本当にそうだ、教員と生徒が一緒につくり上げていく授業だった。」

「「対話のミソ」、授業の流れ等が細かに板書された教室環境だからこそ安心して対話が行われていた。」

「授業者の雰囲気、言葉遣い、言葉選びや、コミュニティボールの使用によって、良い雰囲気で授業が展開できている。教員自身が頭を抱えて悩んでいる姿が生徒たちの考える行動をより促進させていた。活発な言語活動が成り立っていた。」

「テーマ選択のときに扱いたいがもれてしまうテーマをどう扱っていくか?」

「発言ができない子をどのように生かしていくか?(話をふればよいというものでもなく…)」

「参加しにくい子、面倒くさがる子がいる場合にどうする?」

「大人数になったときにどのように展開していけるか?」

対話記録シートからは、参加者が立場に関係なく「思わず考えてしまった」様子がうかがえた。各々が考えや問いを持ち帰ることができた一時間であったと思う。問いを共有することで、多様な年齢や立場、特性をもつ人がともに尊重しあい、考えを深められる。p4cは授業だけでなく、学校や社会の様々な課題と向き合う場面でとても有効であるように思う。

大人の授業研究会で出た「すべての子どもたちにどう参加してもらうか」という問いはセーフティの問題でもあり、私にとって常に一番の課題である。セーフティが実現されないと、円になることで普段の人間関係が露骨に現れ、思考や言葉を奪われてしまう人が出てきたりするのだ。今のところ、学校内外の様々な大人やテーマに応じたゲストの参加が、セーフティの確保や子どもたちの思考の深まりにつながっている。それは、場の活気や対話の促進が図られ、問い考えることが面白くなるからだ。ファシリテーションの力量をつけることと同時に、学校という場を生かして長期的な視点でも子どもたちとのより良い関係を築きながら、ともにセーフなコミュニティを作っていけたらと思う。

評価について

評価は、毎時間の対話記録シート（資料7）と、各学期末のテストによって行った。テストは論述式で、授業で対話したテーマから選ぶか、自ら論じたいテーマを示して行う。評価基準は以下のとおり。

1　文章がわかりやすい、読みやすい［15］

2　どこかの誰かが考えた意見を書くのではなく、自分自身の言葉で考えている［25］

3　色々なことに疑問をもち、自分の考えにも疑問を投げかけながら考えている（自分の意見を固定せずに疑っている）［25］

4　考えがまとまらなくて頭の中がごちゃごちゃになっていてもいいので、どこまでがわかっていて、どこからがわからないのかは理解できている。［25］

5　文字数が八〇〇字以上である［10］

生徒の論述から

「言葉でなくても伝わる？」（T）

「『言葉』でなくとも自分の思いや考えは伝わるのか⁉」言葉を使わずに人に物事を伝えるのは不可能ではないけれど大変かつ面倒だと思う。

「言葉を使わない」というのは口で話すのはもちろん字を書いたり、手話をしたり、大人数で人文字を作るのもだめだ。ではどうすれば相手に伝えることができるのか。

まずはジェスチャー。体を物や様子を表現して相手に伝える。ジェスチャーゲームなどをしても言葉を口に出すのは禁止されているし、文字を書いたりしてはいけない。ゲームでは大体単語を見せられ、それを表現し、答えてもらう。「犬」を表現するならお手なんかの動きをマネすれば大体のひとが答えられるだろう。同じく「冷蔵庫」とお題を出された時は今度は冷蔵庫になるのではなく人としてそれを使う動作をすれば分かってくれるかもしれない。ではなぜ分かるのか？それは自分で見たこと、やったことのある事だからではないだろうか。冷蔵庫で、上・中・下段ありそれぞれ開ける動作を見ても「うーん？」と思うけど、やってみると意外と「ああなるほど」と思うハズだ。

だが、これらは単語や短い文章は伝わっても細かなことがらを伝えるのは難しい。それを解決するのはどうしたら良いか分からない。テレパシー？　これはできたとしても「言葉」で伝えてると思うからダメ。絵や壁画、これは多少細かくても伝わると思うが、絵しりとりをした時のようにどこかで間違って伝わり最終的には別の意になっているかもしれない。

このようなことを考えてみたけれど、結局長い文章や細かなことを伝える方法はよくわからなかった。だから言葉というのはほんとうに重要なんだなあと再確認できた。よく「あいつの考えてることは全部わかる！」と言うような人もいるが（いないかも）、ほんと全部理解されたらたまったもんじゃない。そうなるとプライバシーの問題になってしまう。

自分の伝えたいことだけ言葉を使わずに細かく伝えられるようになったら、人間は話す必要がなくなる。それはちょっとサミシクなるなと思った。やっぱり面と向かって話す方が人間らしい。」

一年前の問いをもう一度考える

年度末に、年度はじめに自分で立てた問いをもう一度考える時間をとった。楽しみながら記述する姿が見られ、すべての子どもの文量が増えており、理由を述べたもの、自分の考えを問うものも増えていた。

考えたい問いのシートから

「幸せとは何か？」（A）

〔年度はじめ〕

「幸せは、あたりまえのことがあたりまえにできること。

なぜならば、ご飯を食べたりお腹いっぱい、あったかいふとんでねる、あたり前の毎日があたりまえに出来ない人や国があるから。人の幸せを願えたとき。なぜならば、自己満とかじゃなくて本当に素直に人の幸せを願えたとき自分も幸せを感じると。だから。」

〔年度末〕

「私の幸せは「今」です。今、こうやって勉強して、やりたいことをやって、大好きな人たちと毎日一緒にいれて、へいぼんにせいかつしていられることが今、すごく幸せです。

でも、欲をいえばお金が欲しい。今、自分の所持金は五二円…。お金があったら服をいっぱい買って、たべたいものいっぱい食べて、やりたいことといっぱいできる！　そしたらすごい幸せ‼　でも、今、五二円の自分が幸せだと思う。もし、自分がゆうふくの家に産まれて、やりたいこといっぱいなんでもできたなら、所持金五二円でも幸せって思えたのかな？って、お金がなくてもやりたいこと出来るのにきっとお金があったらそんなことはやらないと思う。友達とお話ししたり…。友達とネイルしたりしにいくことが私の今の幸せ‼　なんて思いたくない。小さい幸せがちょっとしたことでも幸せ♡って思えなくなっちゃう気がする。そしたら、お金持ちの人たちと貧ぼうの人たちが感じる幸せは違うのかな？でもお金は関係ないのかな？でもお金は少なくてもちょっとは関係ある！お金は人の性格を変える。怖いもの。じゃあ、アフリカの子供は幸せって思えるときがあるのかな？食べるものもなくて、寒くて、明日死んじゃうかもしれないのに幸せって思うことはあるのかな？

幸せとかは、他人にあの人はお金持ちだから幸せだ！なんてきめつけたりできない。幸せは、その人、自分自身にしかどおしたら幸せだなんてわからない。だから、ちょっとふうふとかでだんなが結婚するときお前を絶対幸せにするっていって一〇年二〇年たってもおくさんが幸せだと思っていたらそんな素敵なことはない。なんかすごいと思う。他人を幸せにするのはとってもすごいことだし大変なことなんだろおな。。。」

最後の授業を終えたあとの生徒の感想シートから

「話し合うことで、一人で考えるだけじゃ絶対思いつかない考えがあったりする。いろんな人と話すと一人で考えるよりなんか見える世界が広くなると思う。たくさんの人の話を聞いて、それに興味を持って、これから、たくさんの広いまだ知らないものを見ていきたい。」

「授業を通して得たのは、他者の話を聞く力、自分の考えをまとめ、話す力。倫理をやる前とやった後ではずいぶんと違うのではないだろうか。これを身につけられたのはデカイと思う。これから社会に出て働くわけだが、何事も人と話せないと前には進めないと思う。なので、倫理を通して学習したことには大きな得があったと思う。社会に出たら、誰とでも協力し合えるよう、言葉の力を使っていきたい。」

「様々な視点から見た、様々な考えを受け入れられるようになった。なぜ?と疑問におもうようになった。今までの私は、自分がずっと信じてきたことを疑わず、それをあたりまえの価値観だとおもっていたところがあった。けれど、対話をしていくなかで、たくさんの仮説や価値観に触れて世界が広がった気がする。それと、自分の頭でよく考える力と、発言する力がついた。受験の時にグループディスカッションで思う存分力を発揮できたことが合格につながった。小論文だって、テストでやっていたので、要領をつかめていた。倫理を専攻したことは、私にとって一番の勉強であり、財産になった。」

倫理のクラスを終えた子どもたちが、多様であることを尊重しあい、ともに問い考えることを面白がりながら、広がり変わりゆく世界や自己への期待で胸を膨らませて日々を歩んでいってくれたら、そんなに嬉しいことはない。彼らの創っていく世界はきっと、彩りに満ちた豊かなものになると信じている。

さて、のちのち気がついたのだが、あの医師の言う「ねじ花」は、思考停止している（恥ずかしながらそれに気づいていない）私自身のことでもあったのだ。そんな私が哲学対話の円に入ることで、問いは溢れるほど出てくるようになったものの、「ともにじっくり考えぬく」ことの難しさは改めて感じている。セーフティの問題は前述の通り重要だが、考えぬくためには論理のようなツールをファシリテーターが意識して使うことも有効かもしれない。また、より多様な世界に触れて考えを深めるために、様々な年齢や学校種の子どもたちがともに考える場もつくっていけたら面白い。学校や教育に関しても、現場の教員や子どもたち等色んな人が円座になり根本的なところから問い考えることができたら素敵だし、何かが変わるかもしれない。まだまだ途上で何を語ることもできないが、「ねじ花はねじ花のように」多様な考えやあり方が尊重される哲学対話のもつ力に惹きつけられている。これからも様々な実践から学び、スタイルにこだわらず柔軟に、学校で哲学対話を重ねていきたい。

資料1

倫理　問い　と　概説

○　上手なつきあい方について

　　ヤマアラシのジレンマ（ショーペンハウアー・生の哲学）

　　モラリスト　現代のヒューマニズム（戦争と人間）

○　人間関係に必要なものは？

　　日本人の思想の原型　近世国学の成立　儒教と日本人の思想形成

○　誰かの話をしっかり聞くってどういうこと？

　　コミュニケーション的理性　ハーバーマス　活動　アーレント

　　レヴィナス　顔　ラカン　鏡　としての他者

○　スマートフォンとフィーチャーフォン（ガラケー）はどっちがよいのか？

　　コミュニケーション　情報社会　技術発展と便利さ

○　ほんとうの自分とは何か？

　　「ほんとう」って？　青年期　日本的自我を求めて

○　自分はなぜこの環境に生まれてきたのか？

　　古代インド思想と仏教の成立　仏教と日本人の思想形成

○　なぜ、ひとがいるか？なぜ、人間は存在しつづけてきたのか？

　　世界のはじまり（神話、宗教、科学的言説）歴史とは？ヘーゲル

○　生き物はどうやって誕生したの？科学と宗教　ダーウィンとキリスト教

○　春はなぜねむくなるのか？ぬるいと眠くなる？

　　実存主義　キルケゴール　ニーチェ　主体的真理　超人

　　色々な「ぬるい」　死　限界状況　ヤスパース　ハイデガー

○　喫煙や飲酒は未成年はしてはならないですが、

　　なぜバイクや車は未成年でもokなのでしょう？

　　大人と子ども　ジェンダー　法　構造主義　責任と自由　権利と義務

○　自由に生きるってどういうこと？　カント　ヘーゲル　フロム　サルトル

○　夢とは？　アリストテレス（エイドス論）　フロイト　ユング

○　授業の大切さはどこにあるの？　ソクラテス　儒教（諸子百家）　プラグマティズム

○　なぜ学校にいかなくてはいけないのか？

　　近代的精神の形成（幕末維新の思想、啓蒙運動）

○　たけのこの里ときのこの山はどっちがおいしいのか？

　　おいしさって？感覚ってどんなもの？みんなに共通する？しない？

○　幽霊はほんとうにいるのか？

　　目に見えないものへの信仰　カント　クリティカルシンキング

○　ほんとうに宇宙人はいるか？　異文化理解

○　本当の友達とは何か　アリストテレス（フィリア）

○　なぜ人は見た目で判断するのか　ルネサンス　デカルトとベーコン

資料2

コミュニティをつくるみんなの対等性や平等性を象徴するツール

コミュニティボール

みんなで毛糸を巻いて、コミュニティボールをつくります。

このボールを使って対話を進めます。

【コミュニティボールの作法】

ボールを持っている人が話をする。

意見を述べたい人は、手をあげてボールをもらう。まだ発言していない人に、できるだけボールをまわす。全員の意見を聴きたい時は、ボールを一周させる。ボールが回ってきた時に何も話したくない場合はパスできる。

コミュニティボールを使うと、子どもたち自身で次の話し手を決めることができます。

Pネーム

フィロソフィーネームのことです。探求のコミュニティに参加するための名前を自分でつけます。もちろん本名でもかまいません。呼ばれたい名前を自分自身に主体的に付け、その名で呼び合うことで参加意欲が高まり、また、互いを尊重する気持ちを示しています。

資料3

考えるためのスキル(thinking skills)

1
・聞く listening ・理由をいう reasons ・問う/述べる questions/statements

2
・例をあげる giving examples ・他人の意見をもとに考えを組み立てる building on ideas of the others ・要約する summerizing ・振り返る reflection

3
・問いをまとめる grouping questions ・open and closed questions
・明確さを求める seeking and giving clarification ・論点のあいだに関連を見いだす making connections in the discussion ・説明する explanations

4
・異なった観点をもつ different points of views
・異なる種類の質問をする different types of question ・基準をあげる listing criteria
・定義する definitions
・メタファーを使う metaphors ・反例をあげる counter-examples

5
・代替の可能性を考える alternative possibilities ・区別する distinctions
・アナロジー analogies ・類似と相違 similarities and differences

6
・前提を探す assumptions ・誤った推論を見つける identifying faulty reasoning
・アナロジーを検証する testing analogies ・関連性(を探す)relevance

7
・仮説を立てる hypotheses
・議論の進み方を評価する evaluating progress of discussion
・推論する inference
・証拠がもっともなものであるかを吟味する plausibility of evidence

（大阪大学コミュニケーションデザインセンター：高橋綾先生『海外での実践における教材や工夫』2013．3）

資料4

倫理　対話の“ミソ”

みんなで「なぜ？」を共有し、掘り下げるために

（これがないとはじまらない、これがあるとうまくいく、そういうもの）

1．コミュニティボールを持っている人が話せる

2．ウィンドウ　一回に話せる人は1人

3．話したいときは手を挙げる

4．自分の体験から考えたり、話したりするとわかりやすいし、掘れる

5．「ちがう」ことはok

6．マック
「意味がわからない」「もう一回言って」

7．メガ　「もうちょっと大きな声でお願い」

8．互いに安心なコミュニティをつくろう

資料5

質問ワード　8　+「なるほどなるほど」はマジックワード

“どんな意味？”　＝What do you /we mean by?：

これはどういう意味なのだろう？：
一つの言葉にいろいろな意味があることに気づき、意味が曖昧であることを指摘できること、重要な言葉の意味がはっきりしているかをいつも念頭においておくこと

“なぜ？”　＝Reasons：理由

：単に意見を言うだけでなく、そう考える理由を一緒にのべること

“もともとは・・”　＝Assumptions：前提

：話し合われている議論の前提となっていることを明確化すること

“もし〜なら？”　＝Inferences, If...then..., Implications：

もし・・・なら・・・ということになる、含意、帰結

：誰かが述べたことの含意、帰結について、推測し仮説を立てる

“ほんとに？”　＝True?：真実、事実性

：誰かの発言が事実正しいのかどうかを吟味すること

“例えば・・”　＝Examples, Evidence：例、証拠

：誰かの発言を明確にするためにその例を出す、主張を裏付ける証拠を出す

“こういうこともありえない？”＝

Counterexample：反例：”いつも”” ぜったい〜しない” といった発言が出てきたときに、その発言の正しさを吟味するために反例を考えてみる。例：「わたしたちはぜったい夜更かししないようにしている」「でも、翌日が休みだったら夜遅くまで起きていることもあるんじゃない？」

資料6

倫理　みんなのギモン

- ○「恋」と「愛」のちがい
- ○「幸せ」とは何か？
- ○動物とお話しする！
- ○上手なつきあい方について
- ○ほんとうの自分とは何か？
- ○生き物はどうやって誕生したのか？
- ○人間関係に必要なものは？
- ○春はなぜねむくなるのか？ぬるいと眠くなる？
- ○喫煙や飲酒は未成年はしてはならないですが、なぜバイクや車は未成年でもokなのでしょう？
- ○夢とは？
- ○授業の大切さはどこにあるの？
- ○誰かの話をしっかり聞くってどういうこと？
- ○なぜひとがいるのか？なぜ、人間は存在するのか？
- ○自分はなぜこの環境に生まれてきたのか？
- ○なぜ学校に行かなくてはいけないのか？
- ○たけのこの里ときのこの山はどっちがおいしいのか？
- ○幽霊はほんとうにいるのか？
- ○本当に宇宙人はいるのか？
- ○どうしたら好きな人とずっと一緒にいられるのか
- ○本当の友達とは何か
- ○なぜ人は見た目で判断するのか
- ○スマートフォンとフィーチャーフォン（ガラケー）はどっちがよいのか？
- ○自由に生きるってどういうこと？
- ○『100万回生きた猫』でなぜ猫は最後生き返らなかったのか？

資料7

◇◆対話記録シート◆◇

●今回の対話で、「考えさせられたぞ！」というひと言を書いてみよう。
また、対話を通して考えをもっと深めるためには、どうしたらいいだろう？気づいたことを書こう。

○対話のテーマについて、考えたことや疑問点を書こう（足りなければ裏もOK）。

2013年　月　日　年　組　番　氏名

☻対話記録シート評価○

☻今回の授業で「考えさせられたぞ！」というひとことについて書いてみよう。また、対話を通して考えを深め合っていくにはどうしたらいいだろう？気付いたことを書いてみよう。

- ・項目と説明が詳しく書かれている　5
- ・項目と説明が簡単に書かれている　3
- ・項目が一部書かれている　1

○「今回の授業の内容について、考えたことをや疑問点を書こう」について

(1)文量　3行⇒5　2行⇒3　1行⇒1

(2)考えたこと

- ・自分の言葉で深く考えられていて、新たな問いや考えを生み出している　5
- ・自分の言葉で考えられている　3
- ・感想が述べられている　1

紙上対話や学生どうしのコメントを生かすクリティカルシンキング入門

菊地《きくち》　建至《たけし》
（金沢医科大学）

一　哲学教育のワークショップの勧め、本論の範囲の限定

第七五回大会（二〇一六年）の哲学教育ワークショップ「哲学対話とクリティカルシンキング」。登壇者は「哲学対話」から中川雅道、「クリティカルシンキング」から鈴木真奈、そして筆者の三人であった。筆者は「紙上対話や学生どうしのコメントを生かすクリティカルシンキング入門」という題で話し、フロア参加者との対話の時間も多くあった。

当日の発表タイトルは、筆者がクリティカルシンキング（以下CT）を教える中で実際に重視している授業内容、手法を表しているが、それだけではない。「紙上対話や学生どうしのコメントを生かす」というのは、学校での筆者の「哲学対話」「哲学プラクティス」の実践の一つでもあるから、ワークショップ（以下WS）の全体タイトル「哲学対話とクリティカルシンキング」を意識し、CTの授業と哲学対話・哲学プラクティスがつながることの意義や経緯に関心があることも表した。

参加者からの質問やそれに応答した経験は、それまでの筆者の実践と考えをより明確に、率直に語るきっかけになった。また、WSから本稿を執筆するまでの約一年半でCTの授業

内容を更新することもあった。筆者がＣＴ教育に関して重視することをより良く実現するために果たすべき課題も、一層明らかになった。ＷＳで頂いた質問の一部を記す。

「非常勤講師をやっていると孤独に悩むことが多い。このようなＷＳはうれしい。ＷＳの設定について。なぜ、哲学対話とＣＴを合わせたのか。ある種の緊張関係があるのではないか」

「ＣＴの勘所が分からない。単なる形式主義に陥ってはいけないが、議論の見えやすさを考慮すると型から入らざるをえないのではないか。形式主義への誘惑とどう戦われたのか」

「わたしは論理トレーニングをやっている。工夫して説明するが、根拠や理由とは何かがなかなか伝わらない。ある程度天下り式にやらないといけないのか」

「わたしは対話形式の授業に興味がある。やっていると、論破ではダメなのかという生徒もいる。生徒や学生は何を目指して対話形式の授業に臨めばよいのか。それがないと不安。でも、不安なままでも良いような気がする」

「わたしはｐ４ｃをやっている。ＣＴに人格教育が含まれるのかという議論はある。私自身はシンカー thinker を作るという目標が入ってくるのではないかと思う。しかし、それを学校でやることは、道徳との関係を考えると、教え込みにならないか」

「ＣＴの授業を長い期間やるときは、わたしはメタＣＴをやる。ＣＴが適切な場面と適切ではない場面がある。そういうメタＣＴを扱う機会があるか」

その多くは、哲学対話もしくはＣＴを教えた経験のある方が「どのようにしていますか」と尋ねてくださった実践的な質問である。しかし、ただ授業進行やテクニックを共有することを求めてのものではないと、筆者は理解する。

哲学すること、ＣＴ、それを学ぶプロセス、環境や困難、学ぶ人がすでに知っていること、教えるということ、目的や価値、規範、「メタ」等。これらについてじっくり再考すること、対話すること。この一環としてＷＳの質問も良く聞こう、そう思う。いずれの課題に関しても、授業でも研究でも取り組んでいる最中であり、十分に練り上げられたと言えるものは本論の中でわずかであるが、ＷＳの延長として、以下、率直に記したい。

筆者が金沢医科大学でCT教育を実施するのは、いつどこでなのか。一年生全員必修の「クリティカル・シンキング」（前期・必修）と選択した学生限定の「クリティカルシンキング・ゼミ」（後期・選択）、また、「医療と社会」（通年・必修）と「臨床コミュニケーションの理論と実践」（前期・選択）の一部の時間がこれにあたる。一年生・三年生・四年生の倫理教育、医療プロフェッショナリズムに関する授業、（医療・福祉）実習系授業でも、少ない時間ではあるが、CT教育の時間がある。おそらく全体のCTの時間数は多いほうだろう。しかし、この編成は前もって与えられたものではない。また、医科大学で教える前の非常勤講師の期間の担当授業でも、筆者は（CTと直接題していなくとも）CT教育を多く行っていた。本稿が読者の皆様が現在おられる場でCTに関わることの一助となれば、幸運である。

哲学教育の何に最も興味があるのか。哲学の授業でどうしているかといったテーマのWSになぜ関わるのか。業務として教育に精を出すことは不思議ではないが、研究に専念せずに、さらに授業内容・運営の公開や対話、哲学教育のWSに手間暇かけて関わる理由は何か。WSに関わってきた人で、こう問われた経験のある人は多いだろう。否定的にこれらの問いをWS関係者に向ける人も少なくないのが実際である。

筆者の答えは、「哲学の研究のためも含め、哲学のため」と「学ぶ人や教える人のため、及びそれらの人が生きる環境のため」である。

本論全体でこのことを考えるが、ここで、「学ぶ人」と「哲学の研究のためも含め、哲学のため」と「学会のWS」にそれぞれ補足し、本論の関心を明確にする。「哲学を教えるということは哲学に合うことなのか」という疑問もあるが、本論はそれを直接の主題とはしない。哲学することやCTを教えるということを否定しない。本論はここから始める。

まず、「学ぶ人」と言う理由について。ここで「学ぶ人」という言葉を、もっと良く知りたい人、知や思考との関わりの中での成長・変化を望む人、修得を目指して教わる人等、広い意味で使う。それに当てはまらない様子で授業等に参加している人達は学ぶ人に含まれないか。そういう人がいるとして、その時点だけを切り取れば、それはその通りである。しかし、学ぶ人を良く見れば、学ぶ人どうしの声に耳を傾ければ、学ぶ人と良く話せば、学ぶ動機も、事情も、学ぶ際の力点も、学ぶことを楽しめる時とそうでない時も多様である。学びづらさや、学ぶことや関わることのブレーキが、無力感や関心の低さから強まることもあれば、その人の苦楽や環境と学ぶことの関係、知や合理性のイメージの違い、知や合理性の価値・規範の理解の違いが、学ぶことや関わることのブレーキになることもある。

学ぶ人の意味を上のように記したのは、教育の場での実践に先立って「学ぶ人」「学ばない人」を選別することを目的とすることではなく、制度的な学生や児童・生徒ということに限定しない、学ぶ人のイメージを共有するためである。学ぶ人になるきっかけや良い環境を作ること、ガイドすること、待つこと等も含め、教育である。哲学することやCTを学ぶ人をこのように理解することで、哲学することやCTを学ぶ、教えることとの経験から、哲学研究者がさらに考えられることは少なくない。

つぎに、「哲学の研究のためも含め、哲学のため」とはどういうことか。哲学の研究のためと言う時、本論は次のような哲学に限定してそれを使っている。筆者が哲学教育のWSに積極的に関わるのは、哲学することを教えることが、そしてその経験について良く考えることや対話することが、哲学、知や合理性のあり方等を再考すること、作り直すことにもつながる、そういう哲学のためである。たとえば大学一年生の教養の授業で哲学を学ぶ人、学校の外で哲学することやCTを学ぶ場にいる人はたいてい非研究者であり、そういう人相手の教育から研究のほうに何程の影響もないというような哲学ではない。田村公江・菊地建至「教養教育としての倫理学（倫理学系科目）において、何をどう教えるのがよいか」WS（日本倫理学会第六〇回大会、二〇〇九年）からこれまで、筆者は学会・研究会のいくつものWSに関わったが、最初のこのタイトルから「どう教えるのがよいか」だけでなく「何を教えるのがよいか」を含んでいる。それもこの哲学理解を反映している。

これまでの専門の知識をかみ砕いて、学ぶ人に伝わりやすくする。伝えるべき知識は定まったものとして、解説を学ぶ人の日常に合わせる。そういう授業も分かりやすい、工夫のある上手い授業であるが、筆者がWSで主眼としていることはそういう授業の情報交換ではない。研究者も多い中で教育WSを行うのは、そういう交流も通して、それが、研究や知に関しても問いや再考の契機となるからである。

「学会のWS」について。学会のWSには、シンポジウムや個人発表と異なる独自の意義がある。話題提供者・発表者とその他参加者のワークや自分も作るという意識なしに、W

Sは成立しない。そのことの良さがある。その場で協働して何か一つのものを作るというイベントを含むかはWSの狙いやその環境ごとに違うとしても、それぞれの仕事場やプロセスの思考、苦楽や整理途中の言葉も生かすWSが面白い。作り、考える、対話し、考える、そしてまた作ることに戻る。ワークの中に反省も批判もある。研究者が集い、研究につながることでありながら、WSでは、その場での個々の完成度、学術的な洗練や周到さ等の面では不十分なことがあっても、それは大きな欠点ではない。

哲学を教えることやCTを教えることを良く考えること、そしてそれらの教育WSは、授業で何を主題にCTや哲学を教えるか、何を重視するかについても、また、哲学やCTのあり方についても問うことになるという予感や誘う気持ちを、筆者は大事にする。哲学研究のメジャーはそういうものではないと言われるかもしれない。哲学研究者は多彩である。本論は全ての哲学はそうあるべきだと主張しない。しかし、これは、本論が重視する哲学教育のWSに関わる理由について、また、本論の範囲について、必要な限定である。

本論は、CTを教える経験や学ぶ人との関わりから考え、下記のことを提案する、というところまで論を終える。一つは、CT教育は「知」「合理性」「多様性」「規範」「苦楽」「環境」等の哲学的及び学際的研究とのつながりを強めるのが良いということ。二つ目は、CT教育は哲学対話とのつながりを強めるのが良いということ。本論の範囲はそこまでである。

二　クリティカルシンキングの授業、クリティカルシンキングの知識とスキル

筆者が金沢医科大学で教えるCTの基礎の内容を大まかに分けると、次の五つである。

A　アーギュメント（論証・議論）に注目するCT
B　心理学の知見を生かすCT
C　多様性とライフ（生活、医療、福祉）をもっと良く知るCT
D　自分の関心から書くこと、それに質問やコメントをもらうこと、再び書くこと
E　CTの知識やスキルについての、科学者、医療・福祉職者等と哲学教師の協同授業

上記のCは筆者の関心や教える場所で重視することによってそうなっているから、たとえば教師である読者がCTの授業編成を考える際、「多様性とライフをもっと良く知るCT」を別な内容に替えるのも差し支えない。しかし、学ぶ人のCTの態度や実行の困難等について良く考えると、多様性とライフをもっと良く知るCT【C】、及び、書くワークや哲学対話【D】の授業内容に長所のあることが分かる。それについては後で論じる。

前段で「態度」と記したが、授業計画や教育技法のあり方を論じる際、学習者が獲得する「知識」「スキル」「態度」の視点で整理されることが多い。CTに関してもこれは同様である。筆者もよく参考にする『科学技術をよく考える――クリティカルシンキング練習帳』は哲学研究者によるCTの教科書・トレーニングブックだが、同書の「はじめに」で、伊勢田哲治は「CTとは何か」を次のようにコンパクトに解説している。

CTというのは、他人の主張を鵜呑みにすることなく、吟味し評価するための方法論である。「クリティカル」というのは、日本語に直訳すれば「批判的」ということだが、日常的にいう「批判」とは違い、相手をけなすというようなニュアンスではなく、相手の言っていることを最終的に肯定するにせよ否定するにせよ､その前に「よく吟味する」「きちんと評価する」という意味である。

さて、相手の主張をよく吟味するには、いろいろなものが必要である。CTの教科書では、しばしば「CTの3要素」というものが挙げられる。それは、知識、スキル、態度である。まず、吟味するにはいろいろな「知識」が必要である。吟味の対象となっている話題についての具体的な知識が必要なのはもちろんだが、もう少し一般的なレベルで、私たちはどういう時に間違いを犯しやすいかという知識、科学というものがどういう仕組みで運営されているかという知識など、きちんとした吟味や評価に必要な知識は多種多様である。しかし知識だけがあっても、それをどうやって使ったらよいのかを知らなければあまり役には立たない。「スキル」が必要である。CTの場合は、吟味の具体的な手続きがこの「スキル」にあたる。最後に「態度」であるが、どんなに知識やスキルがあっても、そもそも、相手の言っていることをよく確かめようと思いつかなければ、そうした知識やスキルは発動されない（略）。この意味で、「態度」はCTの中でも特に重要だが、同時に教えるのが一番難しい部分でもあるのだ。（伊勢田・戸田山・調・村上［編］（2013）, iii-iv）

紙幅の都合で「CTの知識とスキル」の授業概要と授業計画の例を一から記すことはできないが、アーギュメント（論証・議論）に注目するCT【A】と心理学の知見を生かすCT【B】の定番はある。議論を特定する、言葉の意味を明確にする、前提を検討する、暗黙の前提を明示化する、推論を検討する、問題のフレーミングを疑う、二重基準の使用を探知する、『科学技術をよく考える』でこのように整理して解説されるスキルはどれも、アーギュメントに注目するCT（スキル）の学習の主となるものである。推論や読解のトレーニング、科学リテラシーをはじめとする各種リテラシー教育、科学哲学や法哲学の題材等をこれに活用することもできる。認知科学、行動経済学、社会心理学等も含めて「心理学の知見を生かす」とまとめるが、人の不合理な判断、他者理解における偏り、推論の間違い等に関する心理学の説明や実験、バイアスやヒューリスティック、上記の諸科学の話題等をいくつか紹介し(1)、学習者が活用しやすいようにそれらに関する簡便なチェックツールやスキルを示すのは、「心理学の知見を生かすCT」の初心者が学びやすい手法である。

ただし、そうしたCTの知識とスキルの定番も、学ぶ人のそれへの取り組み方やつまずきを良く見れば、CTを教える者を立ち止まらせるところは少なくない。たとえば「ウェイソン選択課題（四枚カード問題）」に正解できないことや、ヒューリスティックで判断することは、すなわちその人のCTの知識やスキルの習得が不十分であることや、不合理、知的でないことを意味するのか。そう単純ではない(2)。他人について理解する、評価する時に、直観に従ったり、自分の内集団かそうでないかということによって異なる評価になること等は、その人のCTが不十分であることを意味するのか。これもそう単純なことではない。

また、論理的思考やアカデミックライティングの教育では常道の演習が、CTを教える者の困惑につながることもある。たとえば推論、特に演繹を教える中で、すでに与えられた前提以外のアーギュメントに欠かせない「隠れた（暗黙の）前提」を明示化するというワークを行うが、これが教師の想定通りにいかないことがある。与えられた課題文からのクイズ形式で正答することができない人がいる。それだけでなく、学ぶ人の中で、自分の関心のある主張や議論について隠れた（暗黙の）前提を想像したり、発見したりすることを楽しむ人は多いのだが、その際、推論とその評価が正しくできるようになるという視点で教師が用意した模範解答と合わない答えが続出する。たしかに真理値表や図や記号を使用する練習を増やしたり、手続きに集中することを意識させて演習を重ねれば、推論に関して正答できる人は増える。主張や議論を日常の言い回しからあまり離れないまま考えるから、また、学ぶ人が関心の強いものを使って演習するから、誤答しやすいというのも分かる。しかし、CT教育の要の一つである「CTの態度」という面では、手続きに集中せよと指導して正答率を上げる方向に舵を切るのが良いと言いきれない。日々当然として流してきたことに批判的に関与する態度も、これまで見つける努力をしなかったことに取り組み、気づきを得たこと、問題点を見出したことの楽しみも、CTを学び続けること、CTを実行することを続けることの糧になるだろう。

他にも、「プロ／コン」（賛否）の主張とその根拠、批判に答える反論を含む議論の修正、こういう型で論じることが身につくことはアカデミックライティングの目標の一つであり、アーギュメントに注目するCTの学習もそれに生かせる。しかし、CTの態度が良いからその型をはみだすプロセスのほうに楽しみを見つけるということはある。CT教育とアカデミックライティング教育の関係も簡単ではない。

CTを教える人の思うようにいかなかったこうした事例は、どの教育の場にもたくさんあるだろう。それでは、CTを教える人が一人で勉強し、詳しく考え、周到に準備してからでないと、CT教育を始めるべき（もしくは再始動すべき）ではないのだろうか。

そうではない。むしろ、以下の三つのことから助けを得ながら各自で工夫すると良い。

一つは、時々、教える人が授業で思うようにいかなかったことも話題にして、学ぶ人と考えることである。たとえば大学一年生の授業で。学生と対話する。意見やアイデアを募る。これらは直接的なことである。また、教える人が授業で思うようにいかなかったことのヒントを得るということで言えばあくまで間接的であり、いつも確実に何かを得られるというものではないが、トライしてほしいことがある。先に列挙した、筆者が金沢医科大学で教えるCTの基礎の内容で言うと、「自分の関心から書くこと、それに質問やコメントをもらうこと、再び書くこと」【D】である。学生どうしの対話を聞く。

それも良いのだが、つぎのような「書くワーク」を使うことができる。

一人一人が自分の関心から主題や問いを決め、それについて考えを詳しく書くことをホームワークにする。それにピアで（大学一年生どうしで）、他の人が質問やコメントを書く。複数人から別々に、質問やコメントをもらうということである。あるいは、一人一人が自分の関心から主題や問いを決め、対話篇を書くことをホームワークにする。ピアで、他の人達がその対話篇に、続きの対話や新しい発言者も登場させた対話を書く（質問だけ書くのも可）。どちらの場合でも、最初の著者にそれらの書かれたものが届いたら、その著者が再び書く（補う、修正や改良をする、続きを書く等）。この時点で、自分の最初に書いたもの、最終版として書いたもの、他の人からもらったコメント等の紙、これらは全て最初の著者の手元にある。その著者が一枚のA３用紙の台紙にこの全てを貼ったものを提出すると、課題提出になる。(3) 筆者はこの一連の書くワークの節目で、「質問、コメント、対話等をもらって思ったこと」「次のリライティングに生かそうと思うこと」「他の人の考えて書いたものに、質問、コメント、対話等を渡すことを経験して思ったこと」をメール等で教師が受け取ることも一つのワークにすることもある。

直接間接の違いはあれ、これらの「学ぶ人と考える」ことから、アーギュメントに注目するCTの知識やスキル【A】や心理学の知見を生かすCTの知識やスキル【B】をどのように学んでいるか、活用しているか、自他のCTの実行をどう見てどう評価しているかについて、また、学ぶ人がどんなことを嫌だとかやりづらいと思っているか、逆にどういうことが楽しくてCTを続けてやりたいと思っているかについて、教師が知ることは多い。

二つ目は、普段からCT教育に関する学問領域をまたぐ協同授業を取り入れることである。「CTの基礎の内容」の一つ、CTの知識やスキルについての、科学者、医療・福祉職者等と哲学教師の協同授業【E】である。CTに詳しい科学者を探す必要はない。学内の学際の交流を生かせば、継続性の点でもそれが良い。具体的なイメージを持ちにくいかもしれないから、金沢医科大学の例を挙げる。CT授業の導入前から自然科学領域と人間科学領域が協同し第一学年のPBL教育を担っていることについては本田（2016）が詳しい。また、一年生必修「クリティカル・シンキング」で、一回ではあるが「医学統計」と「生物学」の同僚教員にゲスト講義を依頼している。その授業の中で、同僚と筆者でCTの具体的な知識やスキルについて対談する時間もとる。また、前後の授業で、統計や自然科学に関連する知識とCTスキルを導入・補足する授業内容も作る。その他に、「（医療・福祉）実習系授業」で事前事後教育の講義やグループワークを手伝い、臨床医でもある医学教育学教員との協同授業も年に数回行っている。

これは大変だと思われる方も少なくないだろう。始める前は筆者もそうだった。しかし、CTの知識やスキルについての学問領域をまたぐ連携や対話から得るものは大きい。それは、あちらこちらの授業でCTを活用できれば、CTを学ぶ機会を増やせるということにとどまらない。諸科学に、理解やコミュニケーション、人間の知や合理性、多様性、主体性、環境、CTとその教育（特に、アーギュメントに注目するCTの知識やスキル【A】、心理学の知見を生かすCTの知識やスキル【B】）、これらの再考や見直しに参加してもらうということである。学問領域が違えば、それらについて重視することも、観点も違うことがある。もちろん専門知識も得られる。また、個人的な経験で言えば、別分野の教師は学ぶ人に求めることも違うと思うことが何度もあった。そこからも学ぶこと、再考することがある。

三つ目は、CT教育のWSである。これについては本論第一節で詳しく記した。それに加えて前段のことを考慮すれば、CT教育の学際的なWSもいい。日本哲学会の会員の研究領域はすでに多彩だから、この哲学教育WSでそういうことを行うこともできるだろう。

CTを教える人の思うようにいかなかったこと。CTを学ぶ人が学びづらいと思ったことや関わりに積極的になれなかったこと。学ぶ人が楽しいと感じたこと、しかし、それはどうも正しいやり方ではないのかなと不安に思うこと。それらがどのようなことかは、CTの知識やスキルを教えることを避けず、CTの知識やスキルを教えることについて真摯に考える中で、知りうることである。こうしていろいろ持ち寄って考えることや対話することは、CTの教育と研究にとって力になる。学ぶ人と教える人の支えにもなる。哲学の教育と研究の進展ということでもそうだろう。

三　クリティカルシンキングの態度

本論第二節は、CTの知識とスキルに焦点をあてた。しかし、もう一つの要素、CTの態度の重要性もこれに劣らない。

また、第二節では、ＣＴの知識やスキルを教える人のつまずきや思うようにいかないこと、また、ＣＴの知識やスキルを学ぶ人が学びづらいと思ったことや理解がうまくいっていないと思うことについて、それらを「知識とスキルの」教育と研究の課題と理解し、考えた。

しかし、それらに「ＣＴを学ぶ人の態度」や「ＣＴを実行する態度」の問題を見ることもできる。たとえば、ある学生がＣＴのスキルの活用に気が進まない。ブレーキをかけている。ＣＴが必要な場面を見つけようとしない。ここで吟味することが大事だと思いつかない。そういう様子が見られることやそういう意思を表示することは、その学生の態度である。そして、態度の面で低く評価することになる現状をどう改善するかという教育課題としてそれらを理解する。そう言うことも可能である。それでは、どのようなことを指して、ある人のＣＴを学ぶ態度が十分良い、ＣＴを積極的に実行することが身についていない等と言うのか。まず、ＣＴの態度・志向性の尺度に関する研究を二つ挙げる。

楠見・津波古（2017）は「クリティカルシンキング態度尺度（短縮版）」で、ＣＴの態度を四因子「論理的思考への自覚」「探究心」「客観性」「証拠の重視」と十二の下位尺度に整理した。論理的思考への自覚（議論の前提や用語の定義を正確にとらえて考えようとする、誰もが納得できるような論理的な説明をしようとする、他の人の考えを自分の言葉でまとめてみる）。探究心（いろいろな考え方の人と接して多くのことを学びたい、生涯にわたり新しいことを学び続けたいと思う、さまざまな文化について学びたいと思う）。客観性（いつも偏りのない判断をしようとする、物事を決めるときには、客観的な態度を心がける、一つ二つの立場だけではなくできるだけ多くの立場から考えようとする）。証拠の重視（結論をくだす場合には、確かな証拠があるかどうかにこだわる、判断をくだす際は、できるだけ多くの事実や証拠を調べる、行動をとるときは、はっきりとした根拠に基づくようにしている）[4]。

また、廣岡（他）（2001）はＣＴに対する志向性の尺度として non social version と social version を分け、non social version で①探究心、②証拠の重視、③不偏性、④決断力⑤脱軽信を、social version で①人間多様性理解、②他者に対する真正性、③論理的な理解、④柔軟性、⑤脱直感、⑥脱軽信を取り出した。後者は、他者との関係を意識したＣＴの態度尺度である。

そして、廣岡（他）（2001）の共著者の元吉忠寛氏は、日本の学校生活でよく見られる学生のCTへの消極性について、CTを得意とする人は「すごい人だけれど、友達にはなりたくない」という心理に注目することや、社交や人間関係の文化的傾向から学生の態度が影響を受けることを考慮し、日本の学校のCT教育で「社会的CT」を重視することを提案した（元吉2011）。「社会的クリティカルシンキングとは、自分とは異なる他者の存在を意識し、人間の多様性を認めながら、偏ることなく他者を理解しようとし、文脈や状況によっては譲歩することができる。そして、異なる他者や多様な価値観に対する寛容さをもつことを重視した概念である。このように他者や社会的な文脈を意識することを優先した社会的クリティカルシンキングは、いわゆる論理的なクリティカルシンキングよりもイメージが良く、個人的な親しみやすさを高く感じると予測できる」（楠見（他）（編）2011、p.53）。これに類した提案として抱井（2004）の「協調型批判的思考」がある。

調査を通じたこれらの研究は貴重であり、今後も参考にされるものである。また、本論はCTの実行やCTを学ぶことの、環境や苦楽の経験を重視するから、「社会的CT」という提案に関心がある。CTの態度は、さまざまな経験や苦楽もあって生き、環境の中で生き、知り、関わり、考え、考えを言葉にし、それらも含むものの中でまた生き、知り、関わり、考える、そういう生や知と切り離しては明らかにならない。しかし、環境との関係に注目することをただちに「文化」に焦点を当てる手前でもっと考えたいことがある。

筆者は、多様性とライフ（生活・医療・福祉）をもっと良く知るCT【C】、及び、書くワークや哲学対話【D】に多様な意味を見ているが、その中でもこの問題圏を重視する。

学びにくいあの人のこだわりが分からない。あの人のブレーキを外すこと、逆に何か前進するきっかけを与えること、そういうことが必要なのだろう。CTを教える人はそう感じることがよくある。それにいろいろな工夫で応えようとすることは続けられてしかるべきである。しかし、すでに、ある意味では合理性、知恵が発揮されているのかもしれない。CTのスキル習得や態度に問題はないということもある。そう想像することも重要である。また、態度についても個人に焦点を当てることからいったん離れてもよいかもしれない。

CTのスキルや態度が論じられる時、知の意味や規範に遡って十分に考えられたか。目的、価値、多様性、主体性等の研究とどう関わってきたか。そういう視点も重要である。「CTの態度」について考えるには、CTの知識やスキルを活用しよう、CTの自分の力を発揮しようとすることへの前向きの個人の態度だけをCTの態度として理解するのではなく、もっと広くCTの態度を理解することが必要である。そのための哲学的及び学際的な研究を進めることが重要である。その先には知識・スキル・態度の区別で考えることとは別なアプローチが有力なものになるかもしれない。

哲学研究者による先行研究を挙げる。伊勢田（2005）はこれを「ほどよい懐疑主義」の哲学的解明と「みんなで考えあう技術」という視点から論じている。また、『科学技術をよく考える』の「スキル10‐2　メタCT――クリティカルなのは本当によいことか」（pp.274-7）で、「CTの望ましさについてのメタCT」について、「「CTをしないと騙されるなどの悪いことが起きる（起きやすい）」」というのは本当だろうか」（pp.274-5）及び「仮に「CTをしないと騙されるなどの悪いことが起きる」という前提が正しかったとしても、そのことから「CTをすべきである」という結論が導けるかどうか」（pp.275-6）を論じるという仕方でメタCTの手本を示している。クリティカルシンキングの最近の論集にある、信原幸弘「批判的思考の情動論的転回」、小口峰樹・坂上雅道「言語なしの推論とその神経基盤――ミニマリスト・アプローチからの分析」も新たな道を開いている。(5)

「CTの態度とは何か」や「学ぶ人のCT（の態度）に関して教える人はどう関わるか」という問題には、もちろん日々の教育の中の気づきや反省が重要である。しかし、それだけで解くことができるものではなく、本論の第一節から何度か強調してきた「研究の力」が必要である。両方が欠かせないということである。

参考文献

網谷祐一（2017）『理性の起源――賢すぎる、愚かすぎる、それが人間だ』河出書房新社。

伊勢田哲治（2005）『哲学思考トレーニング』筑摩書房。

伊勢田哲治・戸田山和久・調麻佐志・村上祐子［編］（2013）『科学技術をよく考える――クリティカルシンキング練習帳』名古屋大学出版会。

D・カーネマン（2014）『ファスト&スロー』上下、村井章子（訳）、早川書房。

小口峰樹・坂上雅道（2016）「言語なしの推論とその神経基盤――ミニマリスト・アプローチからの分析」、楠見（他）編（2016）、pp.35-57。

抱井尚子（2004）「21世紀の大学教育における批判的思考教育の展望――協調型批判的 思考の可能性を求めて」、青山学院大学国際政治経済学会『青山国際政経論集』第63号、pp.129-155。

唐沢かおり（2017）『なぜ心を読みすぎるのか――みきわめと対人関係の心理学』、東京大学出版会。

菊地建至（2016）「クリティカルシンキング入門は、何をすることなのか（1）」、『金沢医科大学　教養論文集』第43巻、pp.29-49。

楠見孝・子安増生・道田泰司［編］（2011）『批判的思考力を育む――学士力と社会人基礎力の基盤形成』有斐閣。

楠見孝・津波古澄子（2017）『看護におけるクリティカルシンキング教育――良質の看護実践を生み出す力』、医学書院。

楠見孝・道田泰司編（2016）『批判的思考と市民リテラシー――教育、メディア、社会を変える21世紀型スキル』誠信書房。

佐藤岳詩（2017）『メタ倫理学入門――道徳のそもそもを考える』勁草書房。

R・セイラー（2017）『行動経済学の逆襲』遠藤真美（訳）、早川書房。

E・B・ゼックミスタ／J・E・ジョンソン（1996）『クリティカルシンキング《入門篇》』宮元博章・道田泰司・谷口高士・菊池聡（訳）、北大路書房。

信原幸弘（2016）「批判的思考の情動論的転回」、楠見（他）編（2016）、pp.20-34。

廣岡秀一・元吉忠寛・小川一美・斎藤和志（2001）「クリティカルシンキングに対する志向性の測定に関する探索的研究（2）」、『三重大学教育実践総合センター紀要』第21号、pp.93-102。

本田康二郎（2016）「金沢医科大学の初年次教育システム――三つの教育手法の統合」、『金沢医科大学　教養論文集』第43巻、pp.7-27。

K・マンテクロウ（2015）『思考と推論――理性・判断・意思決定の心理学』服部雅史、山祐嗣［監訳］。

道田泰司（2013）「批判的思考教育の展望」、日本教育心理学会『教育心理学年報』第52集、pp.128-39。

元吉忠寛（2011）「批判的思考の社会的側面――批判的思考と他者の存在」、楠見（他）（編）（2011）pp.45-65。

注

（1）心理学の知見を生かすクリティカルシンキングの授業で紹介できる本は数多くあり、また、翻訳も含め新たなものが続々出ている。参照、ゼックミスタ（他）（1996）、カーネマン（2014）、セイラー（2017）、唐沢（2017）。

（2）参照、網谷（2017）、マンテクロウ（2015）。

（3）ここで記した書くワーク及び「紙上対話」の筆者の実践については、菊地（2016）、pp.41-7も参照してください。

（4）参照、楠見・津波古（2017）、p.13。また、同書は、先行する七つの研究論文から取り出したクリティカルシンキングの特性・スキルを一覧表「クリティカルシンキングの特性・スキルの比較」（楠見・津波古2017、pp.54-5）に整理しており、有益である。

（5）参照、信原（2016）、小口・坂上（2016）。

「子どもの哲学」が問いかけるもの——その教育理論と哲学的問題

村瀬《むらせ》　智之《ともゆき》
（東京工業高等専門学校）
土屋《つちや》　陽介《ようすけ》
（開智国際大学／開智日本橋学園中学高等学校）

筆者らはこれまで哲学的議論を授業に取り入れる「子どもの哲学」の実践に取り組み、大会ではその実践を報告した。本論文では、実践の基盤となる理論について、まず子どもの哲学の歴史を概略し、その教育理論を紹介、検討する。その上で子どもの哲学の提起する哲学的問題を見ていく。

一　子どもの哲学の概要

一-一　子どもの哲学の歴史

「子どもの哲学」は、狭義には米国の哲学者マシュー・リップマンによって一九七〇年前後に開発された教育プログラム「P4C（Philosophy for Children）」を指す。(1) リップマンが当初考えたのは、哲学的な議論を中核とする対話型の思考力教育プログラムの開発で、論理学や批判的思考の教育を小中高校に導入することであった。そのために一九六〇年代末に、その後主要な教科書となる『ハリー・ストットルマイヤーの発見』（以下、『ハリー』と略記）が作成された。(2) 一九七〇年には、ニュージャージー州内の公立小学校で初めての授業が行われ、一九七四年にはリップマンとその賛同者らは、ニュージャージー州のモントクレア州立大学内に「IAPC: Institute for the Advancement of Philosophy for Children」を設立した。(3) ＩＡＰＣは、学齢毎の教科書や教師用マニュアルの作成、米国内外の教師（実践者）への研修会の実施、理論研究のための学術誌の創刊等を次々と行った。現在では、P４Cは世界中の五〇以上の国と地域で取り組まれている(4)。

国内では、一九九〇年代に複数の教育学者が以上のような国外での取り組みを紹介した(5)。二〇〇〇年代には松本伸示らが宮崎県の公立小学校で実験授業を行い(6)、また、大阪大学「臨床哲学研究室」でも大阪府の府立高校・京都府の私立高校で子どもの哲学を行うようになった(7)。二〇一〇年代になると学校がイニシアチブをとって子どもの哲学を導入する例が見られるようになる。お茶の水女子大学附属小学校では、二〇一五年度から四年間「新教科『てつがく』科の創設」を目指した研究開発事業が行われ(8)、宮城県の公立小・中学校では、宮城教育大学・上廣倫理教育アカデミーの支援を受けた「p4cみやぎ」を中心に、二〇一六年には両市内の小学校一九校、中学校一六校で子どもの哲学が取り組まれている(9)。

一-二　P４Cの教育理念と教育方法

リップマンは「P４Cのプログラムの最大の目的は、子どもたちが自分の頭で思考する方法を学ぶための手助けをすることである」と述べている(10)。リップマンによると、思考には批判的、創造的、ケア的側面があり、これらが相互的かつ連続的に関わっている(11)。また、思考の改善のもつ反省的な側面も強調される(12)。考える主題と同時に考える手順についての反省である。

思考の改善のための方法論で重要なのが「探求の共同体」である。探求の共同体はパース由来の言葉であり、リップマンは「教室を探求の共同体に作り変える」というフレーズを用いる。

……生徒たちが敬意を持ちつつ互いに意見を聞く、互いの意見を生かしながら、理由が見当たらない意見に質問し合うことで理由を見いだし、それまでの話から推論して補い合い、互いの前提を明らかにするということである。……対話は論理に従おうとし、ヨットが向かい風を斜めに受けてジグザグに前に向かうように、まっすぐにではなく進んでいく(13)。

以上のような特徴を有する探求のために、教室で哲学的議論を行う。「私が哲学の探求の共同体を例として用いることに決めたのは、それが私にとって最もなじみのある共同体だからというだけではない。私の考えでは、哲学の探求の共同体は、探求の共同体の貴重なお手本なのである[14]」。リップマンは、探求の共同体における哲学的議論を通して、推論能力、創造力、個人的成長の対人的成長、倫理的な理解力、経験の意味を発見する力が向上すると考えている[15]。

上記の理念を達成するための具体的方法が、哲学小説を用いた教育法である。授業は概ね三つの段階をふむ[16]。哲学小説を読み、子どもたちが問いを出し、ともに議論する。リップマンは哲学小説、特に『ハリー』を書く際に「物語内の事実上すべての出来事に哲学の歴史からのアイデアやアイデアの断片の残響があるよう気を付けようとした」と述べている[17]。各哲学小説には教師用の指導マニュアルがあり、小説の内容に対応して数多くの問いやアクティビティが記され、教師が利用できる。このようにP4Cは明確な目的と教授内容をもち、特定の方法に則った教育プログラムである[18]。

一-三　リップマン以降の展開

IAPCは多くの実践者を世界中に輩出した。その中でリップマン型の手法と強調点は変化していった。

手法の変化で顕著なのは、リップマンの執筆した哲学小説が徐々に使われなくなった点だ。ハワイ州の実践者であるトーマス・ジャクソンは、以前は哲学小説（『ハリー』）を使っていたが、教師の負担や哲学小説の内容的偏り[19]、子どもたちの飽きや小説自体の古臭さ[20]のために途中から使用をやめたという。これは一事例に過ぎないが、子どもの哲学は新しい段階に入り、多様な実践と議論が蓄積されていくことになった。一方で、子どもの哲学はただのおしゃべりだという批判もされるようになった。

スーザン・ガードナーは、この種の批判に対し、哲学的探求の成果物として真理の役割を強調し応えようとした。「探求の共同体は、生徒中心でも教師中心でもなく、真理が中心となり、それによってコントロールされる。真理は、この方法において絶対的に本質的である[21]」。ガードナーによれば、思考自体は目的ではなく「……その価値は、思考が真理に導くという事実の中にある[22]」。ガードナーは、探求の共同体が従うべき基準として真理を強調することで、子どもの哲学を行う実践者に一つの方向性を示そうとした。

一方、ジャクソンが強調するのは、子どもの哲学における共同性、特に、共同体の「知的安全性」である。知的安全性とは「共同体の参加者全員が、お互いへの敬意を尊重する限り、どんな問いでも真の意味で自由に問うことができ、どんな見解も述べることができる」[23]ことである。お互いへの敬意がなく発言が馬鹿にされるような殺伐とした空間では、子どもは素朴な疑問を口にできず、およそ哲学的探求は不可能である。したがって、ジャクソンによれば、教師と生徒が互いに敬意を払い、共同探求者であるような知的に安全な共同体を作り上げることは、子どもとともに哲学することにとって本質的であり[25]、哲学的「探究が育まれる岩盤」[26]なのである。

さらに、ウォルター・コーハンは、P4Cのもつ「内容を教える」側面を批判し、思考の経験と問いを強調する。「……哲学的問題が生じ表されるのは問いの形式においてである」[27]。リップマンの指導マニュアルでの問いの示唆も批判される。「……マニュアルとは、その定義からして、哲学はどのように教えられるべきか、問いはどのように問われるべきかに対する答えを構成するものだからである」[28]。コーハンによれば、哲学とは何らかの決まった成果物を出す道具ではない[29]。哲学的問いは常に個人のものであり、マニュアルによる問いの示唆は、問いを外的なものにし、問いや哲学を道具化してしまう。問いに関してジャクソンは、ハワイの実践では「生徒自身から湧き上がる信念や質問やトピックを強調する……」と述べており、共同体での問いの共有と探求を重視する[30]。

このように三者はそれぞれ哲学的探求の本質的特徴に注目しながら、子どもの哲学の実践と理論化をすすめてきた。これは、子どもの哲学がリップマンの方法から離れて多様化・展開していったことを示している。

二　子どもの哲学が問いかける哲学的問題

第二節では、子どもの哲学から抽出される哲学的問題を論じる。二‐一では、子どもの哲学の思考力教育としての側面に焦点を絞り、子どもの哲学を「知的徳の教育」の観点から捉え直す可能性について論じる。二‐二では、一‐三でも触れた子どもの哲学における問いに焦点をあて、哲学的探求の一側面を捉え直す可能性を示唆する。

二‐一　子どもの哲学と知的徳の教育

一‐二で述べた通り、P4Cは、教室での哲学的探求によって思考の改善を目指す教育プログラムであった。リップマンによれば、子どもを哲学的探求に従事させると、思考の批判的・創造的・ケア的側面はバランスよく育まれ、それによって子どもを「理性的な市民（reasonable citizens）」[31]へと教育することができる。しかし、仮に教室での哲学的探求によって思考力（思考スキル）が向上するとしても、そのような思考力さえ身につけば、子どもは自動的に理性的な思考者になれるのだろうか。

　この種の問題は、批判的思考力教育の文脈でしばしば論じられてきた。リチャード・ポールによれば、批判的思考のスキルは、それを活用する人によって「弱い自覚」の下でも「強い自覚」の下でも使用可能である。「弱い自覚」の下での使用とは、自分とは異なる考えに対して、その考えの根拠や背景などを公平に扱わずに、とにかくその考え（あるいは、その考えを抱いている相手）を打ち負かすために批判的思考のスキルを駆使する、といったことである。しかし、このような人は「批判的思考者」というよりは「詭弁家」[32]と呼ばれるべきであろう。このため、ポールは、批判的思考のスキルを十分に身につけていたとしても、このような「自己中心的」な性格を備えている人は、批判的思考者ではありえないと主張する。

　一般に子どもの哲学が、思考を改善し理性的な人格を作り出すことを目指す教育ならば、以上の議論は子どもの哲学にもそのままあてはまる。ここで欠けているのは、理性的な思考者が備えるべき人格的・性格的特性の育成である。これをポールは「知的徳（intellectual virtues）」の教育と呼んだ。思考の改善を目指す教育は、思考スキルの教授だけでは不十分であり、理想的な思考者が備えているべき徳としての知的な性格や人格（たとえば「知的な誠実さ」「好奇心」「オープンな心」「知的な勇気」など）の涵養まで踏み込まなければならないのである。

　ここで子どもの哲学の研究は、いわゆるアカデミックな哲学研究と接点を持つ。なぜなら、理想的な認識者に備わる知的な性格特性としての知的徳の研究は、一九八〇年代から英語圏の認識論において盛んに論じられてきた徳認識論（その中でも特に「責任主義的徳認識論（responsibilist virtue epistemology）」）の研究主題と合致するからである。リンダ・ザグゼブスキやジェイソン・ベアらは、知的な性格徳はどのような概念上の本性を備えており、どのような種類の知的徳目に分類されるのかといったことについて、哲学的で厳密な概念分析を行っている[33]。したがって、そのような哲学研究上のリソースを参照することは、子どもの哲学を知的徳の教育も含み込む総合的な思考改善教育として捉え直す上では不可

欠であると考えられる。(34)

また、近年では、「応用認識論（applied epistemology）」研究の一環として、ベアやヘザー・バタリーを中心に哲学的な概念分析に基づく知的徳教育の具体的手法の開発研究が進められている。(35)特にベアは、二〇一三年にカリフォルニア州ロングビーチに開校されたチャータースクール「知的徳アカデミー（Intellectual Virtues Academy）」(36)の創設メンバーの一人であり、学校現場を念頭に知的徳教育のための包括的なカリキュラムの開発に取り組んでいる。(37)このような応用哲学的な研究に対して、子どもの哲学が蓄積してきた方法論を活用できる可能性は高い。子どもの哲学でしばしば用いられる、お互いに問いあうワークや、様々な観点から物事を見られるように工夫された教材などは、よりよい哲学的探求を促進する効果があるだけでなく、「オープンな心」「知的な勇気」「知的な注意深さ」といった種々の知的な性格徳の育成にも効果があるように思われるからである。このことは、既存の哲学研究（少なくとも応用的な哲学研究）に対して、子どもの哲学の実践や研究が貢献できる可能性を示している。以上のような意味で、子どもの哲学とアカデミックな哲学は、お互いに参照しあうことでお互いの分野をより発展させていく豊かな可能性に満ちているのである。

二‐二　子どもの哲学における哲学的問い

二‐一では、子どもの哲学をアカデミックな哲学と接続させる可能性を示した。他方、二‐二では、子どもの哲学の「議論の主題となる問い自体を問う（以下「問い自体を問う」と略記）」という特徴に着目し、子どもの哲学では問い自体を問うことが不可欠であり、このことが単なる議論や対話を含む授業と子どもの哲学との違いとなると主張する。また、そこから示唆される哲学的探求の特徴についても論じる。

子どもの哲学で問い自体を問う必要が生じる教育方法上の理由は二点ある。(38)

一つは、学習者が問いを立てるからである。学習者の立てる問いは洗練されていない。小さな子どもはもちろん高校生や大学生であっても自分の問いをうまく表現できないのは当たり前だ。そのため、問い自体を問うことが必要となる。

二つ目の理由は、多くの参加者とともに考えるからである。問いが一つ決まっても、その解釈は多様である。問いの提出者がその意味を十全に理解していないだけでなく、提出者の意図とは違った、それを超えた解釈を参加者がする可能性がある。適切に探求を行うには哲学的探求の共同体内で問い自体を問い、意味を共有しながら探求をすすめる必要がある。

これらの理由の背景にあるのは、問いへの権威の不在である。通常の授業では、教師は問いを出し、子どもは解く。教師には想定する「解法」と「正解」があり、子どもはそれらを当てようとする。つまり、教師には問いの意味や探求方法を決定する権威がある。他方、子どもの哲学の問いでは教師にその権威はない。調べればわかる自然科学的問いだと判明する問いもあるだろう。しかし、議論の開始時点でそれが不明確なら、その問いの他の問いとの連関やその含意が問われる。子どもの哲学では問いへの新しい観点はつねに歓迎され、みな「議論が導くところについていく」[39]。もちろん、問い自体を問うことは子どもの哲学の授業以外でも起こる。しかし、子どもの哲学での問いは、初めから問い自体が問われることが前提であり、授業の構想上不可欠である。ここに子どもの哲学における問いと哲学的探求の特徴がある。

ここまでの議論が正しく、子どもの哲学には問い自体を問うことが不可欠だとしよう。この時、子どもの哲学には、第一に、議論や対話を含む他の教育実践とは違い、問い自体を問う力を子どもたちに育むという教育効果があることになる。これは教育実践として子どもの哲学を特徴づける。第二に、子どもの哲学の哲学的探求は、主題となる問いが哲学的であるからではなく、その議論のプロセスによって特徴づけられることになる。そのため、いわゆる社会学的な問いや政治的な問い、場合によっては自然科学的な問いさえも子どもの哲学の対象になりうることになる。第三に、子どもの哲学で探求されること（ガードナーによれば真理）の中には、その哲学的議論を駆動する問いそのものの明確化が含まれることになる。リップマンの強調する探求の共同体の反省性に引きつけるならば、哲学的探求の共同体では、その探求の出発点であり基盤となる問い自体にも、反省的思考が向けられ自己修正の対象となるということだ[40]。

さて、問い自体を問うという子どもの哲学の特徴は、一般に哲学的議論全体にも適用可能だろうか[41]。特定の種類の哲学のイメージに依拠すれば、この問いに肯定的に答えられる。それは「出発点の思考としての哲学」のイメージだ。典型的には「無知の知」やデカルトの方法的懐疑でイメージされる態度である。自分にとって自明なことにも吟味の目を向けていく。何ものにもとらわれずにすべてを疑っていく。このような態度は哲学のイメージとして広く知られたものだろう。

出発点の思考においては問いの洗練はありえず、問いに対する権威者はいない。数学や自然科学、社会科学のように洗練された学問的な問いや探求と哲学的探求は違い、哲学は制度的な前提をおかずに世界と知的に向き合ったときに最初に生じる問いへの探求である、という哲学のイメージが「出発点の思考としての哲学」である。それゆえ、そこでは問い自体を問うことは不可欠となる。この議論の構造は、子どもの哲学でのそれと似ており、哲学の営みの一部を、問い自体を問うことから特徴づける可能性を示すものだろう。

結　語

子どもの哲学は、（当然のことながら）アカデミズムを含む多様な哲学の営みをモデルに構想されている。しかし、モデル化された子どもの哲学を通して、新たな哲学的課題が浮かび上がり、哲学全体の営みを再び見直すこともできる。子どもの哲学は、哲学的探求を取り入れた教育実践である。しかし、それは一方では、哲学研究を刺激する哲学的問題でもあるのだ。

参考文献

Baehr, J. (2011). *Inquiring Mind: On Intellectual Virtues and Virtue Epistemology*, Oxford University Press.

Baehr, J. (2013). "Educating for intellectual virtues: from theory to practice", *Journal of Philosophy of Education*, 47(2), pp. 248-262.

Battaly, H. (2016). "Responsibilist Virtues in Reliabilist Classrooms", in *Intellectual Virtues and Education: Essays in Applied Virtue Epistemology*, J. Baehr (ed.), Routledge, pp. 163-183.

Goering, S. Shudak, N. & Wartenberg, T. (eds.) (2013). *Philosophy in Schools: An introduction for philosophers and teachers*, Taylor & Francis.

Gardner, S. (1995). "Inquiry is no mere conversation (or discussion or dialogue): facilitation of inquiry is hard work!", *Critical and Creative Thinking*, 3(2), pp. 38-49.

Gasparatou, R. (2016). "Philosophy for / with Children and the Develop-ment of Epistemically Virtuous Agents", in M. Gregory et al. (eds.), pp. 103-110.

Gregory, M. (2013). "Precollege Philosophy Education", in S. Goering et al. (eds.), pp. 69-85.

Gregory, R. M., Haynes, J. & Murris, K. (eds.) (2017). *The Routledge International Handbook of Philosophy for Children*, Routledge.

Jackson, T. (2013). "Philosophical Rules of Engagement in Philosophy", in S. Goering et al. (eds.), pp. 99-109.

Jackson, T. (2017). "Gently Socratic Inquiry", http://p4chawaii.org/wp-content/uploads/Gently-Socratic-Inquiry15_v3.120517pdf.pdf (accessed 2017-12-11)（「やさしい哲学探求」（中川雅道訳）『臨床哲学』一四巻、二〇一三年、五六―七四頁。翻訳は旧バージョンによる。）

Kohan, W. (2014). *Philosophy and Childhood: Critical Perspectives and Affirmative Practices*, Palgrave MacMillan.

Lipman, M. (1974). *Harry Stottlemeier's Discovery*, Institute for the Advancement of Philosophy for Children.

Lipman, M. (2003). *Thinking in Education* (2nd edition), Cambridge University Press.（『探求の共同体』（河野哲也ら監訳）、玉川大学出版、二〇一四年。）

Lipman, M. (2009). "Philosophy for Children: Some Assumptions and Implications", in *Children Philosophize Worldwide*, E. Marsal, T. Dobashi & B. Weber (eds.), pp. 23-43. Peter Lang GmbH.

Lipman, M., Sharp, A. M. & Oscanyan, F. (1980). *Philosophy in the Classroom*, Temple University Press.（『子どものための哲学教室』（河野哲也・清水将吾監訳）、河出書房新社、二〇一五年。）

Paul, R. (2000). "Critical thinking, moral integrity, and citizenship: teaching for the intellectual virtues", in *Knowledge, Belief, and Character*, G. Axtell (ed.), Rowman & Littlefield Publishers, pp. 163-176.

Pritchard, M. (2013). "Philosophy for Children", Stanford Encyclopedia of Philosophy, E. Zalta (ed.), <https://plato.stanford.edu/entries/children/>.

Ryle, G. (2009). "Hume", *Critical Essays*, Routledge, pp. 165-173.

Scholl, R. (2010). "The Question Quadrant: A stimulus for a negotiated curriculum", *Primary & Middle Years Educator*, 8(2), pp. 3-16.

Weber, B. & Wolf, A. (2017). "Questioning the Question: a hermeneutical perspective on the 'art of questioning' in a community of philosophical inquiry", in M. Gregory et al. (eds.), pp. 74-82.

Zagzebski, L. T. (1996). *Virtues of the Mind: An Inquiry into the Nature of Virtue and the Ethical Foundations of Knowledge*, Cambridge University Press.

安藤輝次・渡辺一保（1993）「M・リップマンの『こどものための哲学』の検討」、『福井大学教育学部研究紀要　第Ⅳ部　教育科学』、第四五巻、一九―四一頁。

お茶の水女子大学附属小学校・NPO法人お茶の水児童教育研究会（2016）『第七八回教育実際指導研究会発表要項：学びをひらく〝てつがくすること〟を始めた子どもと教師』。

土屋陽介（2018）『子どもの哲学と理性的思考者の教育：知的徳の教育の観点から』、博士学位論文（立教大学）。

豊田光世（2017）「p4c の生い立ち」、p4c みやぎ・出版企画委員会、一八―二二頁。

西野真由美（1997）「オーストラリアにおける子どものための哲学教育：思考力を育成する道徳教育のための一考察」、『比較教育学研究』、第二三号、日本比較教育学会、一五九―一六二頁。

p4c みやぎ・出版企画委員会（2017）『子どもたちの未来を拓く

探究の対話「p4c」』（野澤令照編）、東京書籍。
松本伸示（2004）『「子どものための哲学」を取り入れた総合的な学習のカリキュラム開発』、平成一三・一四・一五年度科学研究費補助金（萌芽的研究）研究成果報告書。

注

（1）以下、本稿では次のような表記をする。リップマンによって開発された狭義の意味での子どもの哲学は「P4C」と略記する。また、P4Cを含んだ広義の意味での子どもの哲学は、そのまま「子どもの哲学」と表記する。
（2）Lipman (2009), p. 25 ; Lipman (1974).
（3）Institute for the Advancement of Philosophy for Children: IAPC, "IAPC Timeline", https://www.montclair.edu/cehs/academics/centers-and-institutes/iapc/timeline/ (accessed 2017-11-7).
（4）Pritchard (2013).
（5）たとえば、安藤・渡辺（1993）；西野（1997）
（6）松本（2004）
（7）この時期に「臨床哲学研究室」が行った教育活動は、同研究室が発行している研究雑誌『臨床哲学のメチエ』の11巻、14-17巻に詳しく記録されている。
（8）お茶の水女子大学附属小学校・NPO法人お茶の水児童教育研究会（2016）
（9）「探究の対話　p4c」　http://p4c.miyakyo-u.ac.jp/ (accessed 2017-9-27); p4c みやぎ・出版企画委員会（2017）。
（10）Lipman (1980), p. 53.（邦訳一〇〇頁（訳を一部改訂。）
（11）Lipman (2003), p. 201.（邦訳二九二頁。）
（12）Lipman (2003), pp. 26-7.（邦訳二八―二九頁。）
（13）Lipman (2003), pp. 20-1.（邦訳二二頁。）
（14）Lipman (2003), p. 101.（邦訳一四五頁。）
（15）Lipman (1980), pp. 53-81.（邦訳一〇〇―四五頁。）
（16）Lipman (2009), pp. 31-3; Lipman (2003), pp. 97-100.（邦訳一四四―四八頁。）
（17）Lipman (2009), p.25
（18）この点をグレゴリーは、子どもの哲学は、哲学教育に関する内容的アプローチと手続き的アプローチの両面あると表現している。Gregory (2013).
（19）豊田（2017）、一二一頁。
（20）個人的な会話による。
（21）Gardner (1995), p. 38. 強調は原文。
（22）Gardner (1995), p. 39.
（23）Jackson (2013), p. 102.
（24）Jackson (2017), p. 6.（邦訳六〇頁。）
（25）Jackson (2013), p. 100.
（26）Jackson (2017), p. 7.（邦訳六一頁。）
（27）Kohan (2014), p.7.
（28）Kohan (2014), p. 8.
（29）Kohan (2014), p. 37.
（30）Jackson (2013), p. 109.
（31）Lipman (2003), p. 11.（邦訳八頁。）
（32）Paul (2000), p. 258.

(33) Zagzebski (1996); Baehr (2011)
(34) この点については、Gasparatou (2016); 土屋（2018）を参照。
(35) Baehr (2013); Battaly (2016)
(36) 「知的徳アカデミー」の教育理念やスタッフ、カリキュラム等については、以下を参照。http://www.ivalongbeach.org/ (accessed 2017-11-7).
(37) Educating for Intellectual Virtues, "Cultivation Good Minds: A Philosophical & Practical Guide to Educating for Intellectual Virtues", http://intellectualvirtues.org/why-should-we-educate-for-intellectual-virtues-2/ (accessed 2017-11-7).
(38) 子どもの哲学の文脈で問いについて論じたものとしては、たとえば、Scholl (2010); Weber and Wolf (2017) 等。
(39) Lipman (2003), p. 84.（邦訳一一九頁。）
(40) Lipman (2003), p. 184.（邦訳二六六頁。）
(41) たとえば、ライルは「哲学者の天才は……問いのすべてを変形することに存する」と述べている。Ryle (2009), p. 167.

〈特別企画「〈哲学〉の多様な可能性をひらく――哲学教育ワークショップの試み」〉

初等・中等学校で哲学を教える教員の教育――オーストラリアから考える

ティム・スプロッド
（タスマニア大学名誉研究員）
訳　寺田　俊郎
中村　信隆

初等・中等学校での哲学

哲学は最も古く最も基礎的な学問分野の一つである。実際、他のほとんどの分野は哲学から生まれたとも言える。にもかかわらず、オーストラリアを含む多くの国々では最近まで哲学が初等・中等学校〔schools＝小学校・中学校・高等学校を指す。以下、「学校」と略す〕で教えられることはなく、大学のレベルにならないと哲学を学ぶことはできなかった。学校で哲学を学ぶことができる（それどころか、必修ですらある）国――主にヨーロッパ大陸の国々――の場合であっても、それは、学校の最後の二学年だけというふうに大きく制限されている。

私はまず、学校で教えられる次の二つの哲学を対比したい。一つは、十六歳くらいの年齢になったときに哲学を学ぶことを選択する生徒だけを対象とするアカデミックな科目と見なされる哲学であり、もう一つは、もっとずっと低い年齢のときから、場合によっては最初に就学したときから教えられる主要科目と見なされる哲学である。

哲学を始める年齢に関する区別に加えて、私は、フォーマルなアプローチとインフォーマルなアプローチも区別したい。フォーマルな学習ということで私が意味するのは、哲学の伝統の中に認められる哲学的な主題や権威のある哲学書への体系的なアプローチのことである。それに対してインフォーマルな哲学は、そこまで体系的ではなく、少なくとも部分的には生徒自身によって提起される主題を扱い、そして基本的に、権威のある哲学書を読むことを避け、さらには、自分たちの考えが哲学の伝統からすればどの立場に属しどの著者と同じかを明確に見極めるようなことも避ける。もちろん、フォーマル・インフォーマルという区別は明確なものではなく、哲学の個々の授業はどれも、今私が概観した二つの特徴を大なり小なり結び合わせることがある。

学校でどのような哲学が提供されているのかを見てみると、一般的にフォーマルなアプローチは後期中等学校〔高等学校〕でとられることが多く、インフォーマルなアプローチは初等学校〔小学校〕や前期中等学校〔中学校〕の学年のときにとられることが多いことが分かる。オーストラリアでは実際そうなっている。インフォーマルな形で提供される哲学の中で最も目立つものの一つとして、マシュー・リップマンとその同僚が始めた〈子どものための哲学〉運動（Lipman, 1991; Lipman, Sharp, & Oscanyan, 1980）から生まれた様々な授業が挙げられ、私はこれを最も重点的に取り扱おうと思う。この運動はかなりの多様性を含んでいるが、そこに見られるアプローチのいくつかの違いを度外視して、私はこのアプローチを「P4Cスタイル」と呼ぶことにする。

フォーマルな哲学は、一般的には、フランスのバカロレアやイギリスのAレベル、そしてオーストラリアの諸州で提供されている哲学の様々な授業などのように、大学入学資格試験委員会によって必修科目か選択科目として提供されている。しかし、国際バカロレアの必修科目である認識論〔Theory of Knowledge〕の科目が例として示しているように、いくつかの教育システムでは、高等学校の学年でインフォーマルな哲学が教えられているのも確かである。さらに地域によっては、学校教育の初期段階でインフォーマルな哲学が盛んになったことが、後期中等教育のフォーマルな哲学の授業に影響して、探求型の学習およびディスカッションに基づいた学習がかなりの程度行われるようになっているところもある。

学校で哲学を教える教員を教育することへと目を向ける前に、リップマンが創始し、世界中の他の多くの人々によって採用されたP４Cスタイルという学校でのインフォーマルな哲学のスタイルについて簡潔に説明したい。リップマンがアン・マーガレット・シャープと共に開発した中核的な教育方法は、探究の共同体――リップマンはこの用語をチャールズ・サンダース・パースからとってきた――というものである。その標準的な形態の授業では、クラスは、目的をもって書かれた物語を一緒に読むことになる。この物語の中では、少年少女が自分たちの人生の中で起こる出来事についてディスカッションする。このような物語の著者は、その中に哲学的な「釣り針〔hook〕」を、つまり哲学の伝統の中に見出される考えや謎を反映したしかけを挿入しておくのが常である。

このような物語を読んだ後、生徒はそのテキストについて自分たちがもっている問いや謎を提起するよう促される。これらの問いや謎は教員によって集められ、そのうちの一つがディスカッションの題目として選ばれる。それから、この問いについてクラス全体でディスカッションが行われるのである。もちろんこの標準的な方法に対しては様々な変更を加えることが可能であり、実際に様々な変更が加えられてきた。しかしどのバージョンでも、生徒が出す問いを重んじることを、そしてディスカッションを授業の中心に置くことを強調するという点では同じである。

教員の役割

生徒がどのようにディスカッションに取り組むのかということや、どのような種類の哲学的な前進を見せるのかということについて、言おうと思えば言えることはたくさんある。だが、この報告の目的のことを考えて、私は教員の役割に焦点を当てることにしたい。というのも、教員の役割は、探究の共同体が成功するためにきわめて重要だからである。このワークショップで我々が焦点を当てるのは教員の教育であるから、探究の共同体の中で教員がどのような種類のアプローチをとることができるのが望ましいのかを理解することこそが最も重要である。

ディスカッションの段階に入った探究の共同体を運営することは、他の「進歩主義教育〔progressive education〕」の形態といくつかの類似点をもつにはもつのだが、しかし教員の従来の役割と呼べるものとは非常に異なっている。従来の教室では、教員は知識の源泉と見なされ、生徒はその知識を欠いた人と見なされる。したがって、生徒に向かって話し知識を伝えることはほとんど教員が行う。たとえ他の活動（たとえば理科室での実験研究）が行われる場合であっても、生徒の行動は、教員が立てた計画に従って行われ、教員によって制御される。教員は当該分野に精通した人の役を、生徒は無知な人の役を割り当てられるのである。

従来の教室でも、問いには果たすべき役割がある。しかしながら、多くの調査が示してきたように（たとえばDillon, 1994）、教員は問いを厳格に統制する。教員は、自分がすでに答えを知っている問いを出す。生徒はその答えを出そうとし、それから教員は、別の問いを出す前に、その答えが正しいか間違っているかを述べる。生徒の方から問うこともたまにあるが、しかしその問いはほとんどいつも、生徒が自分の知らない情報を求めて――たいていは次に何をしたらよいのか教えてもらいたくて――出すリクエストなのである。教員は答えを与え、授業は続いていく。

このように従来の教室での教員は、授業の内容とプロセスの両方に対して権限を持ち続けるのであって、それはディスカッションの場合ですら変わらない。多くの教員は、このように制御することで大きな安心感を得る。というのも、教員はクラスを制御できなくなることを恐れるからであり、それはもっともなことである。制御を失ったクラスでは、優れた学習が行われることはあまりないのである。

それに対して探究の共同体においては、教員はこのように制御することをいくらか放棄しなければならず、特にディスカッションの内容に関してはそうしなければならない。実際、教員が探究の共同体を初めて観察するときに真っ先に気付くことは、このように制御の手を緩めることである。したがって教員は、自分が担当する探究の共同体を運営するときに、生徒どうしが活発に話し合っていれば、そのプロセスに満足することが多いだろう。だがスーザン・ガードナーが指摘したように（Gardner, 1996）、これだけでは十分でない。ディスカッションでは、厳密で深い真の哲学的探究も行われなければならない。教員は責任をもって、確実にそのような探究が行われるようにしなければならない。

言い換えれば、教員が哲学的探究の共同体を運営するために学ばなければならない主要な事柄の一つは、教室でどのようにして〔従来とは〕異なる種類の制御や権限を働かせたらよいのか、ということである（この点について詳細に分析しているものとして、Sprod, 2001, 特に第3章を参照せよ）。このことは、教員は内容に関しては生徒たちに任せるがそのプロセスに関しては管理できるようにならなければならない、と言えばある程度表現できるかもしれない。しかしこれは単純化し過ぎている。というのも、内容とプロセスとは相互に完全に独立しているわけではないからである。たとえば、もし生徒たちが、自分が見た夢についての体験談を互いに語り合っているだけだとしたら、哲学的探究はほとんど行われていない。トピックにされるべきことは、むしろ、夢というものの本性や、夢と目が覚めているときの現実との関係、あるいは我々の経験はすべて夢からできているという可能性といったもの、あるいは夢に関連するその他の哲学的に興味深い謎である。

だから、教室で有意義で哲学的な探究の共同体を運営することができるように教員を教育するためには、我々は、教員が次の二つのことを両方とも確実にできるようにする必要がある。一つは、適切な時に進行上の適切な手を打つように（たとえば、理由を提示したり、前提が正しいか間違っているか評価したり、結論を導き出したりするように）生徒を促すことであり、もう一つは、ディスカッションがどのような方向へ向かえば哲学的に興味深いものとなる可能性が高いのかを知っておくことである。

先ほどうっかり、探求の共同体の話から、もっと特殊な用語である哲学的探究の共同体の話に跳んでしまったが、ここで、次のような問題が出てくる。探究の共同体はすべて哲学的である必要があるのか、それともたとえば歴史的探究や科学的探究の共同体といったものもありうるのか。私はありうると思っているが、ただここでいくつか述べておきたいことがある。第一に、プロセスと内容の両方について適切な知識を教員がもつ必要がある、という点について私が述べたことはすべて、哲学的ではない探究の共同体にもそのまま妥当する。第二に、哲学とは異なる学問分野をもとにした探究は、それが上手に運営されて、その結果として深い探求が行われる場合には、当の学問分野の哲学的基盤へと不可避的に掘り下げられることになる、と私は考える。最後に、我々がこのワークショップで関心を寄せているのは、もちろん哲学を教えることについてなのであって、他の学問分野ではない。

教員教育のいくつかのタイプ

学校で哲学を教えるやり方には異なるタイプがあることが明らかになったのだから、教員が教育される方法にも違いがあって当然だろう。実際、ここにはまた別の複雑な事情がある。我々が教育する人々の経歴もまた異なるという事情である。経歴の違いをいくつか考えていこう。

　まず、教員教育を受ける人々は、教員免許を取得するために学んでいる最中である〔就職前 pre-service〕か、すでに免許をもっていて学校で教えている〔現職 in-service〕か、という違いがある。教育の狙いはおおかた同じだろうが、明確に異なる点もあるだろう。就職前の教員は、見直す必要のある教育上の習慣を未だ形成してはいないだろう。教員教育を受けるその人々は長期間にわたって、それもたいていの場合はフルタイムで免許取得に専念するのであるから、理論を学ぶ時間や授業実習に従事する時間はかなりあると考えられる。さらに、教える側は、背景知識としての哲学について勉強することを要求することができる。哲学を教えるための教育は、その後に続く残りの課程へと統合することができる。もちろん、これらの長所を生かすことができるのは、十分な時間が哲学的な探究の共同体に割り当てられる場合だけであり、時間の割り当てをめぐって、探究の共同体は課程の他の授業と競合することになるだろう。

　教員としてすでに学校に雇われている――たいていは常勤の――人については事情がまったく異なる。哲学を教えるための教育は、通常の就業時間外で、比較的短い時間に集中して行われる可能性が高い。というのも、使える時間が一般的にずっと少ないからである。参加者はすでに常勤の仕事の負担があるので、背景知識となる哲学書の読解に割くことのできる時間には限界がある。ふつう学校は、教員の専門技能促進のための時間と資源に対して複合的な要求をするだろうから、個々の分野の教育は少しずつ断続的に行われることになるかもしれない。

　このような二つの場合についてさらに考察する前に、経歴に関するもう一つ別の重要な違いにも注意を向けたい。哲学を教えるための教育を受ける人々の一部は、哲学という学問分野の素養をかなりもっているだろうが、それ以外の人々は、もっているとしてもほんの少しかもっていないだろう。大雑把に言えば、フォーマルな哲学の授業をおそらく高等学校のレベルで担当しようと思っている教員は、大学で哲学を学んだ人である可能性が非常に高い。インフォーマルな哲学を教える準備をしている教員は、通常は、フォーマルな哲学を学んだ経歴をほとんどあるいはまったくもたないであろう。それから第三のグループがある。つまりフォーマルな哲学を学んだ経歴はあるが、教員の免許や経験はなく、それでもなお学校で哲学を教える活動に参加することを熱望している人々である。それぞれのグループにはいくらか違ったニーズがある。

オーストラリアにおける教員養成

あいにく、学校でＰ４Ｃスタイルの哲学を教えるための教員養成の初期課程に関しては、話せることはあまりない。というのも、それは実際にはほとんど行われていないからである。教員養成の初期課程において探究の共同体に焦点を当てた必修単元が過去にいくつか提供されていたことを、私は知っているが、現在ではそういう必修単元は一つしか知らない。クイーンズランド工科大学では、学校で教える哲学が、十八時間から成る主要な単元として初等教育の学士号取得プログラムの三年次に置かれている。その単元では、学生は学校で探究の共同体を運営し、自分が経験したことを他の学生と議論し合わなければならない。

そのような単元が成り立つためには、次の二つの条件が満たされる必要がある。一つは、教育学部の中に熱心なメンバーがいることであり、もう一つは——たとえ選択科目であったとしても——とにかくそのような授業が必要なのだと学部全体を説得するという、たいていは困難な仕事を成し遂げることである。そしてこの二つの条件が満たされている場合であっても、ひとたびその熱心なメンバーが去ってしまえば、そういう単元はなくなるかもしれない。教育学部はふつう、そういう授業を維持するために新たに教員を採用しようとはしない。ある課程においては、たとえばモナシュ大学においては、学生に熱意があれば、探究の共同体に少しの期間関わる活動を、社会科学方法論やシティズンシップ教育理論、カリキュラム理論といったもっと広範な単元の中へ組み込むことができる。オーストラリアで、新たに養成された全教員を確実に探究の共同体に精通するようにするという目標は、小学校の教員に関してもまだまだ達成されそうにないし、哲学的な探究の共同体となればなおさら困難である。

私の知る限りでは、高等学校でフォーマルな哲学の授業を担当したいと思っている中等学校教員を目指す学生は、その科目に関して専門的教育を提供されてはいない。むしろ、そのような学生は社会科学や人文学といったもっと広い領域の教科教育法の授業を受講する可能性のほうが、かなり高い。そして、そのような学生はそこで学ぶ一般的なテクニックを哲学にも応用することができる——もっとも、多くの学生が、探究の共同体といった哲学志向のテクニックを教わるかどうかは疑わしいけれども。こうなるのは、おそらく二つの主要な要因による。つまり高等学校での哲学の授業は比較的新しいということと、これらの科目を採用する学校の数も、履修する生徒の数もまだ比較的少ないということの二つである。

しかしそのような教員は、実地で教えるようになってから、現職教員の専門技能促進のためのワークショップにときどき顔を出す。一部の地域（たとえばヴィクトリア州や西オーストラリア州）のFAPSA〔The Federation of Australasian Philosophy in Schools Associations＝オーストラリア初等・中等学校哲学協会連合会〕もまた、特に高等学校でのフォーマルな哲学の授業を担当する教員のために、現職教員向けのワークショップを開催している。

オーストラリアにおける現職教員研修

ごく一部の大学（有名なところとしてはクイーンズランド大学とクイーンズランド工科大学）が、学校で教える哲学のための専門技能促進の講座を提供しているが、オーストラリアの現職教員に研修を提供しているのは、主としてFAPSAのワークショップである。FAPSAは、この研修を提供し資格認定するための枠組み（現在見直し中）を立案した。この研修を運営するのは、個々の協会か、あるいはその協会と結び付きのある個人であるのが一般的である。教室でP4Cスタイルの哲学を行えるように教員を教育することは、〈レベル1〉と命名される。

これまでのところ、〈レベル1〉の最初の研修の最短期間は丸二日間であった（ただし、現在いくつかの協会は二日半、あるいは三日にわたってワークショップを開催している）。これより短い研修は「お試し受講〔taster session〕」であり、当の教員が自分自身の教室に専門技能を持ち帰るには不十分な長さだと考えられてきた。ワークショップでは次の三つの要素が組み合わせられる。一つ目は、ワークショップの全参加者から成る「生の」探究の共同体への参加であり、二つ目は、実践を下支えする理論的問題に関する考察であり、三つ目は、参加者が、自分自身の教室で自分自身の探究の共同体を運営してみる機会である。この三つ目に関する見解の相違が理由となって、ワークショップの日数に差が生じているのである。

現在FAPSAは、参加者が探究の共同体の基本を十分に理解するためには、二日間の研修で十分であるかどうか検討中である。我々FAPSAの一部のメンバーは、次のような心配を拭い去れないでいる。すなわち教員が、どうすれば自分が担当する探究の共同体に厳密さ（特に哲学的深み）をもたらすことができるのかについて、ほんの少ししか理解していない状態で学校へ戻ってしまうのではないか、そしてその教員のクラスで行われるディスカッションは哲学から遠ざかってしまうのではないか、という心配である。

もちろん、正真正銘の開かれたディスカッションが教室で行われているのであれば、これまでの実践が改善されたということにはなるかもしれないが、それは哲学ではない。それは、むしろ、物語の登場人物に関する心理的推測〔psychological speculation〕であるかもしれず、あるいはそれに表面的に関連するように見える体験談を語り合う、といったことであるかもしれない。二日間しか教育を受けていない教員は、ディスカッションを注視して、もっと厳密な哲学的領域に向かうようにディスカッションを後押しするために適切なタイミングで介入することの必要性を十分理解していないことが多いのではないか、と我々は考えている。しかも、そのような教員の哲学的素養が十分しっかりしていないために、実りを期待できる手を打つことができないかもしれない。

P4Cスタイルの運動の中で生み出された幅広い教材を用いることによって、これらの問題に対処することが試みられており、この試みは、深さに関してはともかく、やり方に関してはリップマンがもともと行っていたのとほとんど同じである――リップマンは、背景となる考えや練習問題、そして特にディスカッションのいくつかのプランを提供してくれる補助教材を作成した。これらのプランには慎重に順番に並べられた一連の問いが含まれており、教員はこの問いを参考にしながら、ディスカッションをさらに生産的で哲学的な領域へと進めていくことができるのである。

教員がこれらの教材を上手に使うならば、自分の実践を強化する能力を養う可能性は高いと思われる。しかしながら、教員がその補助教材を本当に使うという保証はない。多くの教員は、自分の指導計画に合わせるために、何か別の経験を糸口にして探究の共同体を利用したいと思っている。この場合にはその補助教材が使用されることはないのである。

以上のような懸念から、オーストラリアでは〈レベル１〉の研修を構築し直すためのプランが作られた。イギリスのＳ

ＡＰＥＲＥ〔the Society for Advancing Philosophical Enquiry and Reflection in Education＝教育において哲学的な探求と反省を促進するための協会〕との議論によって、ＦＡＰＳＡは〈レベル１〉の研修の三段階モデルを開発している。第一段階（入門 Introduction）は、上述のワークショップの最初の二日間と似たものになるだろう。第二段階（中級 Established）は三日間のワークショップから成り、そこでは教員は、専門技能をより深く養い、自分の教室で探究の共同体を導くための教育を受けた人として、ＦＡＰＳＡから資格認定されることを目指すことになるだろう。第三段階（上級 Advanced）は三〜四日間のワークショップから成り、そこでは、探究の共同体を導くためのテクニック、教室でしばしば生じてくる哲学的な考え、提起される哲学的問題に結びつけて新しい教材を開発する方法などについてより詳しく学ぶことに焦点が当てられるだろう。このワークショップによって、教員は、経験の浅い他の教員を指導するための技能を身につけるだろう。それぞれの段階に入るためには、その前段階の研修を受けていることだけが要求されるのではなく、〔哲学文献の〕適切な読解を行った証拠に加えて、研修を受けてから教室で探究の共同体を十分に経験した証拠もまた要求される。

現在のところ、我々が開催している〈レベル１〉のワークショップは、通常、哲学の素養がほとんどあるいはまったくない現職教員と、教員の免許や経験をもたない少数の哲学学士取得者の両方の関心を引いている。この事実を認めるならば、上級のワークショップの一部は、欠けている部分を補強するという目的、つまり教員にはよりよい哲学的理解を与え、哲学研究者には教室でのテクニックを身につけさせるという目的に合わせて行われることになるだろう。

参考文献

Dillon, J. T. (1994). *Using Discussion in Classrooms*. Buckingham and Philadelphia: Open University Press.

Gardner, S. (1996). "Inquiry is no mere conversation". *Analytic Teaching*, 16(2), 41-47. Retrieved from http://www.viterbo.edu/analytic/16 no 2/Inquiry is no mere.pdf

Lipman, M. (1991). *Thinking in education*. Cambridge: Cambridge University Press.〔河野哲也・土屋陽介・村瀬智之（監訳）『探究の共同体――考えるための教室』玉川大学出版部、二〇一四年。〕

Lipman, M., Sharp, A. M., & Oscanyan, F. S. (1980). *Philosophy in the Classroom*. Philadelphia: Temple University Press.〔河野

哲也・清水将吾（監訳）『子どものための哲学授業――「学びの場」のつくりかた』河出書房新社、二〇一五年。）
Sprod, T. (2001). *Philosophical discussion in moral education : the community of ethical inquiry*. London: Routledge.

追記　本稿は二〇一二年の哲学教育ワークショップで発表されたティム・スプロッド氏の提題原稿の前半部を訳出したものである。後半部は、紙幅の制約上割愛せざるをえなかった。割愛された節の見出しは以下の通りである。「教育する人を教育すること」「現職教員の研修に伴う課題」「実践的課題」「理論的課題」。

第七六回大会シンポジウム「哲学史研究の哲学的意義とはなにか?」総括

二〇一七年五月二〇日開催
於一橋大学国立キャンパス
司会者　井頭《いがしら》　昌彦《まさひこ》
田中美紀子《たなかみきこ》

第七六回日本哲学会大会シンポジウムは、「哲学史研究の哲学的意義とはなにか?」をテーマに開催された。西洋哲学を近代以降急速に受容してきた日本において、哲学と関わる者にとって哲学史研究は大きな比重を占めてきたにもかかわらず、哲学史研究の意義が問われることは今までほとんどなかった。今回、古代、近世、現代の各哲学に精通した提題者を招き、哲学史研究の目標、内容、方法についての五つの問い（詳細は『哲學』第六八号七頁の「シンポジウム趣旨」を参照）を中心にして意見を交換してもらった。

松田克進は、まず哲学を「世界と人生とについての理性的な自由な反省」（野田又夫）と捉え、それを忘れない限り、また過去の哲学者を偶像崇拝しない限り、哲学史研究は哲学するための「地固め」あるいは「助走」となるという意味で、哲学的意義を有すると主張した。さらにスピノザ研究を例にとり、哲学史研究の方法としては、極端な「歴史的影響論」（ウルフソン）と極端な「内在的構造論」（ゲルー）のどちらも回避するべきだという立場を示した。そして、有効な方法として、研究対象としての哲学説の内在的構造を分析解釈し、研究者自身の立場からその問題点を指摘するという「脱偶像化的構造主義」を提案した。

フッサール哲学に精通した植村玄輝は、哲学史研究は、適切に行えば現在の哲学の相対化を可能にすると言明し、そこに哲学史研究の哲学的意義を認めた。その説明として彼はまず、過去の哲学者を現在の観点から評価する「哲学的アプローチ」と、哲学史自体に関心を持って研究する「歴史的アプローチ」との対比を明確にした。そして、両者に哲学的意義を認めながら、前者には時代錯誤的な営みに陥る危険性の自覚を促し、後者には真理の吟味の問題に取り組む必要性を強調した。その上で、植村は、時代錯誤を避けながらも真理の問題を扱う「歴史的・規範的アプローチ」を提案した。このアプローチは、過去の出来事としての主張の再構成を目指すという点で歴史的であり、その再構成の中に埋め込まれている規範的考察を取り扱うという点で哲学的である。「歴史的・規範的アプローチ」は、過去の哲学者のテキストをその哲学者の「発語内行為」として再記述し、その復元された主張に含有されている特定の構成的規則を把握し、それに対する感覚を持つことを推奨し、さらにこの構成的規則に照らして判定される規範的性質を、主張が持つ本質的な性質とみなす。このようにして「歴史的・規範的アプローチ」を取れば、過去の主張を扱う哲学史研究は歴史的かつ哲学的であり得る。

納富信留は、哲学史は哲学の研究宝庫であり、哲学史なしで哲学することは困難であると主張した。彼によると、我々は過去の哲学者と対話することを通して我々の無知の状態を浄化しながら哲学するのである。そして、哲学の探究方途としての哲学史の論究は、「始まり（アルケー）」を問い、「テキスト」を扱い、「場」を明らかにするという三つの契機を含んでいるという。まず、哲学は「始まり」に出会い、それに驚き、自ら始めることである。「始まりを問う」という時、我々はどこかに「始まり」を見定め、位置づけることによって哲学の歴史をたどり、我々の現在の立ち位置を定めるのである。哲学史は「始まりを問う」という反省的ダイナミックな構造を持つのであり､繰り返し「始まり」に回帰することにより哲学は活性化されるのである。次に、哲学史が「テキスト」を扱う場合に、「テキスト」は単なる素材ではなく、思索を促すものとみなされる。哲学史は「テキスト」に向き合い、書かれた言葉を繰り返し参照することができるが、その意味で哲学史と哲学との関係は、プラトンとソクラテスの関係に似ているという。三つ目の契機として「場」を明らかにするということは、現在とは違う過去の哲学思考と向き合う時に違和感を感じる我々の「場」を浮かび上がらせることであり、このようにして哲学史は思索の「場」となるのである。

提題者間の討論では、哲学史研究が「哲学する」ことの必要条件かどうかが議論された。松田は、哲学史研究を経由することなしに「哲学する」ことはできないとまで言えるのかと発問した。それに対し納富は、テキストを使って哲学する以上、歴史的視点は不可欠であり、我々が使っている概念はすでに歴史性を持っており、哲学史的反省なしに「哲学する」ことはできないと応じた。つまり、哲学史研究は「哲学すること」の十分条件ではないが、必要条件であるという。

シンポジウムの聴衆者からの、電子化が進む現代の哲学史研究のスタイルについて、複数の研究者が様々なアプローチをとりながら共同で哲学史研究を行う分業スタイルは可能かという質問に、植村は哲学史研究にすでにそのような分業スタイルを導入していると答えた。松田も分業体制は重要であると答えたが、その哲学的メリットについては明言を避けた。納富は、研究スタイルというものは多様であるので、それらの間での分業体制が生産的であるかは疑問であり、そのリスクを引き受ける意義があるかどうかを考える必要があるという意見を述べた。

最後に、我々が行っている哲学研究は将来のための「遺産」となりうるのかという質問が出たが、松田は、若い人に対するメッセージのつもりで論文を書いていると発言し、納富は、「自分自身が哲学史の一部である」という思いで哲学をしているが、将来的予想は立てられない、現在において哲学するのみであると答えた。

つまるところ、哲学史研究は、過去の哲学者との出会いであり、その哲学者と対話を行い、彼あるいは彼女の生き様を見つめることであると言えるだろう。そこに哲学的意義があることは疑いえない。しかも我々が哲学する限り、過去の著名な思想家であるか、市井の人であるかにかかわらず、我々はさまざまな人間と出会っている。この出会いに驚き、問いを発することが、今、ここで生きている我々が哲学するという基本姿勢であることに違いないだろう。

学協会シンポジウム「宗教と哲学」報告

司会者　酒井《さかい》　潔《きよし》
指定討論者　竹内《たけうち》　綱史《つなふみ》

第七六回大会の結びは、近年とみに活発な各領域の学会や協会の成果に学ぶ「学協会シンポジウム」である。今回のテーマは「宗教と哲学」であった。二〇一七年は宗教改革五〇〇年にあたるが、事はもちろん記念・回顧ではなく、本質的でとくに現代では不可避の問いである。近代理性哲学は宗教に批判的な態度をとることで自らのアイデンティティを確立してきたが、今日ではその近代性自体が批判にさらされている。他方、地球規模で社会・政治・文化を見るなら宗教（実定宗教）が再び前景化しつつある。いま「哲学と宗教」から「宗教と哲学」へ問いが「転回」されてしかるべきだとすれば、それは哲学にとって深刻な事態となろう。哲学は追い越したはずの宗教にじつは既に置き去りにされようとしているのかもしれない。宗教はどこへ向かうのか。そして哲学をいまどのように見ているだろうか。（『哲学』六八号、松田毅氏による「趣旨」を参照）。

シンポジウムでは日本宗教学会をリードする深澤英隆氏と末木文美士氏が登壇され、宗教学者の立場から、「宗教」は自らをどう理解するのか、哲学は宗教の外部なのか、それともポスト近代では哲学は再び宗教と接続するのか、キリスト教と仏教ではその点どうなのか、あるいは宗教と哲学の相互学習は可能か、などについて論じた。哲学が自らを批判的に振り返り、世俗化を経たはずの現代における実定宗教のリアリティ、その公共圏での有形無形のpowerに哲学としてどう関わるのかを共に考えた。

深澤氏は二〇〇六年に『啓蒙と霊性—近代宗教言説の生成と変容』（岩波書店）を上梓され、宗教を多様な「宗教言説」として捉え、近代ドイツにおける知識人の宗教言説を対象に、その歴史的生成と変容を「批判的に」分析している。末木氏は日本仏教史・思想史・宗教史を専攻、『他者・死者たちの近代』（トランスビュー、二〇一〇）、『親鸞』（ミネルヴァ書房、二〇一六）等多数の著書があり、「死者からの生者へのはたらき」を強調し、その考察を新たな哲学体系にまとめあげる試みを標榜している。そして両提題者への指定討論者は、日本宗教学会や宗教哲学会に所属し、ニーチェ哲学を専攻して日本哲学会や実存思想協会の会員でもある竹内綱史が務めた。

委曲を尽くした提題論稿（末木氏「哲学・神学から仏教へ」、深澤氏「哲学的宗教言説の帰趨」）はすでに『哲学』六八号に印刷されている。そこで両氏の多岐にわたる論点を司会者があらかじめ両氏の了承を得て三つに絞り、当日のシンポジウムの議論を出来る限り噛み合った集中的なものにすべく努めた。そして後のフロア討議でも議論が拡散し過ぎることなく、「宗教と哲学」をめぐって、本学会員と、宗教学第一人者との間に生産的な邂逅が実現し得るよう努めた。

まず両提題者は、事前に司会者から提案された三点を中心に、スライドを用いて論じられた。

第一　宗教の側から見たときに、「哲学にはないが宗教にはある」と言い得る積極的なもの（「宗教的なるもの」）とは何か。仮に「哲学に未来はないが、宗教にはある」と言い得るとすれば、それは何故か。

第二　宗教と哲学の「相互学習」とはハーバマスの言葉だが、とくに宗教の側から見て、哲学が宗教から今日学習すべきものは何であると考えられるか。

第三　実在するのは「The 宗教」ではなく、仏教、キリスト教、あるいは他の宗教であるとすれば、各提題者が「宗教」考察のベースに参照される宗教は何か。そしてその理由は何か。

まず第一については両提題者とも、「宗教」という概念・言説自体が歴史的にも現在も多種多様であると強調された。「宗教」も近代に作られた翻訳語であり、多分にプロテスタント的内面性が意識され、かわりに外面性（儀礼、教団など）は薄い。「哲学と宗教」を問うのは、哲学がそのように語りがちだとしても、宗教学からすればフェイクテーマである。

次に第二について、深澤氏は、「人間性の宗教」や「スピリチュアリティ」と呼ばれるものも含めて宗教にはいわゆる「貧・病・争」の要求だけでなく、予想以上に形而上学的欲求が強く、このことの事実性を哲学は学ぶべきとされた。（宗教と分離した後の哲学でも、外部・他者への再接近はハーマン、キルケゴール、現代の存在神論批判などに見られるだろう）。末木氏も、哲学は宗教にとっても重要であり、そのためにも哲学を西洋優位から解放し根源化せねばならず、「哲学、宗教学、倫理学…」の区別に立つ哲学ではいけないと訴えた（Th・カスリス『インティマシーあるいはインテグリティー——哲学と文化的差異』（法政大学出版局、二〇一六）を例示）。

第三については、深澤氏はドイツのプロテスタンティズム系宗教言説を中心に、「脱疎外」と「疎外」の交差する宗教現象を言説史的に考察する立場をとるとされ、末木氏は宗教学と宗教の関係も一筋縄には行かないが、自らの立ち位置は仏教学であるとされた。

以上の両氏の発表に対し討論者の竹内は、まず両氏に対して、ご自身の学問的営みにとって「哲学」との関係はいかなるものか、深澤氏に対しては、(「哲学と宗教の相互学習」が可能だとすると)哲学の営為(例えばこのシンポジウム)が宗教状況に影響を与え得るのか、末木氏には、氏の力説される「死者からの語りかけ」のその具体的な可能性について質した。

これに対して、深澤氏は、「哲学的宗教言説」は宗教言説全体の中ではローカルであるが、宗教への哲学の論証力の影響は大きく、近代以後も、ロック、ヴォルテール、ドイツ観念論、実存主義、ポスト構造主義などからも宗教は影響を受けている。「相互学習」であるが、哲学と宗教の各タイプによっても違うし、意欲するか否かにもよると応答された。末木氏は「哲学」をどう考えるかによるとした上で、「死者からのはたらきかけ」について、哲学は(西洋哲学のように)生者の側から見るだけでなく、死者からの別の言葉も見なければならない、「記憶」といってもそれは心理概念に過ぎず、死者からの語りはむしろ主観性を超えたものである、と力説された。

両氏の応答に対する竹内からの再コメントは、「哲学」観が両氏の間で異なっており、深澤氏は論証力や批判力を「哲学」の中心に見てその大きな影響力を肯定的に受けとめているのに対し、末木氏はそのような意味での「哲学」を批判した上で、言わば「世界観」を提示するものとして「哲学」を再定義し、宗教をも含みこんだものとして再活性化しようとされているが、この二つの「哲学」観のずれは興味深い、というものであった。

ここからフロアとの質疑に移り、四五分間を確保して、六名の方が順に質問された。その詳細に立ち入ることは紙幅の制限上不可能なので、その要点のみ記しておこう。まず、①哲学と宗教の相違・関係を、言語の意味伝達的な使い方と、「言語」の生々しい使い方との相違・関係として考えることはできないか、②「死者」は時間を超えている(末木氏)とするなら、死者は個別化しているのか、③倫理学は「超自然的なもの」を避ける仕方で探究するが、宗教学ではそれへの向き合い方はどう考えられているのか、などといった体系的観点からの質問がまずなされた。続いて、④西洋哲学では死者を扱えない(末木氏)とされるが、ハイデッガーでは「死者」は過ぎ去った者ではなく、「かく有った者」(der Gewesene)であり、現存在はこれとの「共‐存在」(Mit-sein)であるとの反論や、⑤「冥」と「顕」で問題になるものがまさに「場所」ではないのかという思想史的関心からの指摘がなされた。そして最後に、⑥本シンポジウムのテーマは「宗教学と哲学」ではなく「宗教と哲学」であるとすれば、「信と知」、「信仰と哲学」という問いが考察されてしかるべきではないか、との質問が出された。この質問に対して両提題者の応答は、ここで前提とした宗教学はけっして宗教そのものと距離をとるものではない、との点で共通する。そのうえで、現代宗教学では宗教を「信」の問題に限定することへの批判が前提されているため、今日のシンポジウムでは宗教への「コミットメント」の仕方を論じたこと、ただし今日では生活世界レベルも含め「信」が前景化している事実があり、それは哲学への挑戦ともいえるのであって、そのような信仰とどういう関係を持ち得るかが哲学にとっても問題になるだろう、との発言がなされた（深澤氏）。

従来哲学内部ではややもすれば、哲学か宗教か、両者の関係はいかなるものか、という議論が、その二項図式が十分に反省されぬまま反復されがちであった。本シンポジウムにおいて宗教学者によって「宗教」概念・言説の多様性と歴史的ダイナミズムが詳らかにされ、同時に「宗教」概念・言説は哲学自身の自己解釈や自己変容と幾重にも縺れながら形成されてきた／ていること、そして哲学はその体系性・論証性によって宗教に一定の影響力を行使し得ることが宗教学側からも予想／期待されていると示唆されたことは重要である。哲学者はおのれのアイデンティティを改めて認識しつつ、〔実定〕宗教とそのリアリティを一層理解する必要があるのではないだろうか。この課題にどう向き合うか。それは私たち一人一人の哲学的問題である。

新緑の武蔵野の一角に、哲学と宗教の「相互対話」がたしかに出現した二時間三〇分のシンポジウムであった。登壇者と参加者の皆様のご尽力と熱意にあつく御礼申し上げます。

哲学教育ワークショップ「哲学対話と哲学研究」報告

司会者　梶谷《かじたに》　真司《しんじ》

昨今、哲学カフェ、子どもの哲学、哲学教育など、哲学対話の活動が、さまざまな場所、さまざまな形で急速に広がっている。このような状況の中、多くの混乱、疑問が生じている。研究者の間でも一般の人の間でも、何をもって哲学的というのか、普通の対話と何が違うのか、どうすれば哲学的になるのか、哲学の知識は必要か、哲学者が関わったほうがいいのかといったことが問題になり、諸説入り乱れているのが現状であろう。今回のワークショップは、それに明確な回答を与えるものではないが、哲学対話に関心を持っていたり実践していたりする人たちの間で、意見や課題、悩みを共有する意味で、とても有意義であった。

最初に発表をしたのは、二〇一五年以来「はなこ哲学カフェ」を運営してきた尾崎絢子さんである。テーマは「母親が哲学対話をするということ」。彼女は現在二児の母親、一番目の子が妊娠中にカフェを始めた。その後小室恵さんという仲間ができ、以来二人で協力してやってきた。これまでの活動について報告した後、哲学対話を通して得たことをまとめてくれた——①以前より思考の整理ができるようになった。②考える方法を体験を通して学んだ。③物事を自分から切り離して考えられるようになった。④自由を体感できる。⑤日常生活で背負っている役割を置いて自分という個でいられる——以上の五つである。通常の母親向けのワークショップや対話型イベントでは、悩み相談とアドバイスが中心になる。そこでは趣旨からずれることは話しづらく、共感が求められ、問題と自分が一体化していて、疑問を発すると否定と受け取られ歓迎されない。だから哲学対話は、表面的に似ているように見えても、まったく違うそうだ。彼女は、哲学対話では自分の考えをいわば〈テーブルにあげて〉吟味する、哲学対話をしていると見も知らぬ人々がとても親しい人に思えてくるといった話をしてくれた。尾崎さんの話を聞いた上智大学の寺田俊郎さんは、「こんな哲学カフェを作りたい！と思うことを全部実現している」と感激していた。

次に研究者の立場から、まずは自らも哲学カフェを主催する上智大学の梅田孝太さんが「哲学対話と哲学研究との関係をめぐって」と題して話をした。そこで彼は二つの（不）誠実さについて強調した。一つは、哲学対話において、哲学の知識をもっているのにそれを伝えないのは不誠実ではないかということ。かといって、知識によって対話の目的地や設計図のようなものを押し付けたり、参加者を委縮させたりしてしまうなら、それもまた不誠実な態度ではないかということ。梅田さんによれば、哲学の研究者は対話においてこの二重の意味で誠実でなければならない。その点哲学研究者は、書物を通して先人の問いに誠実に耳を傾け、理解する訓練を積んできている。だから他者の言葉を傾聴し、共有しながら議論の交通整理をする技能を身につけているはずで、それを対話にも応用できるという。

最後にもう一人、東京大学の小村優太さんが「善きファシリテーターのための哲学史」という発表を行った。彼によれば、哲学対話のファシリテーションをするさい、何が哲学的な問いであるか、どちらの方へ行けばより哲学的な議論へ発展するかの選定眼が必要である。哲学史からは、これまで哲学者がどのような問いに目を向け、それをどのように問うてきたのかを学ぶことができる。そのような哲学的な問いの「型」を知ること、それを見つける感度を磨くために、哲学史に関する知識が役立つ。また梅田さんと同様に小村さんも、哲学書を読むことは、過去の哲学者との良質の対話であり、これが善きファシリテーターへの最良の道になるだろうと述べていた。

三人の発表の後、哲学対話風にみんなが向き合うように座り直し、発表者との間での質疑応答、参加者どうしの議論が活発に行われた。哲学対話の意義、哲学カフェの運営の仕方、進行するのが哲学者の場合とそうでない場合の違いなどについての質問、意見が出た。全体としては、哲学研究者は、知識にとらわれない自由な対話に魅力を感じ、一般の人は、その自由さゆえに自信が持てず、指針を求めているようだった。これは立場の違いからやむをえないことだろう。だから「型」が知識としてあるといいという意見もあるし、それがかえって対話の幅を狭めたり、一般の人が対話の場を作りにくくしたりしてしまうのではないかという懸念も出てくる。だが、こうした議論が必要とされる一方で、世の中にはそんなことお構いなしに哲学カフェが生まれている。日本で一番たくさん哲学カフェを見てきた愛知の山方元さんは、「こんなのありかと思うような哲学カフェでも、続けていればそれなりになってくる」と語っていた。

「哲学対話に哲学の知識が必要かどうか」を巡っては、今後もそれぞれの場所で議論が続けられるだろうが、研究者と一般の人の間でこのような交流があること自体、これまでになかった新しい現象であり、哲学そのものの新しいあり方なのだろう。お互いがお互いを必要とし、相互にいい刺激になっていることは間違いない。今後のさらなる展開に期待したい。

男女共同参画・若手研究者支援ワーキンググループ主催ワークショップ
「どう変わる！日本哲学会――ジェンダー平等推進とGood Practice Scheme」報告

司会　和泉《いずみ》 ちえ
鈴木《すずき》 伸国《のぶくに》

当ワーキンググループ（WG）ではこれまで、日本の哲学界における女性研究者、若手研究者について、その状況調査とその支援にかかわる基礎研究をおこなってきた。そこから会費の減免制度、大会での託児支援事業、また懇親会の様式変更などいくつかの小さな成果を得てきたものの、マクロな視点での提言にまでは至っていなかった。しかし今回「どう変わる！」とのフレーズのもとに企画されたワークショップ（WS）では、国際標準たりうるモデルとして英国哲学会の提案を得て、より包括的な対処の枠組みが見えてくることとなった。今回WSは、アンケート調査報告と二つの状況報告、そして英国哲学会からの対処事例報告からなっていた。以下――佐藤氏のご意見に鑑みて――この順で報告する。

「第二回男女共同参画アンケート」（第一回調査は二〇〇五年）について秋葉剛史氏（千葉大学）から報告があった。「なぜ女性の哲学研究者が割合として小さいのか」との問に対する回答は、問題状況の全体への眺望を与える。「女性研究者自身の自由選択による」との回答は前回に比し大きく減ったものの（四六％→二〇％）、「女性は哲学には向かないという偏見」は未だに多く指摘された。学部、大学院と進むなかでの「研究指導の環境」や「業績評価」など種々の段階でジェンダー・バイアスが女性研究者に不利に働いているとの認識も明らかにされた。またそれ以前に「ロールモデルの少なさ」、「将来像の不透明さ」などのライフパスに関わる問題が哲学研究者を志望する入り口段階から、女性にはとくに大きな障害となっていることも示唆された。大きな変化は「ポジティブアクション」についての考えである。理事・委員などへの「女性枠の設置」に対する肯定的意見が増加し（三六％→五〇％）、設置する場合の枠の大きさについても、前回調査で定員の「一〇％未満」が六〇％程であったものが、今回は「三〇％未満」と「四〇％未満」の合計では六四％にのぼった。

個別学会について佐藤駿氏からは東北哲学会（東北大学）、吉原雅子氏からは西日本哲学会（九州大学）の状況報告があった。佐藤氏からの報告では、学部から大学院に進むなかで、まず二年次への進級段階で女性比がおよそ半減し、大学院への志望においては大きな男女差はないものの、修士、博士への実際の進路選択において女性比が顕著に低下してゆく構造が統計調査にもとづいて報告され、その要因の特定と是正の必要が提言された。さらに学会におけるセクシャル・ハラスメントやアカデミック・ハラスメントに対する「倫理綱領」の制定（二〇一七年四月）が報告された。

吉原氏の報告は、学会規模によっては「女性の哲学研究者」というアイデンティティに関わる問題を公に口にすることも困難な状況があるという指摘から始められた。氏の報告は佐藤氏の事例よりも小さな規模の集団についてであったが、個別の聞き取り調査によって、進級時の専攻選択において「研究室の空気を作っているのが男性か女性か」が重要な因子になること、また進路選択においては男子学生では、ライフパスの上でしばしば当然視される「結婚は後、まずは就職」という選択が女子学生には困難なことなど、統計には現れない選択肢の内実を提示した。

両氏の状況報告は問題の所在を明らかにしたが、モリソン氏（Dr. Joe Morrison, Queen's University Belfast）の報告は、この問題状況をユニバーサル・スタンダードなアプローチのなかに映しこんで、そこに地道ではあるが具体的対処の可能性を示すものであった。氏は英国哲学会（British Philosophical Association）と英国女性哲学者協会（Society for Women in Philosophy UK）を代表し、両協会連名の報告書（Women in Philosophy in the UK）と活動提案書（Good Practice Scheme）を基礎資料として報告した。英国の哲学界における女性比率は学部段階では五割弱あるものの、修士を経て博士の段階で三割に低下し、教授職では二割を割り込み、その傾向は他の人文系の専攻より顕著である（日本ではさらに著しい）。その現状を公正な競争にもとづくものとして正当化しようとする議論もあるものの、査読をダブル・ブラインドにした結果、女性の査読通過が三割増したという報告を聞くかぎり、そこにジェンダーバイアスあるいは「ステレオタイプ脅威」があったと見た方が妥当であろう（詳細は報告書をご参照いただきたい）。報告ではこうした取り組みを、学部や学会、さらに学術誌の運営などに適用する方法も説明された。

モリソン氏の報告のもう一つの要旨は、バイアスを相対化する地道な努力の提言である。会場では“philosopher”という語（英語では女性形はない）をネットで検索した場合に表示される画像が紹介されたが、そこに現われたのは髭を蓄え、論争する男性たちであり、その幾人かは半裸・全裸であった。後日筆者自身が検索したおりに一件だけ表示された女性の図像は男の哲学者を誘惑する半裸の女性のものであった（“Steadfast Philosopher,” Honthorst）。提言ではさらに、女性の存在を顕在化（visibility）させるための、文献リストの作成におけるジェンダー・バランスへの配慮やホームページ・デザインにおける女性イメージの使用などの方法も紹介された。

順が前後するがＷＳ冒頭で飯田隆氏（日本大学）は、哲学研究者育成が、実質上、日本の哲学界を代表する日本哲学会の責任であり、とくに女性研究者をとりまく「偏見と孤立」は日本の哲学界に根深く残された由々しき問題であると指摘した。またＷＳ後、同会場でモリソン氏も参加し「人文社会科学系学協会男女共同参画推進連絡会」（GEAHSS）が立ち上げられ、それとも併せて今次ＷＳは、日本の哲学研究に一つの展望を示すものとなった。

〈応募論文〉

スピノザ『エチカ』「物体の小論」における身体論の射程

――「個体」と「形相」の概念を中心に

秋保《あきほ》 亘《わたる》
（慶應義塾大学）

はじめに

『エチカ』の身体・個体論は、そこに「自己組織化の連続的過程」としての有機体にかんする議論を重ねようとするヨーナスや、身体の触発性を強調し、『エチカ』を「エソロジー」（動物行動学、生態学）として読解しようとするドゥルーズ等の魅力的な展開を誘ってきた[1]。しかしこのことは同時に、スピノザのこの議論が、多様な解釈を許容しうるほどに圧縮され、また抽象的な仕方で提示されていることの証左でもある。本稿は、『エチカ』において身体・個体について比較的まとまった考察が提示される唯一の個所である「物体の小論」[2]を軸に、この小論が導入される文脈を踏まえつつ、スピノザ哲学における身体把握の特異性、ならびにその体系内での身体論の射程を明らかにすることを目的とし、スピノザのテクストにより忠実にそくした解釈の提示を目指す。

1　物体の小論導入の文脈とそのもくろみ

「人間精神とその最高の至福の認識」[E2I] へと至る議論に着手する『エチカ』第二部において、人間の存在論的身分が実体ではなく様態であることを証明したのち [E2P10/C]、スピノザは様態としての人間のあり方をより詳細に規定していく。まず人間精神は思惟の一定の様態、すなわち現実的に実在する個物を対象とする観念である。そして私たちが自らの身体に生じるもの、すなわち変状［*affectio*］を知得することに立脚して、精神を構成する観念の対象となる個物が人間身体に他ならないことが示される［E2Ax4/ E2P11/ P12/ P13］。しかし人間精神と身体との合一は、「思惟様態と延長様態の一般的相関の一側面」（Macherey, p. 119）でしかなく、この相関は「人間に劣らず他の諸個体にも妥当する」一般的なことがらにすぎない［E2P13CS］。それゆえスピノザは人間精神と身体とを、他の諸個体（人間以外の諸個体、他の人間）から差異化して、そのあり方を明確化する方向へと論を進めていくことになる。ところが、人間精神が精神自身を、また自らの身体を、さらに外的物体を知得するのは、身体の変状の観念を知得するかぎりにおいてであるとされる［E2P29C］。つまり一般的にいえば、精神についての理解は身体についての理解を介してのみ可能となる。それゆえこの差異化の原理は、身体の側にこそ求められる。かくてこの原理はまず次のように定式化される。「或る観念の対象が、他の観念の対象よりもより秀でているに応じて、またより多くの事象性を含むに応じて、当の観念は他の観念よりもより秀でており、またより多くの事象性を含む」［E2P13CS］。『エチカ』の体系にそくしてこの原理を再構成してみよう。

神・実体においては、その思惟力能と活動力能は等しい［E2P7C］、いいかえれば、思惟属性と他の無限の属性とのあいだに同等性があるのと同様に、この実体の様態である人間においても、思惟属性の様態としての精神（観念）と延長属性の様態としての身体（観念の対象）とのあいだに同等性が存する。つまり、精神の思惟力能と身体の活動力能は「本性上等しくかつ同時」である［E3P28D］。それだからこそ、「観念の優秀性と現実的な思惟力能は、対象［すなわち身体］の優秀性によって評定される」［E3AffGenDefExp］といわれるのである。それゆえ上記の差異化の原理は結局のところ、身体の力能にもとづく差異化に帰着する。スピノザはこの差異化の原理を、より具体的なかたちで提示する。「［1］或る身体が他のものどもより多くのことを同時になし、あるいははたらきを受けることにより適するほど、それだけその精神は他のものどもより多くのことを同時に知得することにより適する」。そして「［2］ひとつの身体の諸々のはたらきが、当の身体のみにより多く依存し、かつはたらきをなすことにおいて他の諸物体に協働してもらうことがより少ないほど、それだけその精神は判然と知解することにより適する」［引用はともにE2P13CS：［ ］内数字は便宜上の挿入。以下では簡便のためそれぞれを「差異化基準1」「差異化基準2」と呼ぶ］。さらにスピノザはいう。「これらのことから私たちは、或る精神の他のものどもに対する優秀性を認識することができるし、さらになぜ私たちが自らの身体についてまったく混雑した認識しか持ちえないのか、その原因をみてとることも、また私が以下においてこれらのことにもとづいて導出しようとする他の多くのことをみてとることもできる」［*ibid.*］。「他の多くのこと」とは、ごく一般的にいえば、身体の変状にかかわることがらである（cf. Gueroult, p. 186）。「そういうわけで、私はこれらのことを或る程度詳しく説明し、証明することを徒労ではないと考えた。そしてそのためには、諸物体の本性についていくばくかのことを前提とすること［*praemittere*］が必要である」［*ibid.*］。

　こうして導入される物体の小論は、以上のような明確なもくろみを有している。つまり、まず一般的には、（Ⅰ）人間身体の変状を説明可能にする前提を示すこと、そして或る「精神の他のものどもに対する優秀性」、より具体的には、（Ⅱ）二つの差異化基準が人間身体に対していかに適応されるのかを説明すること、最後に（Ⅲ）人間身体についての認識が混雑したものであることの原因の提示。物体の小論がもくろんでいるのは、まさにこれらのことに他ならない。そして「まずは私たちの身体の本性を十全に認識することなしには、誰も人間精神を十全に、いうなら判然と知解しえないだろう」とされるのだから［*ibid.*］、これらを介して身体のあり方を把握することは、精神とその至福の認識へと私たちを導こうとする『エチカ』全体の理解にとっても不可欠である。本稿は冒頭に示した目的を果たすために、物体の小論においてきわめて重要な位置を占める「個体」とその「形相」という概念に焦点を当てることでこの小論を分析し、以上の諸点（Ⅰ、Ⅱ、Ⅲ）を明確化するという手続きをとる。

2　物体の小論は何をしているのか

物体の小論は、『エチカ』の導出連関において特殊な位置づけを有している。この小論は、四つの公理[3]と三つの補助定理を含む「最単純物体」についてのパート、ひとつの定義とひとつの公理、ならびに四つの補助定理を含む「複合物体」

いうなら「個体」についてのパート、そして六つの要請から成る人間身体についてのパートによって構成される。またこれらは、うえにみたように物体ないし身体の身分やはたらきを説明するための「前提」という位置づけを有する。そして「補助定理は、それが証明可能な前提であるという点において公理とことな」り（Gueroult, p. 146）、また要請は―スピノザによれば―「経験によって確かめられないことをほとんど含んでいない」［E2P17S］命題である。つまるところこれらの前提は、「純粋に演繹的な次元に属するわけではない」(4)。

この小論がこのような位置づけを有しているのは、「これまで誰も、身体のすべての機能を説明しうるほどには身体の構造を精確には知らなかった」からである［E3P2S］。実にスピノザは、「ここでは［人間身体の］本性を説明することができない」とも語る［E2P13CS］。それゆえこうした条件下でなしうることは、Macherey のいうように、「身体において実際に生じていることについての実質的で網羅的な認識が不在であるなかで、身体において生じうるものを再構成することを可能にする説明モデル」を提示することである（Macherey, p. 127）。そしてさらに立ち入って考えてみるなら、このモデルは、身体の構造の精確な解明という意味での身体の本性の説明に代えて、うえにみたように身体の力能を、つまり「身体が何をなしうるのか」［E3P2S］という点でその本性を理解させうるものである必要がある。

スピノザは「身体が何をなしうるのか」ということを、「身体がたんに物体的とのみ考察されるかぎりでの自然の諸法則によって何をなしうるのか」といいかえている［*ibid.*］。このいいかえは決定的に重要である。身体と精神は属性をことにする様態であり、それゆえ「身体が精神を思惟することへと規定することもできないし、また精神が身体を運動へと、あるいは静止へと［…］規定することもできない」［E3P2］。そして先にみたように、物体の小論のもくろみのひとつは、人間身体の変状を説明可能にする前提を示すことにあった。加えて Gueroult のいうように、この変状は、「それ自身が延長の規定された様態である［人間］身体の諸規定」であり、それゆえ「変状の説明が可能となるのは、この身体を延長の一定の規定された様態にしつつ、そしてまさにこのことによってその［身体の］様々な規定を説明する諸条件から出発してのみ」である（Gueroult, p. 186）。スピノザはいう。「身体の規定」すなわち変状は、「運動と静止の諸法則から導出される」［E3P2S］。したがって、身体に生じるものである変状を説明する「たんに物体的とのみ考察されるかぎりでの自然の諸法則」とは、運動と静止の諸法則に他ならない。さらにスピノザは「身体自身が自己の本性の諸法則のみにもとづいて多くのことをなしうる」［*ibid.*］とも語り、身体そのものがそれ自身の本性の諸法則をそなえると明言する。私たちの見通しをあらかじめ示せば、物体の小論は、延長属性のすべての有限様態がおしなべて運動と静止の諸法則によって条件づけられていることを示すものであり、またこの小論における「個体」とその「形相」、ならびに「運動と静止の一定の *ratio*」（訳語も争点となるためさしあたり原語のまま示す）という概念こそが、運動と静止の一般的諸法則の枠組みのなかで、身体自身がそれ固有の本性の諸法則をそなえ、それにもとづいて何をなしうるのかを説明可能にするものなのである。以上の点を明確にすることに焦点を絞って、物体の小論の内実を検討していこう。

3　運動と静止の諸法則

スピノザは「最単純物体」の議論から始める。このパートではまず、（1）物体間の一致と区別［Ax1/Ax2/ L1/ L2］が示される。つまり、物体は延長属性の様態であり［cf. E2Def1］、すべての物体は物体であるかぎり例外なしに延長属性の概念を含むという点で一致する［L2D］。そしてすべての物体は運動しているか静止しており、運動している場合には、より速く運動するか、より遅く運動するかで相互に区別される［Ax1/Ax2/ L1］。しかし速さと遅さは運動という概念のもとでのみ理解されるから、一般的にいえばすべての物体は運動と静止にかんして区別される。しかし他方で同時に、すべての物体はおしなべて運動か静止しているため、この点においてすべての物体は一致する［L2D］。だから運動と静止は、物体間の区別の原理であるとともに、物体間の一致を理解させる概念でもある。（2）次にスピノザは、運動と静止の諸法則によって規定される諸物体が相互にいかにはたらきあうかを説明する［L3/Ax1a/Ax2a］。延長の有限様態である物体は、他の物体から実在と作用へと規定される。そしていまみたように、すべての物体はおしなべて運動と静止のあり方をとる。それゆえ或る物体は他の物体から運動と静止へと規定されることで、一定の運動と静止のあり方をとって実在し、他へと作用を及ぼすように規定され、この原因となる他の物体もまた第三の物体から運動と静止に規定され、等々無限に進む［L3D/ E1P28］。「すべての物体は他の諸物体によって取り囲まれ、かつ相互に一定の規定されたあり方のもとで実在することと作用することに規定」されている［Ep32, Geb. IV, p. 172 : 16-18］。かくてすべての物体は多数性と相互規定という関係のうちに巻き込まれる。それゆえ他から切り離され独立した不活性な物体がまずあって、その物体が運動と静止に規定されると考えてしまっては、スピノザの語る事態を捉え損なうことになる。Macherey の表現をかりれば、「運動（と静止）が諸物体に属するのではなくて、諸物体の方が運動（と静止）に属するという必要がある」（Macherey, p. 137, n. 2）。つまり延長属性の諸様態は全体として、運動と静止の一般的な諸法則にしたがった「大域的な関係のシステム」を構成すると考えねばならない（*ibid.*）[5]。

続いてスピノザは、物体が被る変状の原理を定式化する。「或る物体が他の物体から触発される［*afficitur*］すべての様式は、触発される物体の本性と同時に、触発する物体の本性から帰結する」［Ax1a］。スピノザはこの「本性」概念を明確には規定しないが、この場面で彼は最単純物体、つまりたんに運動と静止のみによって区別される物体についてのみ語っているので［Ax2a の後の挿入文］、この「本性」は、各々の最単純物体の運動ないし静止の一定の規定された単純なあり方と解される。そしてつねに多数性と相互規定のうちにある諸物体は、絶えずこの触発関係に巻き込まれ、様々な変化を被り続けているし、他の物体に絶えず影響を与えてもいる。こうなると、たとえば他の物体の衝突によってそれまでの運動状態を変えるといったように、最単純物体は容易にその本性を変えることになろう[6]。最単純物体の身分、より正確にはそれが実在物とみなされうるか否かという解釈上の争点には立ち入らない。ここでは多くの解釈者たちが一致して認める点、すなわち最単純物体についての議論がきわめて抽象的な仕方で語られているという点[7]に加え、運動と静止がすべての物体のしたがうきわめて一般的な諸法則であること、さらに最単純物体が容易にその本性を変えるものであることを押さえておけば十分である。

4　個体・身体

続いてスピノザは人間身体もまたその一種である複合物体、いうなら「個体［*individuum*］」の定義を示す。「同じあるいはことなる大きさのいくつかの物体が、他の諸物体から圧迫され［*coërcentur*］、［A］相互に接合するようにされている場合、あるいは、［B］［諸物体が］同じないしことなる速度で動いているとき、その運動を或る一定の*ratio*において相互に伝達するようにされている場合、［C］私たちはこれらの諸物体が相互に合一しているといい、またすべての物体が同時にひとつの物体、いうなら個体を合成しているという。そして［この個体は］諸物体のこの合一によって他の諸物体と区別される」［Def：A、B、Cは便宜上の挿入］。原語のままに示した*ratio*の訳語とその内実を含め、解釈上の争点を多く含む定義である。まずはテクスト上明白な点を押さえることで、理解の最低限の足場を固めておこう。

　まずテクスト上明らかなのは、個体が複数の物体の合一に存し、この合一によって他の諸物体と区別されるという点である［C］。この合一こそが当の個体を他の諸物体から区別し、他ならぬ当の個体として把握せしめる。「個体の形相」はさしあたりこの点に求められている［L4D］。そしてこの合一の条件を規定するのが定義の前半部である。この前半部は、他の諸物体からの圧迫によって、諸物体が［A］相互に接合されるか、あるいは［B］相互に或る一定の*ratio*で運動を伝達しあうか、という二つの節を有している。ではこれらの節A／Bはいかなる関係にあるのか。スピノザの他のテクストを引照しつつ解釈を進めよう。

　ボイルの実験での「水で満たされた膀胱」にかんしてスピノザは、「水の粒子はつねにあちこちに運動し続けているので、周囲をとりまく諸物体によってさまたげられなければ、水があちこちに拡がっていくことは明白」［Ep6, Geb., IV, p. 31：6-10］であるという。また別の個所では、「人間身体の組成は、空気の圧力によって、しかるべき制限のうちに押し込められている」［Ep75, Geb., IV, p. 313：16-17］と語られる。つまり、他の諸物体から圧迫され、相互に接合するようにされているAのケースは、接合される諸物体、つまり個体を合成する諸物体が運動しうる場合を排除しない。それゆえMatheronのいうように、「第一のケース［A］は、第二のケース［B］の特殊事例である」とみなしうる。[8] したがって、個体の形相を構成する諸物体間の合一は、結局のところ、合成諸物体相互の一定の*ratio*にもとづく運動（と静止）の伝達、簡略化すれば「運動と静止の一定の*ratio*」［cf. L5］によってこそ担保されると考えることができる。それゆえ個体の形相という概念の理解は、運動と静止の一定のratioによって何を理解すべきかという点に収斂する。この点は、「人間身体の形相」がまさにその「諸部分が有する運動と静止の *ratio*」によって規定されることを勘案すれば［E4P39/D］、なおさら肝要な点である。

Gueroult はこの *ratio* を「割合［proportion］」と訳すことで（Gueroult, p. 168, 186）、個体を規定する合成物体間の運動と静止の伝達を定量的に解釈する方向に自らを定める。そしてこの方向性のもとで、「振動中心」の問題にかんするスピノザと同時代の「剛体の動力学」への参照が不可欠であるとし、「回転剛体」と「複振子」をモデルとしてこの *ratio* を理解しようとする（Gueroult, pp. 171-174, pp. 555-558, pp. 563-569：強調は Gueroult）。Matheron もまた運動と静止を定量的に解釈しようとする。(9) こうした定量化へと向かう解釈は枚挙にいとまのないほどに多い。しかしながらこの種の解釈は、Gabbey もいうように、そもそも「運動と静止の計測単位についての」「数学的説明」がなければ無意味であろう。(10) スピノザは決してそのような単位の説明を与えていないため、こうした方向の解釈をスピノザ自身のテクストから読みとることは難しい。それゆえ私たちはまず訳語として、定量的な理解へと促す「割合」や「比」ではなく、より一般的な「関係」を採用する。とはいえ重要なのは訳語だけではなくこの概念の内実である。この内実理解のためには、（1）運動と静止の一般的法則と個体の形相としての「関係」の連関、ならびに（2）身体（個体）自身が備えるとされた法則とこの「関係」概念の連関を検討する必要がある。結論を先取りすれば、ここにかけられていることがらは、すべての物体がしたがう一般的な運動と静止の諸法則の枠組みのなかで、「対象の任意の領域に固有の局所的な法則を表現する概念」を構成することであり、(11)（1）と（2）の論点はそれぞれ個体の必要条件と十分条件を構成する。

（1）一定の関係にもとづく合成諸部分間の運動と静止の伝達は、他の諸物体によって圧迫されることから帰結していた。これは物体がつねに多数性と相互規定にからめとられていることの別様の表現である。つまり、個体もまた運動と静止の一般的諸法則、いうなら運動と静止の大域的な関係のシステムから逃れられない。こうした他の諸物体との不可避的な相関関係の只中で、或る個体を他から区別させ当の個体として把握せしめ［個体の定義の［C］］、いいかえれば当の個体を相対的に閉じた系として捉えることを可能にするのが、運動と静止の一定の関係という概念なのである。ではこのことはいかにして可能となるのか。

（2）個体を合成する諸部分が入れ替わっても、あるいは諸部分の大きさが変化しても、「すべての諸部分が以前と同じく運動と静止の関係を保つ」かぎり、当の個体はその本性を保つとされるため［L4/ L5］、この本性の同一性は合成諸部分の総和ないし集積には還元されえず、むしろそれら相互の運動と静止の伝達関係によってこそ担保される。形相は関係を取り結ぶ諸項によってではなく、むしろ関係そのものによって定義されるのである。関係そのものがこのように一定の自律性と安定性をもちうるのは、合成諸部分が一定の関係に応じて運動（と静止）を相互に伝達するさい、それらの相互作用の全体としての帰結が（外的諸原因がそこに加わってもなお）、それら諸部分を同じ関係のもとで再びはたらきあうように繰り返し規定しなおす場合であろう[12]。運動と静止の一定の関係はそれゆえ、諸部分間のはたらきがこのように反復的に実現されるよう規則づけることで、その諸部分から合成される個体（身体）を一定の規定された仕方ではたらくべく条件づける、当の個体（身体）に固有の法則として理解される必要がある[13]。このように法則性を備えるからこそ、他からの触発によって容易にその本性を変える最単純物体とことなり、複合物体としての個体・身体が、外的な諸物体から変化を被ってもなお同一性を保つことが思考可能となるのである。こうして個体は、外的環境との絶えざる交渉のなかで、ひとつの最単純物体ではなしえない多様なはたらきを自らの法則にしたがってアウトプットし、また変化を被っても合成諸部分の規則づけられたはたらきによって補償や適応を行うという意味で、変化に対する可塑性をも備えることになる。

そして個体の定義に続く四つの補助定理を介して、私たちは人間身体のありようの把握へと徐々に近づくことができる。これらの補助定理はたしかに「最単純物体のみによって合成されている個体」についての記述とされるが［L7S］、その記述の抽象性により、私たち自身の身体にかかわる具体的事例に落とし込んで理解することが可能となっているのである。すなわち、（1）物質代謝、排泄、栄養摂取、再生［L4］、（2）成長、萎縮、筋力の増大［L5］、（3）記憶の生理学的説明の準備［L6］、（4）場所移動、四肢の運動［L7］等である[14]。「かくて私たちは以上のことから、複合物体が様々な様式で触発され、それにもかかわらずその本性を保つことができる理由をみてとることができる」［L7S］。さらに、「様々な本性の複数の個体によって合成された別の個体を考えるなら、この個体が、他の多くの仕方で触発され、しかしそれにもかかわらずその本性を保つことができることを見出すであろう」[L7S]。このように個体の合成が複雑になればなるほど、外界に対してとりうる反応が多様になり、また変化に対する可塑性が高まるとともに、その個体自身がなしうるはたらきも多様になる。四つの補助定理を経て私たちは、この可塑性とはたらきの多様性の具体的事例をすでに把握している。かくて人間身体はその合成の高度な複雑さ、それにともなう外界に対する反応の多様性ならびに可塑性の高さ、またそれが同一性を失うことなしになしうるはたらきの多様性によって、他の物体や動物の身体から区別されるのである（差異化基準1）。

5　身体の形相

こうして人間身体もまたひとつの個体であることが把握される。それゆえ人間身体もまた他の多くの物体・身体にとりまかれ、つねに変状を生じている。「私たちは絶えざる変化のなかに生きている」[E5P39S]。こうした事態に面して、たとえばデカルトはいう。血液循環、栄養摂取や代謝によってその合成諸部分が絶えず入れ替わっている人間身体の数的同一性は、「同一の魂によって形相づけられている[informé]という理由によってのみ」担保される[15]。しかし身体の形相としての魂という考え方を、スピノザの体系は許容しない。というのも、先にみたように、延長と思惟はことなる属性であり、これら両属性にまたがった作用はありえないからである[E3P2/D]。スピノザがもちいる「身体の形相」という概念にかけられているのはそれゆえ、絶えざる変化のなかにあってなお身体が自らの同一性を保つことを、あくまで延長属性のもとで思考可能にすることなのである。そしてこのことは、うえにみたように、絶え間なくおきかえられている合成諸部分そのものによってではなく、個体としての身体という相対的に閉じた系のなかで、諸部分が当の身体に固有の法則にしたがって規則づけられた運動を実現しているということによって可能となる。Zourabichviliもいうように、スピノザにおいては「身体の形相はもはや身体の生成[変化]と無関係な超越的な審級ではない[16]」。このように、私たちは身体の形相、運動と静止の一定の関係を、当の身体を一定の仕方ではたらくべく条件づける法則として理解した。次に理解すべきは、この関係・法則によって条件づけられる身体のはたらきとは何かということである。

A. Garrett はこの関係の定常性を「ことなる諸部分間の様々な速度が保存されるという仕方で」身体の諸部分が運動することと解したうえで、心拍のリズムをその具体例として提示する(17)。たしかにこの具体例は身体諸部分の運動と静止の一定の関係を直感的に理解させてくれるようにも思われる。しかしスピノザのテクストには、こうした理解のみによっては捉えきれない場面が見いだされる。有名なスペインの詩人の事例である［E4P39S］。この事例はさらに、私たちが問うている身体のはたらきをも理解させてくれる。

彼は大病を患い、回復後に「彼の以前の人生を忘れ」、「自分が作った物語や悲劇を自らのものと信じなかった」［E4P39S］。この事例は、「人間身体が、血液の循環やその他身体が生きているとみなされることがらが存続していても、それでもなお自らの本性とまったくことなる他の本性に変化しうる」ことを示すものとして提示されている［*ibid.*：強調引用者］。そしてこの変化はまさに、人間身体の「諸部分が、運動と静止の別の関係を相互にとるような状態になる」変化に他ならない［*ibid.*：強調引用者］。したがって、この「関係」によって条件づけられる身体のはたらきは、心拍のリズム、より一般的にいえば生体の生命維持活動には還元しつくされえない。ではこの詩人には何が起こったのか。記憶の喪失である。そして記憶は「精神のうちに人間身体の変状の順序と連結にしたがって生じる、人間身体の外部に存するものどもの本性を含む諸観念の或る連結に他ならない」［E2P18S］。要点のみをとりだせば、この詩人の変化は、彼の身体の変状の順序と連結の変化なのである。それゆえ以上の私たちの議論をふまえれば、身体諸部分の運動と静止の一定の関係とは、身体の諸変状の産出を条件づける前提となる法則として理解されるべきであることになる。

人間身体を他の諸個体からその力能の点で差異化することを眼目としていた物体の小論では、まず（I）人間身体の変状を説明可能にする前提を示すことが狙われていた。ここまでみてきたように私たちは、人間身体の形相をなす「運動と静止の一定の関係」が、まさに身体の変状の産出を条件づける前提となる法則として理解されるべき由を示した。加えてスピノザは、この「関係」の維持を実現するものが、そのことによって同時に、「人間身体が多くの仕方で触発され、また外的諸物体を多くの仕方で触発することができるよう実現する」とも語る［E4P39D］。身体が「より多くのことを同時になし、あるいははたらきを受けることにより適する」ことに求められた差異化基準1と、身体の形相である「関係」との連動がここにみてとられる。この連動は別のテクストからも裏付けられる。本性をことにする多くの諸部分から合成された「身体全体が、その本性から帰結しうるすべてのことに対して等しく適する」には、その諸部分の多様な本性に一致する「新たな、そして多様な養分」を要する［E4P45C2S］。そしてこれら養分とは、飲食物だけでなく、「芳香［鼻］、緑なす植物の快さ、装飾［眼］、音楽［耳］」等でもある［*ibid.*］。つまり、養分を取り入れるとは、身体の「すべての部分がそれに適ったこと［*officium*］を適宜遂行する」こと［E4A27］、すなわち、できるだけ多くの諸事物と関係を取り結びつつ、身体諸部分の運動（と静止）を規則づけられた仕方で実際に遂行することに他ならない。そしてこれを一般化すれば、身体が何をなしうるか、身体の本性からいかなる変状が帰結しうるかということは、身体が他の事物といかなる関係を実際に取り結ぶかということに帰着するのである。

ところが、身体の変状は「触発される物体の本性と同時に、触発する物体の本性から生じる」［Ax1a］ため、こうした変状の産出は、当の身体の本性の法則と、身体が関係を取り結ぶ諸事物の本性の諸法則との、いわば干渉による結果であることになる。そしてこれら個別諸法則の干渉自体は、すべての物体がしたがう運動と静止の一般的法則、いいかえれば「人間がその一部である自然の共通の順序［*communis naturae ordo*］」［E4P57S］にもとづくものであり、或る身体に固有の法則のみによっては説明しつくされえない。したがって、「身体が触発される諸変状の観念によってのみ」、つまり以上のような結果によってのみ「人間身体自身を認識する」私たちは［E2P19］、こうした条件下にあるかぎり、「私たちの身体についてきわめて混雑した認識しかもちえない」［E2P13CS］ということになる。人間身体についての認識が混雑したものであることの説明が、こうして与えられる（Ⅲ）。

結論──身体論の射程

このように、或る身体が他の諸物体から変状を被り、かつその変状が当の身体に固有の法則のみによっては説明しつくされえない場合、その身体はいわば「他の諸物体と混ざり合った身体」であり[18]、それゆえこの身体を対象とする精神は、自らの身体を他から区別して、あるいは他の物体を自らの身体と区別して判然と、すなわち十全に理解することができない。かくて「人間精神は、自然の共通の順序にもとづいてものどもを知得するたびに、精神自身についても、自らの身体についても、外的な諸物体についても十全な認識を持たず、たんに混雑し毀損した認識のみを有する」［E2P29C］。それゆえこのような条件のもとで「精神が判然と知解することにより適する」ことが可能となるのは、「ひとつの身体の諸々のはたらきが、当の身体のみにより多く依存し、かつはたらきをなすことにおいて他の諸物体に協働してもらうことがより少ない」ことによってであろう（差異化基準2）。しかしこのことは、身体が他とかかわりをもたず、孤立していればよいということを意味しない。ここまでみてきた基準1が、より多くの事物と関係を取り結ぶべき由を示しているからである。さらに基準1は、身体が産出しうる変状の多様性にもとづいた、精神のなしうる認識の判然性の補完的条件をも示している。というのも、精神が「多くのものどもを同時に観想することにもとづいて、それらの一致点、相違点、対立点を知解すべく規定される」たびごとに、精神は「ものどもを明晰かつ判然と観想する」からである［E2P29CS：強調引用者］。なしうるかぎり多くの事物と同時に関係を取り結び、それらと自らの身体の一致点、相違点、対立点を理解するようになるほど、当の精神は自らの身体を他の事物から区別して十全に認識しうるようになる。これによってさらに、自らの身体が他の事物との関係のもとで産出する諸変状を、当の身体に固有の法則によってより多く説明することが可能となる。基準2が示しているのは、まさにこのことに他ならない。基準1と2はこのように連動し、身体がなしうること、すなわち身体の力能の評定から出発して、他の物体や個体からこの身体を力能の点で差異化しつつ、精神の力能を評定可能にする（Ⅱ）。「思惟しかつ十全な諸観念を形成すること」のみに存する精神の力能［E5P4CS］の展開、「十全な諸観念のみから生じる」精神の能動性［E3P3］の議論を可能とするのは、かくて身体論に他ならないのである。

注

（1） H. Jonas, Spinoza and the Theory of Organism, *Journal of the History of Philosophy* 3, no. 1, 1965, pp. 43-57, p. 47, G. Deleuze, *Spinoza : Philosophie pratique*, Paris, Minuit, 1981/2003, p. 40.

（2） E2P13CSとE2P14のあいだに挿入された物体と人間身体にかんする一連の議論は、たとえば「自然学と生理学の概説」

(Macherey, p. 125)、「自然学の概説」(Gueroult, p. 186) など様々に呼ばれるが、本稿では解釈上の先入主を排除するため、ミニマムな呼称である「物体の小論」を採用する。スピノザからの引用は Gebhardt 版 (*Opera*, im Auftrag der Heidelberger Akademie der Wissenschaften, herausgegeben von Carl Gebhardt, Heidelberg, Carl Winters Universitätsbuchhandlund, 1925) に依り、*Studia Spinozana* の Citation Conventions にしたがって表記する。ただし『短論文』と『神学政治論』については PUF 版全集のテクストを用い、この全集の頁付けを示す。デカルトからの引用は AT 版 (*L'Œuvres de Descartes*, publiées par Charles Adam & Paul Tannery, Nouvelle présentation par P. Costabel et B. Rochot, Paris, Vrin, 1964-1974) を用い、慣例にしたがって表記する。また Macherey (P. Macherey, *Introduction à l'Éthique de Spinoza*, Paris, PUF, vol. 2, 1997) と Gueroult (M. Gueroult, *Spinoza II- L'âme*, Paris, Aubier-Montaigne, 1974) からの引用は、それぞれの頁数を文中に示す。なお訳文はすべて引用者のものであり、引用文中の [ ] は引用者の挿入である。

(3) E2P13CS の直後の二つの公理 [E2P13CSAx1/Ax2] と区別するために、E2P13CSL3C の後の二つの公理をそれぞれ Ax1a、Ax2a と表記する。

(4) P.-F. Moreau, *Spinoza : l'expérience et l'éternité*, Paris, PUF, 1994/2009, p. 279.

(5) たしかに、スピノザは運動と静止そのものを定義しない (Cf. A. Gabbey, Spinoza's Natural Science and Methodology, in *The Cambridge Companion to Spinoza*, edited by Don Garrett, Cambridge, Cambridge University Press, 1996, pp. 142-191, p. 189, n. 60)。しかし少なくとも、スピノザにとって運動と静止はともに現実的に行使されているはたらきであり、つまり静止は運動の欠如態のようなものではないこと、また運動と静止、あるいはそれらの複合によってすべての物体的作用が尽くされることを押さえておこう。或る書簡では、静止は運動に対する抵抗として理解されている [Ep6, Geb., IV, p. 20 : 12]。とはいえ、「運動について [...] は未だ順序立てて書いてはいない」[Ep60, Geb., IV, p. 271 : 8-9] という晩年の書簡での言明をも踏まえる必要があろう。なお「運動と静止」は延長の直接無限様態として、また「無限の仕方で変化しつつも、しかしつねに同一にとどまる全宇宙の相」が間接無限様態として提示され、後者についてスピノザは物体の小論への参照をうながしている [Ep64, Geb., IV, p. 278 : 25-28]。それゆえ物体の小論の検討は延長の無限様態を理解するためにも不可欠である。無限様態の解釈は今後の課題としたい。

(6) 先に本文で述べたように、他から切り離された不活性な物体がまずあって、その物体が運動や静止に規定される、という考えは斥けられねばならない。最単純物体は運動あるいは静止の単純なあり方によってのみ同定されるため、衝突等によって或る最単純物体の運動状態が変化するということは、その物体が本性を変えるということ、いいかえれば別の最単純物体として捉えられるということに他ならない。

(7) Macherey によれば、最単純物体は物質界の絶対的に単純な要素としてのアトムのようなものではないし (Macherey, pp. 131-132)、また実在物というよりもむしろたんに理論上の抽象物にすぎない（pp. 141-142）。Gueroult も最単純物体が「経験の対象ではなく」、「抽象によってのみ」捉えられるとする（Gueroult, pp. 156-157）一方で、しかし彼はそれを「小粒子」と同定し（p. 161）、「実在をもつ」（p. 160）ものと解釈する。

（8）A. Matheron, L'État selon Spinoza, est-il un individu au sens de Spinoza ?, *Études sur Spinoza et les philosophies de l'âge classique*, Lyon, ENS, 2011, pp. 417-435, p. 418.

（9）A. Matheron, *Individu et communauté chez Spinoza*, Paris, Minuit, 1968/1988, pp. 38-43. しかしMatheron はのちに、この *ratio* を定量的に理解しようとする解釈に留保を示すようになる（Matheron, *art. cit.*, p. 419）。

（10）Gabbey, *art. cit.*, p. 168. たしかに『短論文』では「1：3」などの具体的な数比が示されているが［KV2Praef, Spinoza, *Œuvres-I premiers écrits*, Édition publiée sous la direction de P.-F. Moreau, Paris, PUF, 2009, p. 260：22-25, 29-31］、運動と静止をいかに数量化するのかについての説明は与えられないし、さらに『エチカ』ではこうした具体的な数値は一切出てこない。スピノザの諸著作における「運動と静止の *ratio*」規定の変遷については、F. Zourabichvili, *Spinoza une physique de la pensée*, Paris, PUF, 2002, pp. 51-71を参照。

（11）A. Lécrivain, Spinoza et la physique cartésienne, *Cahiers Spinoza*, n°1, 1977, pp. 235-265, p. 263.

（12）この点はMatheron, *art. cit.*, p. 419に学んだ。

（13）「法則という名称は、絶対的にとられれば、それにしたがって各々の個体が［…］一定の規定されたあり方ではたらきをなすところのものを意味する」（TTP4, Spinoza, *Œuvres III* : *Traité théologico-politique*, Édition publiée sous la direction de Pierre-François Moreau, Paris, PUF, 1999, p. 180：1-4）。

（14）諸家によるこうした具体例の候補については、Gueroult, p. 184, Macherey, p. 151, Matheron, *op. cit.*, p. 44, Zourabichvili, *op. cit.*, p. 74, 79等を参照。

（15）引用はMesland宛書簡（一六四五年二月九日）、ATIV167: 2-4。デカルトにおける「人間の統一性」を保証するものとしての、形相としての魂と身体諸部分の有機的連帯（cf.『情念論』第一部三〇項 ATXI351：6-12）との相補性については、G. Rodis-Lewis, *L'anthoropologie cartésienne*, Paris, PUF, 1990, pp. 158-159を参照。

（16）Zourabichvili, *op. cit.*, p. 70.

（17）A. V. Garrett, *Meaning in Spinoza's Method*, Cambridge, Cambridge University Press, 2003, p. 110, n. 29.

（18）S. Zac, *L'idée de vie dans la philosophie de Spinoza*, Paris, PUF, 1963, p. 96.

〈応募論文〉

初期マルクスの本質概念
——その反本質主義的実質について

秋元《あきもと》　由裕《ゆうすけ》
（北海道大学）

本稿の目的は、『一八四四年パリ草稿』（以下、『草稿』と略記）におけるマルクスの疎外論を国民経済学批判のコンテクストの中で捉え直すことによって、「類的本質／存在」（Gattungswesen）概念の反本質主義的実質を明らかにすることにある。

周知のようにマルクスは、人間という類の本質的特性を「自由な意識的活動」（I/2:240）に見出し、その活動を「強制労働」（I/2:238）にまで貶める機制として資本主義を批判した。『草稿』におけるこのような疎外批判は、人間の本質についての理念を指示する人間学としてマルクーゼが先駆的に紹介して以来[1]、後期の政治経済学批判によっては必ずしも明示されない規範的基礎を提供する「疎外論」として広汎に受容されてきた。そこで一般に理解されているのは、人間とその社会の疎外されざるあり方を規準として、そこからの逸脱と離反を病理として批判するヒューマニズムである。病理を批判するには健全な状態が何であるのかを示さねばならないため、疎外論は必然的に、人間の本質についての概念を前提とする。しかし、何が人間の本質なのかを特定することのできる一義的な審級が共有されている訳ではなく、また人間的本質なるものを実現することが直ちに善き生の在り方であると論証されているのでもない。この点で疎外論は、その本質概念を認識論的な検証に晒すのでない限り、パターナリズムのイデオ

ロギーへと転化する危険を孕んでいる。(2)

そしてこのイデオロギー批判は、疎外論が一貫して依拠してきた初期マルクスの思想に対しても差し向けられる。それ故に昨今では、『草稿』の内に人間主義よりもむしろ『フォイエルバッハ・テーゼ』に発展する契機を見出して、マルクスにおける「唯物論」への移行過程を積極的に評価する解釈が支持されている。この見方によれば、マルクーゼらが『草稿』の内に見出そうとする人間学は、マルクスがフォイエルバッハの影響下から離脱して「経験科学」を志向する過程で次第に否定していった規範主義的要素にすぎないものだとされる。(3) たしかにそのように理解する限り、マルクスの批判理論を本質主義から切り離して擁護し得るのだとしても、しかしそのような処理の仕方は、問題をただ回避しているにすぎない。ここで今なお問われているのは、マルクスの疎外批判を支える「本質」概念の内実を改めて検討し、それが実際に本質主義的なのか否かを明らかにすることである。このようにマルクスの〈哲学〉を新たに解釈し直す試みは、既に高い水準に到達している文献学に比すれば、未だなお決定的に不足していると言わざるを得ない。

こうした関心に基づいて、以下では次の手順に沿って考察を進める。まずは伝統的疎外論に従い、第一草稿「疎外された労働」断片の思想を労働の本質主義として理解してみる（一）。その上で疎外批判を、『草稿』全体を貫く国民経済学批判のコンテクストにおいて捉え直すことによって、「疎外された労働」断片に見出された労働の本質主義が、労働価値説への擬制的内在であることを示す（二）。さらに第三草稿を典拠にマルクスの身体性論を読み取り、彼が人間の本質を〈未決のもの〉として把握していたことを明らかにする（三）。このことによって最後にマルクスの疎外批判を、未決の人間的現実性を規定する社会的な強制連関に対する批判として再構成する展望を示す。

一　労働の本質主義？

従来「疎外された労働」論が本質主義的に解釈されてきた根拠としては、マルクス自身が労働を「対象化」として把握していたことが挙げられる。彼によれば労働とは、単に外的な客体に働きかけるだけではなく、この働きかけの成果を享受する中で、主体が自己自身を反省することを意味する。したがって労働生産物とは、それ自体が生産主体の在りようを映し出すが故に、単なる享受の対象より以上のものである。無論、その都度の行為がもたらす帰結が行為主体の意図そのままに出来上がることは、おそらく最後までありえない。しかし意図に反する結果も、またそもそも意図しなかった結果も、いずれも行為する主体にとっての他在である。それ故に労働生産物は、その享受において生産行為の主体が自己自身を知る契機なのであり、次なる新たな生産も、この反省をつうじてこそ意欲される。マルクスは言う、「労働の生産物は、対象の中に固定され事物化された労働であり、労働の対象化（*Vergegenständlichung*）である」（I/2:236）。そのようにして対象化行為として実現される限り、労働は、その帰結が肯定的であるにせよ否定的であるにせよ、労働する主体自身の自己確証と自己実現となる。(4)

マルクスによれば、そのような対象化行為を妨げ中断させるのが「私的所有」である。すなわちこの機制において、労働者が自己の人間的本質を対象化した労働生産物は、商品として収奪される。このことによって、労働者は労働力を一方的に「外化」させられるだけで生産物を享受することも生産行為を反省することもできない状態を強いられる（労働生産物からの労働者の疎外）。そのような労働には、ただ生存するためにのみ非自発的に従事する以外になく、そこでは「労働者が労働以外において自己のもとにあると感じ、労働の内では自己の外にあると感じる」（I/2:238）という仕方で、労働者が自己の労働を「外在性」（Ebd.）として感受する奇怪な事態が生じる（生産行為からの疎外）。だが「自由な意識的活動が人間の類的性格である」（I/2:240）限り、この意識的活動がその活動の主体自身にとって外的であるならば、その主体は既に人間という類の本質から疎外されたことになる（類的本質からの人間の疎外）。そして類的本質から疎外されて行為する人間は、人間相互の共同性からも必然的に疎外されざるを得ない（人間からの人間の疎外）。総じて第一草稿「疎外された労働」断片におけるマルクスの記述は、私的所有における対象化行為の不成立を示すだけでなく、この不成立を強制する私的所有が「疎外された労働」によってこそ再生産される構造を明らかにしている。

だとすれば、このように労働を対象化行為として把握し、その不成立を疎外として批判する立場は、労働の本質主義と結びつくかに見える。まず「生産物からの疎外」批判は、生産物の収奪をつうじて労働が対象化行為としての意味を失うことを問題視している。この観点において、疎外される当の労働それ自体は、未成立の対象化行為として肯定される。次に「生産行為からの疎外」批判は、疎外労働を「ペストのように忌み嫌われる」（I/2:238）労働として示すことで、労働を本来的には充実した活動として肯定する。そして「類的本質からの疎外」批判は、人間を「自然の一部」として前提した上で（I/2:240）、人間労働を自然自身による「自由な意識的活動」として意義づけることによって、本来的な労働を「意識された生命活動」（I/2:240）として肯定する。つまり対象化概念に基づく疎外批判は、人間的自然による生命活動として労働を肯定し、そのことによって労働生産物に対する労働者自身の所有権を主張している。この主張にとって、労働者が自らの本質諸力をそこに対象化した生産物は労働者自身に帰属すべきものであり、それが資本によって収奪されてしまうことは人間的本質に相反する事態である。

それでは、労働において対象化され実現されるところの「本質」とは一体何であるのか。この点についてマルクスはフォイエルバッハに倣い、その意識論を新たに労働論へと拡張することによって人間の「類的本質」を説明している。それによれば、動物は「その生命活動と直接に一つである」（I/2:240）のに対し、人間は必ずしも自己保存のみを目的として行為しない。むしろ生理的欲求から離れて行為し得ること、さらに「美の諸法則に従って形をつくる」（I/2:241）ことにおいて、人間は他の動物から区別されるのだとされる。こうして生命活動の直接性から離脱した次元で実現される労働に人間の「優位」（Ebd.）を見出したマルクスは、人間の本質を「意識された生命活動」（I/2:240）において把握する。つまり彼にとって人間労働は、それが生命としての直接的欲求から自由である限り、「人間的な自然存在」（menschliches Naturwesen）（I/2:297）による自然自身の自己産出として意義をもつ。これに対して私的所有は、人間労働を個々人の単なる自己保存のための非自発的行為へと堕落させ、身体的欲求に従属した活動を自己目的化させるからこそ疎外の根拠として批判されるのである。

しかしながら、このようにしてマルクスが労働による人間的本質の自己完成を肯定していたのだとすると、その本質主義は認識論上の疑問に晒されざるを得ない。第一の問題は、私的所有に収奪されるところの労働が、そもそも人間的本質の対象化行為だと言えるのかという点である。もしそのように労働一般を人間的本質の対象化行為として肯定し労働者の労働生産物への正当な所有権を主張するのだとすると、疎外は専ら所有の問題として理解され、その限りで疎外の克服もまた、生産物と生産諸手段とが生産者の共同体に帰属するような所有関係を創設する行為として構想される。このとき疎外批判は、搾取する私的所有者に対してただ適正な分配を要求するだけで、私的所有の下にある労働それ自体の批判を自らの課題として引き受けることができない(5)。

だが労働の本質主義とは、そのような課題に対応するだけの思想ではあり得ない。というのも第二の問題として、本質主義が疎外を悪しきものとして診断するにあたって規準とする人間的本質の概念がそもそも検証不可能だからであり、また労働をつうじて自然的人間のポテンシャルを実現させることを善き生のあり方だとするその規範的主張が(6)、当初より道徳的パターナリズムの傾向を帯びているからである。つまり自らが立脚する本質概念の正当性を明らかにし、尚且つ労働による人間的本質の実現が何故に善であるのかを示すのでなければ、労働の本質主義とは単なる独断論の域を超えるものではない。実際、廣松渉が云うようにこれまでの疎外論は、①疎外されざる「パラダイス」から②疎外された「失楽園」へ、そして③疎外を克服し「楽園への復帰」を果たすという自らの展望において、何故に①が②よりも善き真正性だと言えるのか、そして②の否定から③への移行が何故に必然的なのかを論証していない(7)。その限りで労働の本質主義は、私的所有の下にある労働を特定の規範的立場から批判することをしか為し得ず、したがって疎外経験の当事者にとってはあくまで外在的な社会批判であるにとどまる。この点は、『草稿』に依拠してきた伝統的疎外論のいずれもが共有する限界である。

これに対してマルクス自身は「類的本質」概念に関して、人間を「意識された生命活動」において把握するより以上の具体化を敢えて回避しているように思われる。「疎外された労働」断片の記述に即して見れば、たしかにマルクスは「人間は類的な一存在 ein Gattungswesen である」(I/2:239) ことを他の「類」の生産的生活との差異に即して語っているのだとしても、しかし人間の本質が〈何であるか〉を実質的に規定する記述を全く残していない。これが意図的な欠如なのだとすれば、このことはマルクスの疎外批判を労働の本質主義として理解する伝統的疎外論に対して疑問を抱く有力な動機となる。そこで次節では、マルクスによる疎外批判の立脚点を明らかにするべく、「疎外された労働」断片が如何なる文脈の中で提起されているのかを確認しておきたい。

二　労働価値説とマルクス

伝統的疎外論は、『草稿』の中でも専ら「疎外された労働」断片だけに着目してきた。しかしこの断片は、先行して叙述された労賃・資本の利潤・地代の三項目にわたる分析と密接に結びついており、その文脈を軽視することはテクストの誤読を招く危険がある。それ故にここでは第一草稿のいわゆる「所得の三源泉の対比的分析」部分に眼を転じ、「疎外された労働」断片を国民経済学批判のコンテクストにおいて捉え直してみたい。ラーピンが明らかにしたように、マルクスは手始めに「資本の利潤」項目でスミス『国富論』を幾度も引用し、「地代」項目を経て、最後に「労賃」項目において自らの批判的見解を集中的に書きつけている[8]。その叙述を辿ることで明らかになるのは、マルクスが国民経済学の中に一つの潜在的な矛盾を見出し、この矛盾を資本制そのものの矛盾として捉え意識化させることによって批判の可能性を模索していたということである。

すなわちその矛盾とは、国民経済学が労働者に対して認める生産物への所有権に関わる。マルクスによれば「国民経済学者」スミスは、その理論と現実との矛盾を矛盾として問題にしないことによって、労働者が困窮する現実を肯定してしまっている。「国民経済学者が我々に言うには、労働の全生産物は起源からしてもその概念からしても労働者に属する。しかし彼は同時に我々に言う、現実において労働者へ帰属するのは生産物の最小部分、しかも全く必要不可欠な部分なのだ、と」（I/2:203f.）。スミスが、重金主義あるいは重商主義に反対して、原材料・気候・土地の豊かさといった外的制約の下で年々繰り広げられる労働にこそ「富」（wealth）の根拠を見出したことはよく知られている（『国富論』序論）。労働価値説と呼ばれるその見地からすれば、社会の富は元来それを生産した生産者にこそ帰属するべきものである。しかしスミスにとって、かかる所有権は人間社会の原初状態において認められるにすぎず、私的所有制が成立した近代の現実にあってはおよそあり得ない要求として処理される。そこではむしろ「文明社会」の可能根拠として、労働を単純化し分割し、そのことによって生産量を上げさせながら労賃を可能な限り引き下げていることが肯定的に把握されるに至る（同書第一篇第八章）。

ここで注目に値するのは、マルクスがスミスの議論と対決するにあたって用いる内在的批判の方法である(9)。すなわち問題は、国民経済学に対して別の学的体系を外在的に対置するのではなく、国民経済学者たちが理論の中で意識せずして告白している矛盾を明らかにすることの内に求められる。マルクスは云う、「しかし労働それ自体は、ただ現在の諸条件の下のみならず、そもそもその目的が富の最大化にあるとされる限り、私は敢えて云うが、その労働自体が有害であり災いに充ちているのだ。このことは、国民経済学者がそれと意識せずとも、その理論展開から帰結することである」(I/2:207, 強調は引用者による)。このように述べるマルクスにとって、自己矛盾を抱えた国民経済学の体系は、ただ単に否定的現実を肯定する虚偽なのではなく、その虚偽そのものが資本制それ自体の矛盾を真に表現する理論である。したがって「全く国民経済学の立場に立ち、国民経済学者に従って」(I/2:203)この学の矛盾を明らかにすることは、資本制の内側から資本制を超越する批判的立場を獲得することに他ならない。

こうして国民経済学批判の内在的な遂行が『草稿』を貫く基本的な主題であることは、さらに第一草稿以降の記述からも確認し得る。第二草稿でマルクスは、「労働を国民経済学の唯一の原理にまで高めている」イギリス国民経済学が労賃と資本利得との反比例関係を分析した点を、そして前者を労働力の再生産費にまで引き下げることで後者が最大化されるとするその主張を、「偉大で首尾一貫した進歩」だと述べている(I/2:249)。この「進歩」という皮肉が、私的所有による搾取が国民経済学においてそれと知られずして暴露されたことを指すのは改めて云うまでもない。加えて第三草稿「三十四頁への付論」断片では、スミスを「国民経済学上のルター」と呼んだエンゲルス『国民経済学批判大綱』(一八四四年)を手がかりに、国民経済学批判において宗教批判の方法を積極的に適用することが企てられている。つまり信仰を教会の外面的制度から人間の内面性へと引き戻したプロテスタンティズムと類比的に、国民経済学はその労働価値説において富の根拠を人間へと引き戻す思想として把握される。「だがそれ故に人間そのものは、ルターにおいて宗教の規定の中に置かれるのと同様に、私的所有という規定の中に置かれる」(I/2:258)。フォイエルバッハの言い方を借りれば、神学の秘密は人間学であるのみならず、神学の実体として人間が措定される限り、その人間の「規定」はあくまでも神なるもののあり方に即してのみ認められるにすぎない。これと同様に富なるものの源泉として労働を措定することによって、国民経済学は人間を富の創造者へと縮減していることになる。かくしてマルクスは云う、「労働をその原理とする国民経済学は、人間を承認するかのような外見の下で、むしろただ人間の否認を徹底的に遂行するにすぎない」（Ebd.）。富の根拠が人間労働に求められることにより却って人間が〈労働する者〉へと機能化されるという指摘は、第一草稿「労賃」項目に立ち返っても再び確認することができる。ここでもマルクスは云う、「国民経済学がプロレタリアを、すなわち資本も地代もなしに専ら労働によって、しかも一面的で抽象的な労働によって生活する者を、ただ労働する者（*Arbeiter*）としてだけ観ていることは、自ずから理解される。それ故にこそ国民経済学は、労働する者はあらゆる馬と全く同様に、働くことができるその程度には稼がなければならない、といった命題を立てることができるのだ」（I/2:208）。

　このように『草稿』を貫いて繰り返し議論されていることからして、国民経済学批判の中でもとりわけ労働価値説の批判こそがマルクスの主要な関心であったことが判明する。したがって、このようなコンテクストから「疎外された労働」断片のテクストだけを切り離し、その内実を労働の本質主義として解釈することは明らかに不適切である。たしかに「生産物からの疎外」批判をはじめとする叙述は、人間的本質が対象化されたものであることを根拠に労働生産物の労働者への帰属を主張し、その収奪を疎外の根源として論じていた。この点で「疎外された労働」断片は、ただそれだけを取り出して読むならば、非生産的な私的所有者による搾取に反対する、労働価値説に基づく批判として理解される余地がある。だが果たして、そのようにして私的所有の下にある労働を中心化することがマルクス自身の本意であったのかは最早疑わしい。

　国民経済学が労働に基づく所有権原理を本源的には認めつつも実際上は否認しているならば、この原理は、国民経済学そして資本制が自ら食して喉に刺さってしまった棘のようなものであろう。そしてこの棘を一層深く突き刺そうとするのがマルクスの内在的批判だと言ってよければ、その際に彼自身がこの棘と同一である必要はない。むしろマルクスは「疎外された労働」断片の最終部分で、私的所有が「外化された労働」によってこそ成立し、両者が相互に依存する関係を指摘することで、自らの疎外批判が依って立つところの規範的基礎を〈私的所有の下にある労働〉から截然と区別している（I/2:245）。したがって「疎外された労働」断片に一旦は見出された労働の本質主義とは、国民経済学に対する内在的批判のための手続き、つまりマルクスによる擬制的内在なのである。このように捉えた上で再び問われねばならないのは、マルクス自身における本質概念の実質である。

三　未決のものとしての人間

伝統的疎外論は曲がりなりにも、私的所有の下にある労働もまた人間的本質の対象化行為だと捉えることによって、労働生産物の収奪を疎外として批判することができた。このように労働を中心化する思想はいずれも、人間的本質を何らかの仕方で概念把握し規定することが可能だとする前提を共有しているように思われる。その見地からすれば疎外は、人間的本質に対する不適切な規定性によって生起する事象として把握される。だが、人間的本質に対する様々な社会的規定性が適切か不適切かを言い立てる前に、人間の本質なるものをあれこれと規定することがそもそも可能なのかが問われなければならないだろう。そのような正当化の手続きを欠いたからこそ、労働の本質主義と結びついた伝統的疎外論は独断論の誹りを免れなかったのである。

この点についてマルクスの「唯物論」を評価する論者たちは、疎外論における主体概念の無媒介性を批判する一方で、人間の本質を社会的諸関係によって専ら規定されるものだと理解してきた。そのような回避戦略の主要な典拠にされてきたのが、『フォイエルバッハ・テーゼ』（一八四五年）である。その中でも第六テーゼにおいてマルクスは、人間的本質について次のように語る。「しかし人間的本質は、個々人に内在するいかなる抽象物でもない。人間的本質は、その現実性においては社会的諸関係のアンサンブルである」（IV/3:19）。この記述を、例えば廣松渉は次のように理解している。曰く、「人々が歴史の主体たりうるのはかかる被規定性・第二次性においてのみである。人々は…主体的動因たる以前に、かえって第一次的には歴史的被規定態なのである」[10]。こうした解釈からすれば人間的本質は社会的諸関係の「総体」に等しいのだからして、「実践的唯物論」の課題は、歴史による人間存在の媒介過程を総体的に認識することの内に求められる。その限りで資本主義批判は、いかなる規範的基礎をも必要とすることなく、ブルジョア社会がただ歴史の中で古きものとして廃棄されざるを得ない必然性を示すことによって成立する。そこで「疎外」概念は、最早不要となった主観的批判の産物でしかないことになる。

しかし『草稿』におけるマルクス自身の本質概念は、実際に「歴史的被規定態」としての内実によって斥けられてしまう程度の思想であったのだろうか。そうではない、と考えられるのは、労働の本質主義が国民経済学批判という意図の下での擬制的内在であることが示された今、マルクスの本質概念を従来のように人間学的実質を含むものとして理解する必要は何らないからである。むしろマルクス自身は、人間的本質を実質的に規定することを可能だとする前提を、『草稿』の様々な箇所において明らかに斥けている。

このことを、改めて第一草稿「疎外された労働」断片に立ち返ってより詳細に考察しよう。そこでマルクスは、「人間は類的な一存在である」ことをその生産的生活において示そうとしていた。彼が「自由な意識的活動」を以って人間を他の自然的存在から区別するのは、「生産的生活が類生活である」（I/2:240）との認識に基づく。つまり、動物も人間も自らの生活を生産して自己を保存する点では同じであるが、その生産のあり方においてそれぞれの「類的性格」（I/2:241）が識別される。マルクスによれば、「動物は自らが属する種（species）の尺度と欲求に従って形をつくる」のに対し、「人間は身体的欲求（physisches Bedürfnis）から自由に生産する」（Ebd.）。こうした議論を人間の実質的・人間学的規定として理解する従来の解釈[11]が見過ごしてきたのは、この人間が実際に生命としての直接的欲求から自由に生産することにおいて初めて他の自然的存在から区別されるとする、『草稿』特有の論理である。マルクスは云う、「それ故に人間は、まさしく対象的世界の加工においてこそ、初めて現実的に（erst wirklich）類的存在として自らを確証する」（Ebd.）。言い換えると、自由な意識的活動を現実に遂行することにおいて初めて人間は「人間」となるのだと考えられる。身体的欲求から自由に「普遍的に」（Ebd.）行為するのではない限り、動物でもない人間は、何者でもないことになる。

それでは、自由な行為を実現することにおいて初めて現実的に人間が人間として確証されるとする見地は、果たして自由な行為を遂行することだけで人間が他の自然的存在から区別されると考えるのだろうか。もしそうだとすれば、あらゆる自然的存在が自由な行為というただ一点のみによって「人間」へと生成する可能性をもつことになる。しかしマルクス自身、生産的生活において一つの類として自己を確証することのできる身体的素質が明らかに「人間」にのみ備わることを認めている。「自由な意識的活動」を遂行するこの素質は、『草稿』において「類的対象性」(Gattungsgegenständlichkeit)(Ebd.) あるいは「類的能力」(Gattungsvermögen)(I/2:242)の概念で表現されている。たしかにこうした叙述の限りではマルクスもまた、人間の類的本質が人間存在に内属する身体的特性に即して人間学的に規定可能だとする前提を、伝統的疎外論と共有しているかに見える。だがそうした観測は、第三草稿における人間的感性についての議論を参照すれば、やはり否定されざるを得ない。というのもそこでは感性の可変性が強調され、そのことによって人間の身体性それ自体が未決のものであることが示唆されているからである。

マルクスによれば人間の感性とは、人間身体の属性として予め備わっている諸器官の能力ではなく、むしろ「世界に対する人間的諸関係 (menschliche Verhältnisse)」それ自体であり、「対象に対する振る舞い (*Verhalten*)」(I/2:268) である。したがってその振る舞いのあり方は、感性を発動させる主体がその都度何に対して如何に振舞っているかにおいて反省的に示される。だからと言って人間的感性には無制約的な可能性が認められるのでもなく、マルクスが云うように「私の対象は、私の本質諸力のひとつを確証するものでしかあり得ず、したがって私にとっては、私の本質力が主体的能力としてそれ自体あるようにしか、あり得ない」、また「私にとって或る対象の意味 (Sinn) は…私の感覚が達する、まさにその範囲までにしか及ばない」(I/2:270)。感性とは対象に対する振る舞いだとされる以上、何かを対象として措定しなければ感性はそれに対して作用しない。また対象によってこそ感性が呼び起こされるのだとすれば、自らの感性を呼び起こすものを対象として措定することが感性に先立つ。にもかかわらずマルクスはここで、対象を所与のものとしては決して認めていない。「主体的に捉えるならば、音楽がはじめて人間の音楽的感覚を呼び起こすのと同様に、非音楽的な耳にとってはどれほど美しい音楽も何らの意味ももたないし、対象でもない」(Ebd.)。

このように自ら設定した「二律背反」[12] に対して、マルクスは次のように応答している。「人間的本質がそこで対象的に展開された富 (Reichtum) をつうじて初めて、主体的で人間的な感性の富が、音楽的な耳が、形態の美に対する目が、要するに人間的な享受に能う諸感覚が、すなわち人間的な本質諸力として確証される諸感覚が、初めて陶冶され、初めて生み出される」(Ebd.)。言い換えれば、音の連続を旋律として聴きとっている事実において初めて人間の人間的感性が確証されるのであって、旋律を聴きとるのは、音楽に適った聴覚器官が人間の身体に内属しているが故に、ではない。だとするとわれわれは如何にして自らをこの世界の諸対象に向き合わせ、如何にして自らの感性をより普遍的なものとして開示してきたのだろうか。ここで問われているのは、人間の人間化を支えるところの可能性の条件である。

だが人間が人間となることは、ただ試みられる以外にない。これについてマルクスは「獲得」（Aneignung）の概念を用いて次のように述べる。「世界に対する人間的な振る舞いのいずれも、すなわち視る、聞く、嗅ぐ、味わう、感ずる、思惟する、直観する、感受する、意欲する、活動する、愛すること等々、要するに人間の個体性がもつ諸器官のいずれも、その形式においては直接に共同体的な諸器官として在りながら、その対象的な振る舞いにおいて、或いは対象に対するその振る舞いにおいて、対象の獲得であり、人間的現実性の獲得である」（I/2:268）。このように自己自身を対象へと差し向ける関係行為の歴史的反復をつうじて「人間的現実性」が成立したのだとすれば、人間が世界に対して人間的に振る舞うための可能性の条件とは、人間自身による関係行為なのである。

ここで「獲得」とは必ずしも、人間の側から一方的に対象へと振る舞うことのみを指すのではない。「諸感覚は、事物のために、事物に対して振る舞う。しかし事物そのものは、自己自身に対する、また人間に対する対象的で人間的な振る舞いなのであり、またその逆でもある」（I/2:269）。マルクスの挙げる例によれば、植物にとっては太陽が不可欠であり、その意味で「太陽は植物の対象」であるが、他方で太陽の側からしてみれば植物は、「太陽のもつ、生命を呼び覚ます力」を確証するところの対象である（Ebd.）。いずれの側も対象がなければ自らの現実性を確証し得ないが故に、それぞれは欠如的存在である。これと同様に人間もまた、世界の諸対象に対して自らを関係させることにおいて初めて現実性を「獲得」する存在なのだとすれば、人間とは、「人間的な能動性と人間的な受苦」（I/2:268）との弁証法それ自体だということになる。

　このように捉えてみると、マルクスが自らの「類的本質」概念において、人間の本質を実質的に把握し規定する可能性を否定していることは最早明白である。人間的現実性を欠如的存在による「獲得」行為において成立するものとして把握する立場からして、「自由な意識的活動」を可能とする人間身体の「類的対象性」とは、身体的属性として予め配置された所与なのでは決してない。「五感の形成は全世界史による一つの労作である」（I/2:270）とマルクスは言う。そのようにして自らの感性的な身体を「獲得」において生成させつつあるのが人間だとすると、その生産的生活における自由とは、身体的欲求から自由な生産が試行されることによって可能となるのであり、自由な意識的活動の舞台となる身体もまたこの試行そのものによって生成する。この「獲得」において初めて自らの現実性を確証するのが「人間」なのだとすれば、その「本質」は未決であり、したがって「類的本質」の概念はそれ自体の中に背理を含むことになろう。というのも本質とは、或るものが〈何であるのか〉を名指して固定する概念だからである。

結語　疎外批判の再構成に向けて

　以上の考察をつうじて本稿は、「類的本質」概念を労働の本質主義から切り離し、そしてマルクス自身において人間的本質が未だ完結せざる「獲得」過程として把握されていたことを示した。或るものが〈何であるのか〉を名指そうとする本質概念によっては、非完結的に「獲得」されつつある人間的現実性を捉え切ることができない。行為し続ける身体そのものの在りようは流れ行く河水とまさに同じく、意識がそれを捉えようとする瞬間には既に過ぎ去ってしまっているのだ。それ故に「生命活動は、人間がそれと直接に一体化するような決まりきったあり方（Bestimmtheit）ではない」（I/2:240）。志向的意識の外部にある身体性の次元において「人間」が未決であること、このことがマルクスの本質概念において含意されていたのだとすると、ひるがえって「疎外」は如何にして批判され得るのだろうか。

この点を考える上で踏まえておくべきなのは、疎外とはそもそも概念ではなく経験であり、したがって疎外と非疎外とを識別する審級もまた学以前的だという点である。行為的身体、すなわち「獲得」において生成する人間的現実性が「対象に対する振る舞い」の絶えざる過程そのものであり、またこの過程が志向的な意識にとって外部にある限り、この過程を生きる当事者もまた自己自身の現実性を十全に認識する訳ではない。それ故に、対象に対するその都度の振る舞いが実際には人間的現実性の獲得として結果しない事態は、疎外として経験されることによって初めて当事者によって自覚される。だとすると、疎外を疎外として感覚するところの審級とはまさしく身体性の次元である。この学以前的な次元を人間学的に規定可能だと前提する本質主義の表象とは異なり、むしろ規定不可能であることをその「本質」とするのが人間の「獲得」する身体性なのだとすれば、それに対して規定性を付与する社会的な強制連関——政治権力、制度や慣習、イデオロギー等々の——が不当であるのは、それが未決の人間的現実性を「決まりきったあり方」へと規定するからに他ならない。そのような不自由において意識の外部から発せられた身体的苦悩が、疎外として経験され意識されるのだと考えられる。

このように解釈する限り疎外批判は、批判のための規範的基礎を何らかの人間学的実質の内に、つまり人間の本来性なるものや「善き生」の理想の内に求める必要がなくなる。むしろ疎外批判は、社会的な諸規定性によって人間における未決の「獲得」過程が規定されること、つまり規定され得ないものに対する規定に向けられた身体性次元からの批判として新たに再構成され得る。無論この主張は、人間的現実性が何らの社会的規定性も有さずに「獲得」過程を展開させることが可能だと表象しているのでは何らない。疎外の経験に発する現実変革の実践、マルクスの言葉で言えば「私的所有の積極的揚棄」（I/2:263）でさえ、その内に疎外の経験を生起させる可能性を有した規定性の創造行為である。身体性の次元には、疎外の経験をつうじてもなお捉えきることのできない独自な連関が存在するのであり、変革の後に成立する生活形式は必ずや、身体性の次元から発する別の新たな苦悩を生起させるであろう。その時もまた疎外批判の課題は、人間が〈何ではないか〉を明らかにして規定性からの解放を主張することなのである。

註

＊マルクスのテクストから引用するにあたっては新メガ版 *Marx-Engels Gesamtausgabe*（MEGA^2）を用い、引用者の責任において新たに訳出した上で、本文中に巻数（部門／巻号）および頁数を表記した。

（1） H. Marcuse, Neue Quellen zur Grundlegung des Historischen Materialismus, in: *Die Gesellschaft. Internationaler Revue für Sozialismus und Politik 2*, 1932, S.136ff.『初期マルクス研究：『経済学・哲学手稿』における疎外論』良知力・池田優三訳、未来社、一九六八年。

（2） R. Jaeggi, *Entfremdung: Zur Aktualität eines sozialphilosophischen Problems*, Campus, 2005, S.46. ラーヘル・イエッギはフランクフルト学派の第四世代にあたる研究者であり、この著作は本質主義批判に抗して疎外論を再構成する意欲的な試みである。この本を紹介した邦語論文としては、見附陽介「疎外論の現在：「我有化（Aneignung）」モデルの可能性について」（『理想』六八五号、二〇一〇年）を参照されたい。

（3） 佐々木隆治『マルクスの物象化論：資本主義批判としての素材の思想』社会評論社、二〇一二年。

（4） S. Benhabib, *Critique, Norm, and Utopia: A Study of the Foundations of Critical Theory*, Columbia Univ. Press, 1986, pp.55-56.

（5）「労働の視点からの資本主義批判」が資本制的労働を中心化し、所有ないし分配関係のみを批判しているという問題については、ポストンの研究（M. Postone, *Time, Labour, and Social Domination*, Cambridge Univ. Press, 1993.『時間・労働・支配：マルクス理論の新地平』白井聡・野尻英一監訳、白水社、二〇一二年）が示唆的である。

（6） D. Brudney, Die Rechtfertigung einer Konzeption des guten Lebens beim frühem Marx, in: *Deutsche Zeitschrift für Philosophie*, Nr.50, 2002, S.395ff.

（7） 廣松渉『物象化論の構図』岩波現代文庫、二〇〇一年、五八頁。

（8） N. I. Lapin, *Der junge Marx im Spiegel der Literatur*, Diez, 1965, S.312ff.

（9） L. Kübler, Marx' Theorie der Entfremdung, in: R. Jaeggi u. D. Loick (Hrsg.), *Karl Marx: Perspektiven der Gesellschaftskritik*, Akademie Verlag, 2013, S.53.

（10） 廣松渉『マルクス主義の成立過程』至誠堂、一九七四年、六九頁。

（11） M. Quante, Kommentar, in: K. Marx, *Ökonomisch-philosophische Manuskripte*, Suhrkamp Studienbibliothek 15, 2009, S.268ff.

（12） 渡辺憲正『近代批判とマルクス』青木書店、一九八九年、一三三頁。

〈応募論文〉

「観念論論駁」に基づくカント的自己認識論の考察

岩井《いわい》　拓朗《たくろう》
（東京大学）

はじめに

本稿の目的は『純粋理性批判』（以下『批判』）「観念論論駁」（以下「論駁」）におけるカントの主張を明らかにすることである。

私たちは経験を通じて世界の状況について認識することがある一方で、自分の経験について認識することもある。こうした二種類の認識を私たちが行っていることを否定する人は恐らくいないであろう。しかし「論駁」でカントは、前者なしには後者が成立しないと述べる。これはまったく自明な主張ではない。カントがいかなる意味でそうした主張をしたのかを明らかにするのが本稿の狙いである。

影響力のある「論駁」の研究として、ガイヤーおよびディッカーの解釈が挙げられる。以下で詳しく見るように、経験についての認識が成立する方法の解明として彼らはカントの主張を捉えようとする。彼らによれば、私たちは自分の経験について認識するために、世界についての認識を用いなければならない。しかし、この解釈には困難が指摘されてきた。これを受けて本稿は、こうした方針に代わる解釈方針を提示する。

またカントと同じように、世界の認識が経験の認識に必要だとする立場は現代にも存在する。しかしそうした立場とカントとの異同は、これまでの研究では明らかにされていない。本稿が提示する新たな解釈方針の下ではこの点もまた明らかになり、カント的自己認識論の特色が示されるだろう。

まず第1節では「論駁」の基本的な情報を確認した上で、カントの主張の何が問題となるのかを見る。第2節ではガイヤーとディッカーの方針を紹介し、その問題点を指摘する。第3節では「論駁」の検討から本稿の代案を提示する。第4節では代案がもたらす帰結として、カントの主張を経験についての認識に関する他の理論と対照し、カント的自己認識論の性格を浮き彫りにする。

1　「観念論論駁」の主題と問題

ここではまず「論駁」がどのような箇所なのかを確認し、そこで主張されるカントの自己認識論の何が問題となるのかを見る。

「論駁」は『批判』第二版で加筆された箇所であり、『批判』の序文でさらに改定と補完が行われている。カントはそこで、自身が蓋然的観念論と呼ぶ立場の論駁を試みる。これは「唯一の直接的な経験は内的な経験であり、そこから外的な事物へは推論されるだけである」(B276) とした上で、そうした推論の不確実さから、外的事物の存在は疑わしいとする立場である。なお「観念論」という語は『批判』において様々な意味で用いられるものの、本稿はこの語をカントの論駁対象の名として用いる。この「観念論」の主張を彼は序文で次のようにまとめている。

> 私の内にあるもの、すなわち外的な事物についての私の表象だけを、私は直接に意識しているのであり、したがって何かその表象の対応物が私の外に存在するか、そうでないかは依然として不確実にとどまる。(B XXXIX Anm.)

このように「観念論」は、外的な事物についての表象を得たことがまず知られるとする立場である[1]。その主張によると、例えば「コップが目の前にあるという視覚的な表象を得ている」などのようなことがまず知られ、そこから実際にコップがそこにあることが推論されることになる。

この「観念論」を論駁するためにカントは「私自身の現実存在の、たんなる、しかし経験的に規定された意識は、私の外の空間における対象の現実存在を証明する。」（B275）というテーゼを示そうとする。このテーゼによって内的な経験が外的な事物を前提として成立することを示し、内的な経験（表象）がまず確実に知られるという「観念論」の前提を攻撃するのがカントの狙いである。[2]

さて、先のテーゼに対してカントは以下のような証明を与える。なお三、四文目については序文の差し替えを採用する。番号は引用者による。

［1］私は自らの現実存在を時間において規定されたものとして意識している。［2］すべての時間規定は知覚において何か持続するものを前提とする。［3］この持続するものは私の内での直観ではありえない。［4］というのも、私の内に見出されうる、私の現実存在のすべての規定根拠は、表象であり、そしてそうした表象として、表象とは異なる持続するものを自ら要求するのであり、この持続するものとの関係において、表象の変化が、それゆえ、表象が変化するところの時間における私の現実存在が規定されうるからである。［5］したがって、この持続するものの知覚は私の外の事物を通じてのみ可能なのであって、私の外の事物の単なる表象を通じて可能なのではない。［6］かくして時間における私の現実存在の規定は、私が外に知覚する現実的な事物の現存を通じてのみ可能なのである。［7］さて、時間における意識はこの時間規定の可能性の意識と必然的に結びついている。［8］したがって時間における意識は、この時間規定の条件としての、私の外の事物の現存とも結びついている。すなわち、私自身の現実存在の意識は同時に、私の外の別の事物の現実存在の直接的な意識なのである。（B275-6但し［3］［4］はB XXXIX Anm.）

非常に大まかに言えば、内的な経験のためには持続するものが必要であり、その持続するものは外的な事物でしかありえないというのがカントの主張である。まず［1］では内的な経験が「時間において規定されたものとして」自らの現実存在を意識するという形で表現される。そしてその時間規定のために持続するものが必要だとするのが［2］である。なお「持続するもの」ということでカントが念頭に置いているのは、彼が第一類推で論じた実体のことであると思われる。本稿の主眼から逸れるため詳細は省くものの、その箇所の記述を踏まえるならば、時間を通じて存在し続けるものが「持続するもの」として考えられていると言える。続いて持続するものが外的な事物でなければならないとするのが［3］［4］［5］である。そこから、［6］では内的な経験のためには、外的な事物を用いた時間規定が必要だとされ、［7］［8］では時間規定と外的な事物が関係する以上、内的な経験も外的事物と結びついていなければならないとされる。

改めてまとめると、内的経験には外的事物を用いた時間規定が必要だというのがカントの主張である。そしてまさにこの主張の意味がカント研究において長らく問題となっている。一体いかなる意味で、内的経験は外的事物を用いる時間規定を要求するのか。

なお、Chignell（2010, 490）をはじめとした多くの研究によると、ここで内的経験としてカントが念頭に置いているのは、主体自身の得た表象の時間的関係に関する判断である。(3) 実際、先の証明に付けられた一つ目の注釈においてカントは内的経験を自分に関する認識として扱っており、また彼は『批判』において認識における判断の役割を強調する。(4) このことに上の指摘は整合する。したがって本稿もこの指摘に従い、内的経験を、自分自身の表象の時間的関係に関する判断の成立として扱うことにする。したがって、カントの主張は次のように整理される。主体が自らの表象の時間的関係について判断するためには、外的事物を用いた時間規定が必要である。いかなる意味でそうした判断が時間規定を必要とするのかが、カントの主張を理解するために解かれるべき問題である。

2　既存の解釈とその問題点

上記の問いに答える選択肢としてはGuyer（1987, ch. 12-4）およびDicker（2008, 2011, 2012）が挙げられる。本稿では主にディッカーの方針を取り上げる。これはディッカーがガイヤーの「論駁」解釈を踏襲しつつ発展させているからであり、さらにガイヤー自身の解釈は『批判』の他の箇所についての検討を要するため、本稿の範囲を超えるからである。以下ではディッカーの解釈を概観した後、その問題点を指摘する。

まずディッカーによれば外的事物を用いた時間規定とは、世界で生じている客観的な事態に訴えることで、自分が世界について得た表象の順序を定めることである。(5) 例えば、私は椅子を見た後で机を見たのか、それとも逆なのか。この順序が決定されるのは、机が部屋から運び出された後に椅子が部屋に入れられた、というような客観的事態に訴えることによってである。[6]このように世界の事態に訴えることで、主体は自らが得た表象の順序を決められる。「論駁」の言葉遣いを用いるならば、机や椅子というような持続するものの在り方に訴えることで、表象の時間が規定されるということになる。

では、なぜこのような時間規定が、表象の時間的関係についての判断のために必要なのだろうか。ディッカーはこの必要性を、手段としての必要性と捉えている。つまり、彼にしたがえば自らの持つ表象の時間的関係について判断するためには、記憶などでは十分ではなく、世界の状況に訴えて表象の順序を決定する手続きを踏まなければならないのである。言い換えれば、「論駁」は、表象の時間的関係についての判断を下すやり方を明らかにしたことになる。[7]

しかし、この解釈には問題がある。最初の問題点として、時間規定が表象の順序決定に限られていることが挙げられる。確かにカントは表象の順序決定を時間規定の典型として考えているように見える。[8]しかしながら他の箇所との整合性を考えるならば、時間規定はそのように限定されるべきではないだろう。カントは「経験の類推」で時間規定に関して持続性、継起、同時存在の三種を挙げている。[9]順序決定はこの内の継起に対応する。もし残りの二種も時間規定に加わるならば、次のような場合も時間規定として扱われるだろう。例えば机があるという事態に訴えて机を一定期間見続けていることを裏付ける場合。机と椅子が同時に存在するという事態に訴えて、机の後に椅子を見ることも、椅子の後に机を見ることも可能なことを裏付ける場合。前者は持続して存在する実体としての机に訴えることで表象の持続を理解する場面であり、後者は複数の実体が同時に存在することに訴えて、表象の順不同性を理解する場面である。(10)詳細を論じることはしないものの、これらはカントが第一、第三類推でそれぞれ論じている事柄であり、時間規定を三種に拡張することはこの点で支持される。(11)しかしこれは時間規定をこのように拡張すれば解決する問題である。

残念ながらより重大な問題が存在する。それは時間規定の必要性を手段の観点から理解するのがやはり難しいということである。ディッカーの解釈には反例が考えられる。外的な事物の状況に訴えられなくても、記憶などによって、私たちは自分が得た表象の順序などについて判断できるように思われる。これは彼の解釈に対する最も率直な反応だろう。実際ベネットは記憶が表象の順序決定に十分な情報を含む例を挙げている。(12)より洗練された反例としてチグネルは、徐々に高くなる音がずっと聞こえているような事例を挙げる。こうした状況では、外的な事物に訴えなくても、聞こえている音の高さを参照することによって、表象の順序を決定できる。確かに私たちの経験はほとんどの場合、この音のように時計の役割を果たす特徴を備えていない。しかしそれはあくまで偶然的な事実に過ぎないため、表象の順序について判断するために、外的事物を用いる時間規定が手段として必要だとは言えないだろう。これがチグネルの指摘である。(13)

チグネルと異なる反例も用意できる。例えば真っ暗な部屋に入って、固い感触の後に柔らかい感触を手に得たとする。さらにその後で明かりが点いたときに、部屋にはコップとクッションが置いてあったことが知られたとしよう。ディッカーによると、固い感触の後に柔らかい感触があったという判断は、部屋が真っ暗な段階では表象の時間的関係に関する真性の判断ではないことになる。なぜならこのとき外的事物に訴える時間規定は、部屋の暗さによって外的事物の状況が不明なせいで行われていないからである。部屋の明かりが点いて、コップの後にクッションに触れたから固い感触の後に柔らかい感触が得られたのだと裏付けられたとき、先の判断ははじめて表象の時間的関係についての真性の判断となる。しかし、これはもっともらしいだろうか。感触の順序についての当初の判断は、外的な事物の状況に訴える前にはいかなる意味でまともな判断ではないのだろうか。また、私たちはむしろ、「固い感触の後に柔らかい感触があったから、コップの後にクッションに触れたのだろう」と考えるだろう。このときには表象の順序についての当初の判断を基礎にして、世界の状況と自分の手の動きを推論するのであり、逆ではないように思われる。ディッカーはこうした反例に対処することを要求される。

ディッカーは別の論点を持ち出すことでチグネルに応答を試み、両者の間では何度か意見の応酬が行われている。しかし応酬において彼が反例の除去に成功したとしても、それをカントに帰属できるのかという問題が残る(14)。もしディッカーの言うように、カントが手段として時間規定の必要性を主張していたのであれば、カントもまた反例の除去を行わなければならない。しかし実際に「論駁」の記述を追ってみても、反例の除去に当たる議論は見出されないように思われる。したがって、ディッカーの方針で「論駁」を理解するには障害があまりに多く残されている。

3　新たな方針

時間規定の必要性を手段の観点から理解するのは難しいことが明らかになった。したがってここではそれに代わる解釈方針を考察する。「論駁」の主張する時間規定の必要性を理解するためには、カントが自らの議論の射程をどう考えていたのかを踏まえなければならない。彼は上で引用した「証明」に続いて、三つの注釈を付けており、また序文でも補足を行っている。議論の射程に関わるのは三つ目の注釈である。

その箇所でカントは、「論駁」が表象と世界の対応を保証しないと述べる。個々の表象が実際に世界に対応物を持つかどうかは、それぞれの場合において決定されるべきであり、自らの議論が表象と世界の対応関係を確保しないと彼は言う(15)。そのなかで彼は「ここで証明されるべきだったのは、内的経験一般は外的経験一般を通じてのみ可能だということだけだった」（B278-9）と述べる。表象の時間的関係についての個々の判断がどのように成立するかはカントの関心ではないことがここから窺われる。彼の意図は、あくまで一般的なレベルでそうした判断と世界に訴える時間規定の関連を証明することである。

残念ながら注釈は抽象的な記述に留まっているものの、序文に手がかりが見出される。再び幻覚などが生じる可能性を取り上げ、表象が実際に世界に対応物を持つかどうかは、個々の事例において決定されるべきだとした後に、カントは次のように述べる。

その際には［表象に対応するものが外界にあるか、それとも幻覚のような事態が生じているのかが決定される際には］、外的な経験が実際に存在するという命題が常に根底に存している。（B XLI Anm.）

この引用を理解することで、カントが意図した内的経験一般と外的経験一般の関連が捉えられるようになる。

まず、この引用は次のように理解される。自分の得た表象が幻覚だと発覚する場面を考える。例えば私が「私は友人が玄関にいるという表象を一定期間得ている」と判断したとする。通常であれば、友人がそこにいる事実に訴えて私は自分の表象の持続を裏付けること、つまり時間規定ができる。しかし、実際にはそのとき友人はそこにいなかったとする。この事実を知った私は、普通は先の判断は誤っていたと考え、それを幻覚だったと見なすだろう。この背景には次のような推論がある。私は友人が玄関にいるという表象を一定期間得ており、これは外的経験であるため、友人がそこにいることになる。しかし、友人はいなかった。よって、友人が玄関にいるという表象を得ていたというのは誤りだった。このようにして私は判断を改めることができる。一般化すると次のようになる。自分がAという内容の表象を得ていることと、自分が得ているのは外的な経験だという前提によって、表象の教える通りならば世界ではAが成立していることになる。しかし実際には世界の状況はAではない。ここで矛盾が生じるため、自分がAという内容の表象を得ているという前提を私は否定し、自分がそうした表象を得たと判断したのは間違いだったと結論する。[16] このように、自分が得た表象が世界に関わるという前提、カントの言葉では「外的経験が実際に存在する」という前提は、表象の教えることと世界の状況が一致しないことを見出すために不可欠である。言い換えれば、私たちが幻覚などを判定する場合にはそうした前提へのコミットメントが不可欠である。これこそ、先の引用でカントが捉えていたことに他ならない。

さて先の引用には時間規定の概念は出てきていないものの、時間規定は外的経験へのコミットメントに含まれていると言える。外的経験が成立していると考えることは、表象と世界の間に一定の対応関係が成立していると考えることに相当する。時間規定は世界の状況によって表象の時間的関係を定めることであるため、時間規定はまさにこうした対応関係を表すものに他ならない。したがって、外的経験が成立していると考えることには、時間規定が行われると考えることが含まれていることになるだろう。例えば私が上と同様に友人に関する表象を一定期間得ていると判断し、自分が得ているのは外的な経験だと考えていたとする。このとき私は表象の教える通りならば友人がそこにいると考えることになる。そしてそのとき私は、「友人がそこにいるから、自分は友人に関する表象を得ているのだ」と考えるだろう。このように外的経験へのコミットメントには、時間規定へのコミットメントが含まれていると言えるだろう。

カントが考えていたのがこうした外的経験および時間規定へのコミットメントだとすると、「内的経験一般は外的経験一般を通じてのみ可能だ」（B278-9）という記述も理解可能になる。私が時間規定への用意を一切持たないで、友人が玄関にいるという表象を一定期間得ていると判断し、実際には友人がそこにいなかったとしよう。すると私は上のように表象と世界の状況の間に齟齬を見出さないため、「友人はいなかったのか。それでも私は友人に関する表象は持っていたのだ」と最初の判断を維持できる。しかしこのとき私は表象を得ているという判断を、まともな意味で下していると言えるだろうか。このとき私が言う「表象」は、世界に関してどんな事実が明らかになっても、私が持ち続けていたと言えるものになっている。したがって世界に関するどのような事実を突き付けられても、私は先の判断を撤回しないでいられる。私はたとえ自分の判断に対する反証を突き付けられても、当初の判断を維持するだろう。このとき私は、もはや世界についての表象に関してまともに判断を下しているとは見なされないだろう。このように、私が外的な世界についての表象を得たという判断（内的経験）は一般に、外的なものによって時間規定を行う用意があってはじめてまともな判断になる。かくして「内的経験一般は外的経験一般を通じてのみ可能だ」（B278-9）という記述は、自分の表象についての判断が成立するためのコミットメントの必要性を捉えたものとして理解される。

「論駁」の観点からこの考えをまとめることが理解の助けになるかも知れない。カントの論敵である「観念論」は表象が得られたことが最初に知られ、そこから外的な事物の存在が推論されると考えている。これに対して上の議論が示したのは、「外的な事物に関する表象が得られた」という判断は、実際に自分が外的な経験をしているというコミットメントの下で初めて意味をなすということだった。したがって「観念論」は外的な事物に関する表象が得られたことが知られるという前提から出発する限り、外的経験の成立にコミットしなければならなくなる。外的経験の想定なしに、それでも表象についての判断が意味をなすという点がおかしいのである。これがカントの論駁である。

さて、こうしたコミットメントの必要性は、自分の表象についての判断を下すための手続きとは独立に主張できる点が重要である。カントによれば、どのような仕方で私たちが自分の表象について判断しようと、時間規定への用意を欠いている場合は、その判断は真性の判断ではないということになるだろう。私たちは世界の状況に訴えることで自分の表象について判断するかも知れないし、なにか別の手段でそうした判断に到達するかも知れない。しかし時間規定へのコミットメントは、そうして下された個々の判断がまともな判断として扱われるためにいずれにせよ必要なものである。カントは判断を下す手続きとは異なる次元で、時間規定の必要性を論じていたと言えるだろう。

このようにコミットメントの必要性として「論駁」を理解する方針は、ディッカーに対する代替案となる。改めてまとめると、カントの主張は次のように理解される。表象の時間的関係について判断を下すためには、外的事物を用いた時間規定にコミットすることが必要である。

4　新たな方針の帰結とカント的自己認識論の位置づけ

これまで本稿は「論駁」を理解する方針を考察してきた。その結果、「論駁」の主張は、コミットメントの必要性を捉えたものとして理解されることが明らかになった。以下ではこうした成果の帰結として、カントの理論が自己認識に関する他の理論に対して持つ位置づけを明確化する。

自分の経験に関する認識の成立に、客観的世界の経験が必要だと考えるのはカントだけではない。例えばPeacocke（2005）やTye（2002）などがそうした論者として挙げられる。しかし彼らの主張は見かけほどカントとは似ていないのである。

まず彼らの考えを理解するには、以下のエヴァンズの主張が有用である。

信念の自己帰属を行うときには、目は、いわば、もしくはときには文字通り、外へ、つまり世界に向けられる。もし誰かが私に「第三次世界大戦が起こると考えるか」と尋ねたならば、返答に際して、「第三次世界大戦が起こるか」という問いに答えるなら注目するのとまさに同じ外的現象に、私は注意を向けなければならない。（Evans 1982, 225）

ここでは信念の自己帰属が世界を調べることでもたらされると言われている。自分が何を信じているかを判断する（第三次世界大戦が起こりそうだという信念の自己帰属を行う）際に、私たちは自分の内面ではなく、そうした信念に対応する世界の状況（第三次世界大戦が起こりそうか）を調べる。エヴァンズの引用が論じていたのは信念の自己帰属であるものの、先に挙げた論者は経験の自己帰属にもこうしたモデルを適用しようとする。特にTye（2002）において顕著であるように、彼らは、経験の自己帰属に、「内観（introspection）」と呼ばれることもあるような、自分の内側を調べる作業が関与することを否定する。彼らの考えによると、私たちは自分が机を見ていると判断するとき、自分の内側を調べて机に関する経験を見出しているのではなく、目の前に机があるかを調べている。そして目で机を見つけることで、自分が机を見ていると私たちは判断する。つまり世界を調べることで、私たちは自分が何を経験しているかを判断するのであり、自分の内側を調べる作業はそこには存在しないというのが彼らの考えである。言い換えれば彼らは、手続きないし方法として、自己認識が世界の認識に依存することを主張している[17]。

カントは、自分の表象についての判断のために外的な事物が必要だとしている点で、こうした論者の考えと一見すると類似している。しかし、それは見かけだけである。既に見たように「論駁」が示したのは、自分の表象に関するまともな判断を下すために、外的事物を用いた時間規定が方法として必要だということではなかった。彼が示したのはそうした判断を下すために必要なコミットメントである。そして先にも見たように、こうしたコミットメントの問題と、自分の表象についての判断を下すための手続きの問題は独立していたのである。カントによれば、どのような仕方で私たちが自分の表象について判断しようと、時間規定へのコミットメントは必要である。例えば私たちが表象について判断する際に、内観などによって自分の内側を調べる作業が入っていたとしても、「論駁」の主張は変わらない。したがってカントの理論は上で見た論者たちとは異なって、内観のような自分の状態を調べる手続きを否定せずに、外的な世界との繋がりを確保するものである。

実際、『批判』には自分自身の状態を調べる器官として内官（innerer Sinn）が登場している。もちろん内官と内観の関連は問題ではあるものの、内官が自分自身の状態を調べ、それについての判断をもたらす能力の一部として解釈される可能性はある[18]。そして、この解釈可能性は「論駁」と衝突することなく確保される。たとえ内官を通じて自分の状態を調べた結果、表象の順序などについて判断を下したとしても、時間規定へのコミットメントを欠いていたとしたらそれはまともな判断ではなく、また、そうしたコミットメントがあれば、その判断は正常な判断として扱われる可能性があるだろう。

カントと現代の理論との対比によって、次のことが明らかになる。内観のような主体の内側を調べる手続きを否定しなくても、世界と繋がった自己認識の理論を提示できる。言い換えると、自己認識と世界の認識の繋がりを捉えようとする際に、そうした手続きを否定する必要のないことがカントによって示されたと言える。また、もし『批判』における内官の議論などに自分の内側を調べる手続きを見出すことができたなら、カント的自己認識論は世界と自己との繋がりを確保しながら、自らの状態を調べる能力も認める理論となるだろう。

おわりに

カント的自己認識論の全体象を掴むためには、いくつか課題が残されている。なかでも自我の存在論的身分の問題は、McDowell（1996, 99–104）によるパラロギスムスの検討や、Cassam（1997）が『批判』各所の検討によって強調する身体の役割などと合わせて考慮されるべきである。(19) 今後の課題としたい。

しかしながら、本稿はカント的自己認識論が理解されるべき方向性を示したと言えるだろう。最後に本稿の成果をまとめる。本稿は従来の解釈が問題を抱えていることを指摘した後に、「論駁」の新しい解釈案を提出した。自分が得た表象の時間的関係についての判断を下すためには、外的事物を用いた時間規定にコミットしなければならない。これが「論駁」の主張である。他の理論との対比によって見えてきたこの主張の特徴は、私たちがそうした判断に到達するやり方を問題にすることなく、世界の認識と自己認識を結びつけている点である。世界に関する認識と、自分に関する認識の両方を私たちが行っている事実を説明する際に、こうしたカントの主張は今なお一つの選択肢となりうるだろう。

参考文献

『純粋理性批判』の参照は慣例に従い、第一版、第二版をそれぞれA、Bとし、その後に頁数を付す形で行う。［　］内は引用者補いであり、カントからの引用文中傍点は原文ゲシュペルトである。

Allison, Henry E. (2004) *Kant's Transcendental Idealism*, Revised and Enlarged Edition, Yale University Press.

Bennett, Jonathan (1966) *Kant's Analytic*, Cambridge University Press.

Cassam, Quassim (1997) *Self and World*, Oxford University Press.

Chignell, Andrew (2010) "Causal Refutation of Idealism," *The Philosophical Quarterly*, 60 (240), 487–507.

—— (2011) "Causal Refutation of Idealism Revisited," *The Philosophical Quarterly*, 61 (242), 184–6.

Dicker, Georges. 2008. "Kant's Refutation of Idealism," *Noûs*, 42 (1), 80–108.

—— (2011) "Kant's Refutation of Idealism: A Reply to Chignell," *The Philosophical Quarterly*, 61 (242), 175–83.

—— (2012) "Kant's Refutation of Idealism: Once More Unto the Beach," *Kantian Review*, 17 (2), 191–5.

Evans, Gareth (1982) *The Varieties of Reference*," Oxford University Press.

Guyer, Paul (1987) *Kant and the Claims of Knowledge*, Cambridge University Press.

Kant, Immanuel (1998) *Kritik der reinen Vernunft*, Felix Meiner Verlag.

McDowell, John (1996) *Mind and World*, Harvard University Press.

—— (2006 (2009)) "The Disjunctive Conception of Experience as Material for a Transcendental Argument," in *The Engaged Intellect*, Harvard University Press, 225–40.

Peacocke, Christopher. (2005) ""Another I": Representing Conscious States, Perception, and Others," in *Thought, Reference, and Experience: Themes From the Philosophy of Gareth Evans*, edited by José Luis Bermúdez, Oxford University Press, 220–57.

Strawson, P. F. (1966) *The Bounds of Sense: An Essay on Kant's Critique of Pure Reason*, Methuen.

Stroud, Barry (2000) *Understanding Human Knowledge*, Oxford University Press.

Tye, Michael (2002) "Representationalism and the Transparency of Experience," *Noûs*, 36 (1), 137–51.

岩井拓朗（2016a）「空間における同時存在のカント的理解」,『論集』, 第34号、東京大学大学院人文社会系研究科哲学研究室、122–35。

——（2016b）「第一類推における実体と客観性」,『日本カント研究』17、日本カント協会、126–41。

村井忠康（2015）「自己意識への二つのアプローチ——オックスフォード新カント主義からカントへ」、『現代カント研究13カントと現代哲学』カント研究会、118–33。

中島義道（1981）「外界の存在と時間規定——カントの観念論論駁」、『科学基礎論研究』15 (3), 137–41。

湯浅正彦（2003）『存在と自我——カント超越論的哲学からのメッセージ』勁草書房。

注

（1） 中島（1981）は、感情なども内的経験に含まれるとしているように思われるものの、このように少なくとも「論駁」の考察対象は外的な事物についての表象と考えられるべきだろう。

（2） 「論駁」は超越論的論証と呼ばれる、懐疑論への応答方法としても着目される。これについてはStroud（2000）、McDowell（[2006] 2009）らの研究が挙げられる。「論駁」の成否については後述するものの、本稿は自己認識の問題に集中する。

（3） チグネル以外では例えばAllison（2004, 289）やDicker（2008, 82）を参照。

（4） 内的経験と自己認識についてはB277参照。またカントは認識の成立に不可欠な悟性を判断に関する能力として特徴づけている。これについてはA67-9/B92-4参照。

（5） Dicker（2008, 83-100）を参照。

（6） この例はGuyer（1987, 307）参照。Dicker（2008, 84-5）もこれを参照している。

（7） Dicker（2008, 84）参照。

（8） 例えば証明においても表象の変化が問題となっている。BXXXIX Anm. を参照。

（9） A177/B219を参照。

（10） 湯浅は表象の順序決定だけではなく、持続や同時存在を時間規定に含めている（湯浅 2003, 68-74）。

（11） 時間規定と第一、第三類推の関わりについては岩井（2016a, 2016b）にて論じた。

（12） Bennett（1966, 228-9）参照。

（13） Chignell（2010, 493-4, 500-1）参照。

（14） Chignell（2010, 2011）、Dicker（2008, 2011, 2012）参照。実際のところディッカーは反論に成功しているとは言い難い。ディッカーは、上昇する音によって時間規定を行うには同じ音にもう一度出会うことができなければならないとし、音による時間規定はできないと論じる（Dicker 2011, 180）。しかしChignell（2011, 184-5）の言うように、なぜ音ともう一度出会うことが必要なのかはまったく明らかでなく、ディッカーの反論は不十分である。

（15） B278-9参照。

（16） 情報源が信用できない場合などは、友人がいなかったことを私は認めないだろう。このように実際には様々な要素が考慮され、導かれる結論も変わりうる。しかし重要なのはこの注で述べたような場合でも、表象内容と世界の状況の対応を考慮する際に、外的経験が実際にあるという前提がはたらいている点である。

（17） 三者の関係は少し入り組んでいる。エヴァンズは経験の自己帰属には信念とは異なるモデルを採用している。対してピーコックは自身の立場をエヴァンズの信念帰属のモデルを経験の自己帰属に拡張したものと考えている。これと異なってタイはエヴァンズに言及しないものの、ピーコックと近い理論を提示している。Evans（1982, 226-35）、Peacocke（2005, 221）、Tye（2002）参照。

（18） 内官のはたらきを見定める際には、統覚との違いが当然重要になってくるだろう。アリソンは統覚を「考えるはたらきについての知性的な意識」とし、内官を「思考の内容についての感覚的意識」としてその違いを強調する（Allison 2004, 277）。内官の正確な位置づけはこれらの違いを踏まえた上で検討されるべき課題である。

（19） マクダウェルやカッサム、エヴァンズはStrawson（1966）のカント解釈に大きく影響を受けている。この周辺のカント的なアイデアの系譜については村井（2015）が詳しい。

「ホメロスの競争」における「競争」概念
——他者との理想的な関係としてニーチェが考えていたもの

加藤《かとう》　之敬《ゆきたか》
（上智大学）

序

ニーチェは度々、生きることを闘うことと結びつけている。例えば『ツァラトゥストラはこう言った』、「崇高なものたちについて」の節でニーチェはツァラトゥストラに、「生とは趣味と味覚を巡る争いなのだ」（Za. „Von den Erhabenen“: 150）と言わせている。既にそれ以前の著作でも、人間は互いに闘争的関係のうちに置かれたものとして描き出されている。このことから、次のような理解が生じてくる可能性がある。ニーチェは他者との関係を闘争として、すなわち消極的なものとしてしか考えていない、つまり、ニーチェにとって他者との関係は、相手を否定し、互いの消耗につながるだけのものでしかないという理解である。しかし、これは大きな誤解である。ニーチェは闘争を、相手を否定する消極的なものとしてだけでなく、複数性、多元性を要求し、文化的な生産に結びつく積極的なものとしても捉えているのである。このようにニーチェが闘争のあり方を二つに分けていることは、初期の論稿「ホメロスの競争」からも裏付けられる。その中でニーチェは消極的な闘争を「殲滅戦（Vernichtungs-kampf）」、積極的な闘争を「競争（Wettkampf）」と呼んでいる。そして、「競争」を古代ギリシャの文化的繁栄の基礎として評価しているのである。このような「競争」に対する評価は、初期だけでなく、後のニーチェ思想にも引き継がれていると考えられる。(1)

近年、ニーチェ哲学に複数性、多元性を重視する姿勢があるということが指摘されているなかで、(2)複数性、多元性の否定に結びつきかねない闘争という概念を精査し直すことには大きな意味があると考えられる。ニーチェが肯定的に語ろうとしている闘争、すなわち「競争」は、複数性、多元性を拒絶するようなものではなく、むしろ複数性、多元性を必要とし、発展させるものなのだ。

本稿は、「ホメロスの競争」を集中的に取り扱い、そこで描き出されているニーチェの「競争」概念の内実を明らかにし、他者との理想的な関係としてニーチェが考えていたものを示すことを試みるものである。「ホメロスの競争」は次の二つの性格を持つ論稿であると本稿は考える。第一に、他者との関係についてのニーチェの見解を構成する本質的な諸要素を凝縮させたものであり、第二に、他の初期のテクスト群と同様に、近代文化に対する批判という性格を強く持っているものである。(3)第二の点をより詳細に説明しておこう。初期においてニーチェは近代文化を、もはや偉大なものを産み出すための力を喪失してしまったものとみなしていた。そのような観点から、当時の教育、学問、国家などのあり方を批判しているのが初期のテクスト群なのである。「ホメロスの競争」でニーチェが「競争」を論じているのも同様の観点から理解されると本稿は考える。「競争」は偉大なものを産み出す力を持っていた古代ギリシャ文化の根底にある原理なのであり、それを論じることで、近代文化がもはやそのような原理の成立する基盤を失い、偉大なものを産み出すことができなくなってしまっていることをニーチェは批判しようとしているのである。

管見の及ぶ限りでも、ニーチェにおける「競争」の意義を論じている先行研究は数多く存在し、その中でも「競争」が複数性、多元性と結びつくことは指摘されている。(4)しかし、それらの多くは「ホメロスの競争」を集中的に取り扱っているわけではない。そのため、「ホメロスの競争」の「競争」概念を特徴づけている思想のすべてを十分に論じ尽せていない。また、論を進めていく中でニーチェが度々行っている古代と近代の比較にもあまり注目がなされていないため、先に述べたような、この論稿の近代批判的な性格についても十分に論じられてこなかったように思われる。(5)

ニーチェにとって「競争」とは、他者との理想的な関係をあらわしたものであると同時に、もはや偉大なものを産み出す力を失っている近代文化に対する批判という性格を持ったものであるというのが本稿の見解である。以下、このことを明らかにするために「ホメロスの競争」を詳細に検討していく。

一　古代ギリシャ文化繁栄の基礎としての「競争」

「ホメロスの競争」は、当時ニーチェが執筆を予定していた著作の序として、一八七二年頃に書かれたものである(6)。結局、この著作自体は執筆されることはなかったが、ニーチェがこの論稿で考えていたことを放棄したというわけではない。その後もニーチェは「競争」を主題とした著作の執筆を計画し続けていた(7)。また、序でも指摘したように、この論稿で示されている考えの多くは、後のニーチェの著作に継承され、発展させられている。

それでは「競争」という概念はどのような文脈で登場してくるのだろうか。ニーチェはこの論稿を、人間性(Humanität)についての近代的な考え方への批判でもって始めている。「人間性について語られるとき、人間を自然から区別し、際立たせる何かが存在するだろうという考えが基礎をなしている。しかし、実際にはそのような区別は存在しない。「自然的な」特性と、本質的に「人間的」とされているものとは分かちがたく癒着しているのである」(HW: 783)。ニーチェによれば、人間もまた自然であって、我々が人間性、人間らしさとして評価しているものも、恐るべき、非人間的なものと目されているものから生じてきた可能性があるというのだ。このようにニーチェは、近代の人間観を一面的なものとして批判し、これまで黙殺され、非人間的とされてきた面に光を当てることで、人間性を総体的に理解することを試みているのである。

こうした人間の内なる残虐性の例証としてニーチェは、最も人間らしい人間とされてきた古代ギリシャ人たちをとりあげている。ニーチェによれば、古代ギリシャ人たちでさえも「殲滅欲求(Vernichtungslust)」を持っていた(vgl. HW: 783)。古代ギリシャ人たちによる残虐な振る舞いの是認は、彼らがそうしたネガティヴな衝動の解消、憎悪の発散を必要不可欠なものとみなしていたことを意味する。そして、この発散のための場こそが闘争なのである。つまり、生きることには、憎悪の発散のための場としての闘争と勝利がつきまとうのである。

闘争と勝利の只中にある生をどう捉えるかという問題に対してとりうる答えのひとつが、生存に対する嫌悪であろう。ニーチェは「ホメロス的世界」と「ホメロス以前の世界」という二項対立を持ち出してくるが、「ホメロス以前の世界」とは、『神統記』を念頭に置いた[8]、オリュンポスの神々以前の夜（ニュクス）の世界であり、理想化がなされる以前の暴力的で残虐な世界である[9]。このような世界を目の当たりにし続ければ、その中での生存がネガティヴなものとしてしか映らないのも道理であろう。ニーチェはこのような答えを「オルフェウス的」なものとしている（vgl. HW: 785）。しかし、ニーチェが真にギリシャ的な答えとしているのはもっと別のものである（vgl. HW: 785f.）。古代ギリシャ人たちは、闘争と勝利の生を拒絶したり、生をそのようなものとして理解することを放棄したりはしなかった。むしろ闘争と勝利への欲求を肯定し、それらを「競争」として昇華することによって、理想化された「ホメロス的世界」へと参入し、文化的発展を迎えたのが古代ギリシャ人たちであったとニーチェは考えているのである[10]。

以上で概観したように、ニーチェははじめ、近代的な人間観に対する批判として、最も人間性を発揮していると考えられてきた古代ギリシャ人たちの内なる「殲滅欲求」を示してみせている。そして、このような「殲滅欲求」、換言すれば闘争と勝利への欲求を否定するのではなく、むしろそれらを肯定し、昇華させた結果生じたのが「競争」という原理であり、これこそ古代ギリシャ文化発展の礎であったというのがニーチェの見解なのである。それでは、このような古代ギリシャ文化の基礎である「競争」とはいかなるものか。それは通常の闘争、ニーチェの言う「殲滅戦」とはいかなる点で異なるのだろうか。

二　嫉妬、ならびに名誉心の肯定

まず、「競争」概念を特徴づけている諸要素を列挙しておこう。第一に、嫉妬（Neid）、ならびに名誉心（Ehrgeiz）を肯定するという、近代とは異質な道徳的な感性、第二に、その力量を認めることのできる、自らと同格か、それ以上の競争相手たち、ならびに力量を評価する資質を備えた周囲の人々の存在、第三に、複数性、多元性の維持が求められることである。本節では第一の点を論じ、残りの点は次節以降で順に論じていく。

ニーチェによれば、古代ギリシャ人たちは今日の我々とは異なる道徳的感性を持っており、それゆえに闘争と勝利の欲求に満ちた生を肯定することができたのだという。「そこ〔すなわち、ギリシャ世界〕から導き出される、エリスや嫉妬といった個々の倫理的概念の色合い」(HW: 786)は、古代ギリシャの世界と今日の世界を隔てるものなのである。エリスとは古代ギリシャの争いの女神のことである。闘争や嫉妬を消極的なものとみなし、それらを自分たちの生から排除しようとする今日の我々に対して、古代ギリシャ人たちはそれらを積極的なものとみなし、受け入れるという道徳的感性を身につけていたのである。

このことを示すためにニーチェは、ヘシオドスの『仕事と日々』における二柱のエリスについての記述を引用している。ニーチェによれば、この記述は「最も注目に値する古代ギリシャ思想、来たるべきものにとっては言わば古代ギリシャの倫理学の入り口の門に刻み込まれるに値するもの」(HW: 786)であるという。『仕事と日々』の記述に従えば、エリスには善きエリスと悪しきエリスの二柱が存在する[11]。悪しきエリスが求めるのは「殲滅戦」であり、闘争の相手を抑圧、支配し、その独自性の発揮を妨げるものである。これに対して善きエリスは、人間をより優れたものとするためのものだという。善きエリスに駆り立てられることによって、人間は生産的な活動へと向かっていく。

特筆すべきは、『仕事と日々』において、善きエリスが嫉妬と結びつけられていることである。ヘシオドスは、詩人の嫉妬を善きエリスの働きのうちに数えいれている。ニーチェによれば、同時代の学者たちは、善きエリスと嫉妬を結びつけている箇所を不注意によって後代になってから紛れ込んでしまったものとみなし、両者には何の関係もなく、嫉妬や恨みといったものはむしろ悪しきエリスに関わるものであると判断しているという(vgl. HW: 787)。このような同時代の見解に反してニーチェは、古代ギリシャにおいて善きエリスと嫉妬は分かちがたく結びつくものであったと主張する。

しかし、これ〔すなわち、嫉妬を悪しきエリスに結びつくものと考えること〕については、彼ら〔すなわち、同時代の学者たち〕は気づかないうちに、古代ギリシャの倫理とは別の倫理を着想しているに違いない。というのも、アリストテレスはこうした句を善きエリスと結びつけることに何の不快も感じていないからだ。そして、アリストテレスのみならず、ギリシャの古典古代の全体が、恨みや嫉妬に関して、我々とは別様に考え、ヘシオドスと同じように判断しているのである。互いに敵意に満ちた殲滅戦へと人間を導く一方のエリスを悪しきものとみなし、競争心、恨み、嫉妬として、人間を行為へ、殲滅戦という行為ではなく、競争という行為へと刺激する他方のエリスを善きものとして称賛したヘシオドスと同じように。（HW: 787）

先述した同時代の学者たちの判断は、古代ギリシャ的なものとは異なる道徳的感性に衝き動かされた結果生じたものであるとニーチェは指摘する。その証拠として挙げられているのが、アリストテレスである。アリストテレスは『仕事と日々』におけるこうした記述に全く違和感を抱いていないという[12]。このように、アリストテレスをはじめ、古代ギリシャ人たちは、嫉妬や恨みといったものを、「競争」という生産的活動へと駆り立てる原動力として積極的に評価していたのであり、このような古代ギリシャの道徳的感性に従えば、嫉妬や恨みといったものは善きエリスに属するものなのであるとニーチェは結論づける。管見の及ぶ限り、従来の先行研究では十分に考察されてこなかったが、この嫉妬の肯定は、名誉（Ehre）や名誉心の問題とも結びつくものである。我々が他人に嫉妬するのは、その人が実際に備えている力量や技能のためであると同時に、そのことに関して周囲から勝ち得ている評価、すなわち名誉のためでもあるからだ。後に公刊される『人間的、あまりに人間的』においてニーチェは、「ヘシオドスの善きエリス、名誉心が、彼ら〔すなわち、古代ギリシャの芸術家たち〕の天才性に翼を与えたのだ」（MA 170: 158）と述べており、善きエリスを名誉心と言い換えている。名誉を追求することが生産的活動に結びつくと考えられているのである。ニーチェによれば、「ここで名誉を求めることとは、「自らを卓越したものとするように働きかけ、公的にもそのように〔卓越したものと〕思われることを望むこと」である」（MA 170: 158）という。このことから、名誉心は二つの要素から成っているということが分かる。第一に、自ら卓越したものであろうと努力すること、第二に、そのような卓越したものであるということを周囲に認められるように欲することである。第一のものが欠けていれば虚栄心（Eitelkeit）、第二のものが欠けていれば自負心（Stolz）とよばれるとニーチェは言う（vgl. MA 170: 158f.）。

このような名誉心に対する積極的な評価も、古代ギリシャの道徳的感性に基づくものとされる。「ホメロスの競争」の記述に従えば、名誉心を利己心と同一視し、消極的に評価しているのが近代の教育であるという。[13] これに対して古代ギリシャにおいては、利己心の追求、名誉心によって初めて、あらゆる天賦の才は開花すると考えられていたとされる。

あらゆる天賦の才は闘争を通じて発展しなくてはならない、このように命じるのが古代ギリシャの教育学である。これに対して近代の教育者が、いわゆる名誉心の解放よりも大いに恐れていたものはない。ここでは利己心は「悪そのもの」として恐れられている。(HW: 789)

嫉妬と同様に名誉心も、近代においては消極的なものとして評価されているのに対して、古代ギリシャにおいては人間を「競争」へと駆り立て、より卓越したものとなるための原動力として積極的に評価されていたことになる。さらに注目すべきは、先行研究でも指摘されているように、[14] 古代ギリシャにおいては、このような名誉心の追求が単なる個人の利己主義とされるのではなく、公共性と結びつけられているとニーチェが考えていることである。ニーチェによれば、名誉心の追求は、近代においては無制限の利己心と結びつけられ、ネガティヴに評価されているのに対して、古代ギリシャにおいてはあくまで自分が所属している共同体のためのものという制限が設けられたものなのであるという (vgl. HW: 789f.)。

以上、論じてきたように、ニーチェの言う「競争」の前提には、嫉妬や名誉心といった、近代においては消極的に評価されてきた感情を、生産的活動へと人々を駆り立てる原動力として積極的に評価するという独自の道徳的な感性があるのだ。

三　同格以上の力量を持った競争相手たち

本節では先述した第二の点を論じる。前節でも述べたように、「競争」は名誉と関わってくる。誰かに嫉妬するのも、その人の与っている名誉のゆえであり、名誉心が人々を「競争」へと駆り立てる。しかし、誰彼構わず打ち倒すことが名誉となるわけではない。自分とは地位や立場が圧倒的に異なるものと競い合い打ち勝っても、それは名誉とはならない。競い合いが名誉となるには、その相手が自らと同等か、それ以上でなくてはならない[15]。

このような競争観は、プルタルコスによっても示されている。『英雄伝』のペリクレスの巻の冒頭でプルタルコスは次のように言っている。「ちょうど明るい色、気分のいい色が、目に養分を与えて生き生きさせるように、われわれの思考力にも、気分のいい観察の結果を与えて、その持ち前の善に及ぶような、そういう対象を与えるべきである。そういうものは、徳に発する行為にあって、それを探求していくと、人々の胸に、ひとつこれと競ってみようという気持ちを起こさせたり、真似てみたい気分を植えつけたりする[16]」。このように、競い合うことを欲する、あるいは真似しようと思う相手は有徳な人物、自分がその力量を認めることができるような人物であるというのがプルタルコスの見解なのだ。このプルタルコスの競争観をニーチェが念頭に置いていた可能性は十分にありえると本稿は考える。というのも、「ホメロスの競争」でニーチェが引き合いに出しているペリクレスの逸話（vgl. HW: 788）は、プルタルコスの『英雄伝』にも紹介されているものであるからだ[17]。

はっきりと明言されているわけではないが、「ホメロスの競争」の中には、競争相手が自分と同等以上に優れたものである必要があるという考えを反映した表現がいくつもでてくる。前節でも述べた『仕事と日々』からの引用においても、競争しているのは陶工同士や詩人同士といったように並び立つ者同士、「隣人（Nachbar）」であった。また、ニーチェはどちらも偉大な人物同士の競争を例として挙げている（vgl. HW: 790）。次節で詳細に検討するが、「天才」に対置されうるのは同じ「天才」だけなのである。さらに、ニーチェがプラトンの口を借りて次のように語るとき、そこには競争相手に対する敬意が潜んでいる。[18]「例えばプラトンの場合、彼の対話篇にあって格別な芸術的意義を持っているのはたいてい、彼と同時代の雄弁家、ソフィスト、劇作家の技術との競争心の結果であり、最後に彼が次のように言うことができるためにつくりだされたものなのだ。「見よ、私の偉大な競争相手が出来ることは、私にも出来るのだ。いや、それどころか私はそのことを彼らよりも一層うまくやってのけるのだ〔……〕」」（HW: 790）。注目すべきは、競争相手につけられている「偉大な」という形容詞である。これは競争相手の業績に対する高い評価を表している。

以上のことから、「競争」には自分と同格かそれ以上と認めることができる相手が必要であるとニーチェが考えていたことは明らかである。また、このことから、ニーチェの「競争」概念には相手に対する一定以上の敬意が必要であるということが分かる。相手が打ち倒すに値するような力量を備えていないとすれば、その勝利には何の名誉も伴わないし、そもそものような相手と争うこと自体、不名誉なこととなりかねない。

しかし、「競争」が名誉の問題と結びつくということは、自らと同格以上の競争相手が必要であるということを意味するだけではない。前節でも引用した『人間的、あまりに人間的』の一節からも明らかなように、名誉には、「競争」している当事者たちだけでなく、それを取り囲む周りの人々の存在も必要不可欠である。名誉とは周囲からの評価のことに他ならず、したがって、自らの業績を評価する人々が周りに存在していなくてはならない。名誉を欲して「競争」に赴くということは、自らの業績を評価される環境の中に身を投げ入れるということである。しかも、先に述べた敬意、相手に対する承認の感情は、競争相手だけでなく、この周囲にいる裁定者たちにも向けられている。名誉に関してキケローも述べているように、[19]評価する側にも一定の能力や資質が求められるのだ。何も分かっていない人から評価されたとしても、その評価はあてにならず、名誉とはならない。このように、ニーチェの「競争」概念は、互いに相手の力量を認め合い、また、他人のことを評価する能力や資質を備えた人々から成る集団の存在を前提としていると考えられる。

以上のことから、「競争」には自らと同格以上の競争相手と、評価する能力や資質を持った周囲の人々が必要であるということが分かる。このような同格性を重視する姿勢は、Gerhardtがその意義を指摘した「均衡原理」に結びつくものであると考えられる。(20)

四　複数性、多元性の維持が求められること

最後に、先述した第三の点を論じる。ニーチェの「競争」概念においては、複数性、多元性が前提となっているが、「競争」が文化の発展のための原理として存続していくためには、その前提である複数性、多元性が維持されていくことが求められる。(21)競争相手がいなくなってしまえば、一人勝ちの状態となり、もはや「競争」は成立しなくなってしまう。ニーチェによれば、このような「単独支配」は古代ギリシャ人たちによって最も嫌悪されたものである。「競争」は文化の原理として、一回限りのものではなく、存続していかなくてはならないとニーチェは考えていた。したがって、「競争」には、常に複数性、多元性を維持し続けるような仕組みが求められる。

このように複数性、多元性を担保し、「競争」を持続させるためのシステムとして成立したのが、古代ギリシャにおける「陶片追放（Ostrakismos）」であるとニーチェは言う。例として挙げられているのが、エフェソス人によるヘルモドロスの追放である。ヘルモドロスが追放された理由は、彼が唯一の傑出した存在となったためであるという。さらにニーチェは次のように問いかける。「それでは、なぜ誰も最も優れた者であるべきではないのか。それでもって競争が干上がってしまい、古代ギリシャの国家の永遠の生の根拠が危険にさらされるからである」（HW: 788）。唯一の傑出した存在の誕生は、さらなる「競争」の可能性を閉ざしてしまう。つまり、古代ギリシャの国家、文化の繁栄の基礎にある原理が消失してしまうことを意味している。ニーチェによれば、「陶片追放」とは、誰かに力が一極化してしまうことで「競争」がもはや成立しなくなってしまうのを防ぎ、「競争」の活性化を図るためのシステムなのである。

この奇妙な慣行〔すなわち、陶片追放〕の本来的な意味は、安全弁ではなく、刺激剤という意味である。抜きん出た個人を除外し、それでもって諸力の競争の戯れを再び目覚めさせるのだ。しかし、近代的な意味での天才の「孤高」に敵対的であるような思想が前提としているのは、事物の自

然な秩序にあっては、互いに行為へと駆り立てると同時に互いに尺度の限界のうちに押し止めようとする、複数の天才が常に存在しているということである。これが古代ギリシャの競争概念の核心である。彼らは単独支配を憎み、その危険を恐れる。彼らは天才に対する予防手段として必要としているのだ――第二の天才を。(HW: 789)

ここで注目すべきは、ニーチェが近代における「天才」と古代における「天才」とを対比していることである。近代の「天才」が「孤高」であろうとする、つまり唯一の傑出した存在であろうとするのに対して、古代ギリシャの「天才」は常に相手となる他の「天才」を必要としている。このように「天才」も競争相手がいて初めて「天才」であることができるのだ。「天才」は互いに行為へと駆り立て、刺激しあうと同時に、その行いが行き過ぎたものとなり、「競争」を排除してしまわないように抑制しあう。これによって、「競争」という生産的な原理を存続させていくことが可能となるのである。

このように互いにその力量を認めることができる相手との「競争」が続いていくことが、古代ギリシャ文化の発展の根本原理であるとニーチェは考えていた。[22]「それに対して、競争をギリシャの生から取り去ってしまったならば、我々は直ちに、あのホメロス以前の、憎悪と殲滅欲求の残忍な野性の深淵を見ることになる」(HW: 791)。並び立つ者がいなくなり、もはや「競争」が成立しなくなってしまったがために身を滅ぼすことになった例としてニーチェが挙げているのがミルキアデスである。ニーチェによれば、ミルキアデスはもはや人々のうちに競争相手を失ってしまったがために傲慢となり、身を滅ぼすことになってしまったのだという(vgl. HW: 791f.)。古代ギリシャ人はこのような事態を「神々の嫉妬」によるものと考えていた。さらに個人だけでなく、国家も「競争」なしには破滅を迎えることになってしまうとニーチェは言う。アテネもスパルタも、ミルキアデスの例と同様に、その傲慢な行いのゆえに滅びることになってしまったのだという(vgl. HW: 792)。

以上のことから、ニーチェにとって「競争」は、複数性、多元性をその成立のための不可欠の前提としており、文化の原理として「競争」が存続していくためには、それらの維持が求められることになるということが分かった。

結語

これまでの論述から、ニーチェが理想としている他者との関係のあり方である「競争」の内実は明らかとなった。「競争」は、嫉妬や名誉心を肯定し、競争相手や周囲の人々に対する敬意を持ってなされ、文化の原理として存続するために、複数性、多元性の維持を求める。このようにニーチェは、緊張と対立を常に含み持ち、複数性、多元性を重視するような他者関係を、偉大なものを産み出す力を持った古代ギリシャ文化の根底にある、生産的な原理とみなし、高く評価していたのである。

さらに、ニーチェはこのような理想的な他者関係を古代ギリシャ文化のうちに見てとり、それを示してみせることによって、近代文化に対する批判を敢行しようとしていた。序でも述べたように、ニーチェは近代文化の現状を見て、偉大なものを産み出す力がそこからはもはや失われつつあると考えていた。本稿の見解では、その一因としてニーチェが考えていたのが「競争」という文化の原理の喪失という事態なのである。「競争」と深く関わる、人間性、闘争的関係の生産性、嫉妬や名誉心、天才などについて、近代と古代とでは大きく見解を異にしていることは本論でも見てきた通りである。度々指摘されるように、初期ニーチェは近代の文化の現状に対する批判を行っているのだが、その精神は、「ホメロスの競争」というこの短い論稿のうちにも込められているのである。

※本稿は第七五回日本哲学会一般研究発表の発表原稿に加筆・修正を行ったものである。

凡例

ニーチェのテクストは以下のものを使用した。Friedrich Nietzsche: Sämtliche Werke Kritische Studienausgabe, hrsg. von Giorgio Colli und Mazzino Montinari, Deutscher Taschenbuch Verlag, Walter de Gruyter: München, Berlin/New York, 1999（KSAと略記）. 訳文は、ちくま学芸文庫版全集、白水社版全集などの既存の訳を参照しながら引用者が訳出したものである。〔 〕内は引用者による補足、〔……〕は省略をあらわす。原文の強調は省略した。著作や未公刊の論稿の略号は以下の通り。HW: Homer's Wettkampf. SE: Schopenhauer als Erzieher. MA: Menschliches, Allzumenschliches. WS: Der Wanderer und sein Schatten. M: Morgenröthe. Za: Also sprach Zarathustra. 引用箇所については著作や未公刊の論稿の場合、以下のように表記した。（略号 節番号ないし節の題目: KSAの頁数）。「ホメロスの競争」の場合、節番号は記していない。遺稿の場合には以下のように表記した。

（年代. ノート番号［断片番号］: KSAの頁数）。

注

（1）このような証拠の一例として、本文中でも挙げた『人間的』第一七〇節がある。そこでは、「競争」を特徴づける善きエリスという考えが引き継がれている（vgl. MA 170: 158）。また、嫉妬の肯定や善きエリスといった考えが登場するテクストの一例として以下のものも参照。Vgl. WS 29: 562, M 38: 45. さらに、本文中でも指摘しているように、競争者の同格性は、Gerhardtが詳細に論じている「均衡原理」に結びつくものであると考えられる。Vgl. Volker Gerhardt (1983) „Das „Prinzip des Gleichewichts": Zum Verhältnis von Recht und Macht bei Nietzsche", in: *Nietzsche-Studien*, Bd. 12, S. 111-133.

（2）例えば、須藤訓任（二〇一五）「「共通性」について：ニーチェの遠近法主義のいま一つの可能性」、『メタフュシカ』第四六号、一-一八頁、岡村俊史（二〇〇九）「ニーチェの「パースペクティヴィズム」のコンテクスト――解釈、情動、力への意志」、『人文研究　大阪市立大学大学院文学研究科紀要』第六〇号、七三-九三頁を参照。

（3）初期ニーチェのテクストが近代批判的な側面を持つということに関しては三島憲一（一九九七）「初期ニーチェの学問批判について――ニーチェと古典文献学」、『ニーチェとその影』、講談社学術文庫、一一-七二頁から教唆を得た（特に一四、一五頁）。三島が代表例として挙げているのは『反時代的考察』であるが、「ホメロスの競争」も近代批判的な意味合いを強く持っていると本稿は考える。

（4）「競争（アゴーン）」という概念の基本的な理解と、近年の英語圏でのこの概念に対する注目度の高さについては以下のものを参照した。Christa Davis Acampora (2002a) "Contesting Nietzsche", in: *Journal of Nietzsche Studies*, Issue 24 Fall, pp.1-4. 英語圏のニーチェ研究の先駆者であるKaufmannも、「権力への意志」の発展史を描き出す中で、「競争」概念の意義に触れているが、そこで「ホメロスの競争」の詳細な分析を行っているわけではない（cf. Walter Kaufmann (2013) *Nietzsche: Philosopher, Psychologist, Antichrist*, Princeton Classics ed., Princeton and Oxford: Princeton University Press, pp. 192f.）。近年の英語圏の研究者たちも、ニーチェ哲学における「競争」の意義を、特にその複数性、多元性への志向を論じている。以下のものを参照した。Quentin P. Taylor (1997) *The Republic of Genius: A Reconstruction of Nietzsche's Early Thought*, Rochester NY: University of Rochester Press, pp. 52-55. H. W. Siemens (2002) "Agonal Community in Nietzsche's Philosophy of Transvaluation", in: *Journal of Nietzsche Studies*, Issue 24 Fall, pp. 83-112., Christa Davis Acampora (2002b) "Nietzsche Contra Homer, Socrates, and Paul", in: *Journal of Nietzsche Studies*, Issue 24 Fall, pp. 25-53. Taylor (1997) は「競争」をプルーラリスティックなものであると明言している（cf. Taylor (1997), p. 55）。Siemens (2002) や Acampora (2002b) は本稿が扱っている「競争」の諸要素の多くに言及しているが、「ホメロスの競争」を集中的に取り扱っているわけではない。また、邦語の先行研究として以下のものを参照した。湯浅弘（二〇〇八）「ニーチェと古代ギリシャ文化」、『川村学園女子大学紀要』第二〇巻第一号、五三-六六頁、溝口隆一（二〇〇一）「ニーチェにおける競争の倫理」、関西教育学会編『関西教育学会紀要』第二五号、三六-四〇頁。湯浅（二〇〇八）は、古代ギリシャ文化に対するニーチェの姿勢を論じる中で「ホメロスの競争」にも言及している。利己心が共同性に抑制されている点についての考察には本稿も多くの教唆を得た。しかし、競争者の同格性に対する考察が十分になされていないように思われる。溝口（二〇〇一）は、ニーチェの「競争」概念の教育に対する有効性を論じたものである。しかし、悪しきエリスが技量と人格を嫉妬の対象とするのに対して、善きエリスは技量のみを対象とするという解釈はテクスト上の裏づけが薄いように思われる。さらに、競争者の同格性についても、別の晩年のテクストを論拠としている。また、これらの研究は総じて、ニーチェの「競争」概念が複数性、多元性と結びつくということを十分に強調できていないように思われる。

（5）湯浅（二〇〇八）も古代を範型とした近代批判に言及しているが、「ホメロスの競争」のどの点に近代批判的な面があるかを十分に指摘してはいないように思われる（湯浅（二〇〇八）、五三-五六頁を参照）。

（6）「ホメロスの競争」の執筆経緯については、白水社版全集巻末の解説を参照（ニーチェ（一九八〇）『ニーチェ全集　第二巻（第Ⅰ期）』、大河内了義、三光長治、西尾幹二訳、白水社、五三一、五三三頁を参照）。

（7）Vgl. Sommer-Herbst 1873, 29[169], [173].

（8）ヘシオドス（一九八四）『神統記』、廣川洋一訳、岩波文庫、三二、三三頁を参照。

（9）「ホメロス以前の世界」と「ホメロス的世界」の区別については湯浅（二〇〇八）、六一-六五頁を参照。

（10）湯浅（二〇〇八）はフロイト心理学と結びつけて「昇華」という語を用いている（湯浅（二〇〇八）、六五頁を参照）。

（11）『仕事と日々』については、ニーチェがテクスト中で引用している独訳とあわせて以下の邦訳を参照した。ヘーシオドス（一九八六）『仕事と日』、松平千秋訳、岩波文庫。しかし、両者の訳文にはエリスの出自に関して食い違いがある。なお、この点については、白水社版全集の訳注（ニーチェ（一九八〇）、五〇七、五〇八頁）も参照。

(12) ニーチェがこのように述べている根拠は、『エウデモス倫理学』第七巻における記述を受けてのことと考えられる。そこでアリストテレスは、問題となっている『仕事と日々』の一節を引用している（アリストテレス（二〇一六）『アリストテレス全集一六　大道徳学　エウデモス倫理学』、新島龍美、荻野弘之訳、岩波書店、三二四頁を参照）。

(13) ニーチェが近代の教育のあり方を批判し、自らの理想とする教育観を論じている箇所の一例として、『反時代的考察』第三篇「教育者としてのショーペンハウアー」の以下の箇所を参照。Vgl. SE, 1: 341.

(14) この点に関しては湯浅（二〇〇八）六三、六四頁を参照。また、Siemens (2002)も、「天才」の産出のために「アゴーン的共同体」が必要であるということを主張しており、ニーチェ哲学の中にある共同体への志向を強調している（cf. Siemens (2002), pp. 90, 91）。

(15) Acampora (2002b)も同様の見解を示している（cf. Acampora (2002b), p. 27）。

(16) プルタルコス（二〇〇七）『英雄伝　二』柳沼重剛訳、京都大学学術出版会、五頁。

(17) プルタルコス（二〇〇七）、一六頁を参照。

(18) ここで敬意の意義を強調しているのは、コノリーが「アゴーン的敬意」とよんでいるものから多くの教唆を得てのことである（ウィリアム・E・コノリー（二〇〇八）『プルーラリズム』、岩波書店、杉田敦、鵜飼健史、乙部延剛、五野井郁夫訳、一九-六四頁を参照）。

(19) キケロー（二〇〇二）『キケロー選集一二』、木村健治、岩谷智訳、岩波書店、一五七、一五八頁を参照。

(20) Vgl. Gerhardt (1983). なお、Siemens (2002)も「アゴーン的共同体」を論じる中で「均衡原理」との結びつきを指摘している（cf. Siemens (2002), p. 100）。

(21) コーンは「競争」に勝利と敗北という構造をみてとり、それが人間にとって積極的に機能するという見解を批判している（アルフィ・コーン（一九九四）『競争社会をこえて　ノー・コンテストの時代』、山本啓、真水康樹訳、法政大学出版局、五―八頁参照）。これに対して、ニーチェの言う「競争」はむしろ、勝利と敗北という決着よりも、「競争」のプロセスそのものを重視するものである。

(22) Acampora (2002b)によれば、ソクラテスの弁証法は「殲滅欲求」を洗練させた、逸脱した形態の「競争」であるという（cf. Acampora (2002b), pp. 29-33）。

〈応募論文〉

ブランダムの規範的語用論について
――観察報告の資格の制定過程の検討

白川《しらかわ》　晋《しん》太郎《たろう》
（京都大学）

序

ブランダムの推論主義とは、まず、われわれの言語実践を「理由を与え求めるゲーム」として捉え、主張を中心とした言語的なやりとりを通して人々がコミットメントや資格を引き受けたり相手に認めたりする過程を記述した上で（「規範的語用論」）、そうした規範的な実践の過程で形成される適切な実質的推論（material inference）で果たす役割によって言葉の意味を規定しよう（「推論的意味論」）とする立場である。

ブランダムが求めているのは、論理学や数学に限定されない経験的内容を含む文や言明についての意味理論であるから、推論的意味論において意味を取り出すところの実質的推論は、「これは銅である、よって、これは一〇八五℃で溶ける」のように経験的内容を含んだものでなくてはならない。経験的な実質的推論の適切性は、（「これは水だ、よって、これは一〇〇℃で沸騰する」のような少数の例外を除けば）定義のみによっては判定されえず、実験や観察を通して経験的に判定される。「これは銅である」という前提から、「これは一〇八五℃で溶ける」を導く推論が適切だと判定されるのは、ある物体を目にして、「これは銅だ」と観察報告（判断）し、その物体を熱し、「これは一〇〇℃では溶けない」、「これは一〇八五℃で溶ける」などと観察報告（判断）し、それらと推論の帰結とを照合することの結果である。このように、経験的な実質的推論の適切性を確立するためには観察報告が不可欠なのであるが、この観察報告は正当化されていて真であるという意味で正しいものでなければならない。さもないと、任意の観察報告に訴えることで、どのような経験的な実質的推論も適切なものとして乱立し、その結果、無数の異なった意味が産出されかねないからである（「これは銅だ」と観察報告した物体について、「これは銀だ」「これは一〇〇℃で溶ける」と観察報告することが許されるなら、「銅」の概念は、「銀」や「一〇〇℃で溶ける」を含意することになってしまう）。それゆえ、規範的語用論の枠内で観察報告の正当化と真理の基準を確立することが推論主義にとって重要な課題になるのだが、これは一見して困難な課題でもある。観察報告の正しさは、（対応説的な）真理や指示という概念によってスムーズに説明できるように思えるが、推論主義の説明の順序として、規範的語用論の段階では（推論的意味論で導出される）そうした表象的概念を利用できないからである。

　本論では、この課題が達成できるのかを検討する。ただし紙幅の限界があるので、観察報告の正当化に的を絞って検討する。たしかに正当化について上手く説明できるだけでは、推論主義のプロジェクトの成功を示すことにはならないが、推論主義が成功するためには、少なくとも観察報告の正当化についての説明がなされなければならない。この意味で、本稿の議論は、真理について問わないという点で非網羅的ではあるが、その帰結は推論主義のプロジェクト全体に関わるという点で大きな意義をもつ。

　具体的には次のように議論を進めよう。まず推論主義のプロジェクトの性質を踏まえて、どのような説明なら適切なものと認められるのか、その三要件を確認する（1節）。その上で、ブランダムの主著『明示化（*Making It Explicit*）』で観察報告について論じられた箇所を検討し、その説明では三要件を満たせないことを明らかにする（2節）。そこでブランダムが『明示化』以降に展開するヘーゲル的相互承認論を参照しつつ、それに一定の拡張を加えることによって、三要件を満たす説明を提示する（3節）。

1　適切な説明のための三要件

規範的語用論は、「コミットメント（commitment）」と「資格（entitlement）」という規範的地位、「引き受ける（under-take）」（または「是認する（acknowledge）」）と「帰す（at-tribute）」という規範的態度の四つの概念を用いて展開される。推論的意味論の段階で導出される真理や指示などの表象的概念は、規範的語用論の段階では利用できないことに注意しよう。こうして規範的語用論では、ある主張（信念）が正当化されていることは、その主張（信念）内容にコミットメントを引き受ける資格があることとして理解されることになるので（MIE 201）、われわれが問うべきは、「ある主体がある観察報告をする資格は、いかにしてその主体に帰されるのか」というものになる。

これに答えるにあたり、推論主義というプロジェクトの性質を鑑みて、どのような説明が求められているのかを確認しておこう。規範的語用論という名前が示すように、ブランダムはわれわれの言語実践を本質的に規範的なものとして理解しているが、『明示化』の出発点で、規範性の理解の仕方として「規則主義（regulism）」と「規則性主義（regularism）」は見込みがないものとして批判されていることに注目したい。規則主義とは、規範を明示的な規則と同一視するものであるが（MIE 18）、この考えの難点は、明示的な規則の適用・解釈自体も正しく行われたり誤って行われたりするものであり、その正誤判定のために他の明示的な規則に訴えるならば、無限後退が発生してしまうことにある（MIE 20）。そこで、実践に暗黙に含まれる規範性の次元を考慮する必要があるとされるが、その暗黙の規範を傾向性など規則性と同一視する考えが規則性主義である（MIE 26）。しかしこの立場も、「正しいこと」と「正しいとみなされること」の区別――規範的地位と規範的態度の区別――を消失させてしまうという難点がある（MIE 41）。ブランダムは、この理由によって（自然主義など）規範的なものを非規範的なものに還元しようとする立場を却下する（MIE 42-46）。この二つの立場への批判から、ブランダムは、無限後退に陥らず、「正しいこと」と「正しいとみなされること」の区別を可能にするような説明が適切だとみなしていることが読み取れる。前者は、適切な理論が一般に満たすべき条件として妥当なものといえるだろう。また、規範性の本質は、ある主体の態度や願望とは独立したルールに束縛される点にあるといえるから、ある個人やある共同体のメンバー全員が規則的にある事柄を正しいとみなしていたとしても、実際には正しくないことが判明する可能性が残されていなければならないという後者の条件も妥当といえる。

また、ブランダムは、規範的地位は規範的態度によって制定（institute）されるという「規範に関する現象主義（phenomenalism about norms）」（以下、「現象主義」）を提唱している（MIE xiii–xiv; 280）。その動機は、規範的概念が非規範的概念に還元できないとしても、規範性には何ら神秘性や謎めいたところはないと言うためである（MIE xiii–xiv; 63; 626）。規範的地位は、あくまでもわれわれ人間の具体的な実践の産物ということになれば、自然世界やプラトニックな世界に規範が実在しているとか、神が規範を制定したなどと考える必要がなくなる。ここで強調しておきたいのは、（ブランダムが明言していることではないが）現象主義が「規範から神秘性を取り除く」（MIE 63）という目的を達成するためには、「規範的地位が一切生じていない状況から、規範的態度のみによって、規範的地位が制定される過程」を説明できなければならないということである（これは規範的概念を非規範的概念へ還元することの要請ではないことに注意されたい）。さもなければ、「制定」には例外があることになり、すべてではないにせよ、いくつかの規範的地位は、われわれの産物ではなく、何らかの神秘的な仕方で生成・存在している可能性が残るからである。以上から、次の三要件をすべて満たすような説明が求められていることになる。

（1）無限後退に陥らない。

（2）「ある主体が正しい（資格がある）とみなすこと」と「実際に正しい（資格がある）こと」の区別を可能にする。

（3）資格（規範的地位）が成立していない状況から、「資格があるとみなす」という規範的態度のみで資格が制定される過程を説明できる。

2 『明示化』における観察報告の資格

2-1 ブランダムの見解

ブランダムは観察報告の資格を信頼可能性の概念によって説明している。報告者Aが観察報告することに関して資格があるということは、その観察報告がAの信頼可能な弁別的反応の傾向性（reliable differential responsive disposition）から発せられたということである（MIE 222）。注意したいのは、Aの信頼可能性は議論実践に参加している他者の態度に言及することなしには理解できないという点である。一般に信頼可能性は、「真なる信念・言明を生み出す可能性が高いもの」というように「真理」の概念を用いて規定されるが、規範的語用論で利用可能なのは、規範的地位と規範的態度のみである。実質的な真理概念は利用できないので、ブランダムは、Aの主張Pが真であることを、まず（Aと議論実践を行っている）他者Bが主張Pを真とみなすことを通して理解し、さらにそれをBが同じPに対してコミットメントを引き受けることとして理解する（MIE 202）。それに伴い、Aが信頼可能であることは、まずBがAを信頼可能とみなすことを通して理解され、さらにそれは、Bが「Aに対して特定のコミットメントを帰すことから、評価者Bも同じコミットメントを引き受けるという推論」（信頼可能性推論）を是認することとして理解される（MIE 216）。誰かを信頼可能とみなすということは、その人の観察報告内容に自分もコミットし、自分の推論の前提として利用しようとすることなのである。

ところで、観察報告とは、「1+1＝2」や「赤は色である」のように、基本的に文脈に依存せず常に成り立つようなものではなく、同じ内容でも、報告者や報告される状況に応じて成り立ったり成り立たなかったりする。「これはリンゴだ」という観察報告は、ほとんどの場合では成り立つが、酔っ払いの発言だったり、リンゴレプリカ工場での発言だったりすれば成り立たない。「信念形成メカニズムの信頼可能性は、［…］われわれがメカニズムと信念保持者をいかに記述するかに依存して変化する」（AR 116, 邦訳一六二頁）から、言及クラス（reference class: 誰がどのような状況で発言しているかの状況の集合）を考慮してはじめて特定の観察報告に関する信頼可能性を判定することができる。

Aに関わる言及クラスを特定した上で、Bが信頼性推論を是認するということは、言及クラスに対応している前提や補助仮説とAの観察報告Pという諸前提から、Pという内容を導く推論がよいものであるとBが判断するということである（cf. AR 121, 邦訳一六八－九頁）。たとえば、「Aは酔っ払っている」、「Aはレプリカ工場にいる」と、Aの「これはリンゴだ」という観察報告を前提とすれば、「これはリンゴだ」を結論として導くのは悪い推論だとBは判断するが、「Aは素面である」、「Aはレプリカ工場にいない」と、Aの「これはリンゴだ」という観察報告を前提とすれば、そこから「これはリンゴだ」と導く推論はよいと判断されるといった具合である。このように、評価者が信頼性推論を是認するかどうかは言及クラスに依存しているので、信頼可能性を判定するためには、言及クラスを特定しなければならない。そして言及クラスの特定は他者によってなされるものだから、Aがどのような状況に置かれているかを他者Bが観察によって特定し、何らかのコミットメントを引き受ける作業が必要となる（他の人CからAの置かれた状況を聞いた可能性もあるが、その場合はCがその状況を観察している必要がある。いずれにせよ、言及クラスの特定には、報告者以外の誰かの観察が必要）。このとき、Bの観察的判断（＝観察的コミットメント）にも資格が求められる。なぜなら、Bの観察的判断に対して資格の有無の観点から規範的な評価が何も加えられないのなら、その好き勝手な判断によって、Bが正しいとみなすことが正しいことになり、要件（2）に反してしまうからである。

2-2 無限後退の発生

だがこの構造ゆえに無限後退が発生してしまう。Aの観察報告の資格は、評価者Bによって認定されるが、Bの認定にも観察的判断が付随するから、要件（2）を満たすためには、他者Cからの規範的評価によって、その資格が認定されなければならない。だがCの評価も観察的判断によってなされるから、同様に他者Dから資格が認定されている必要がある……と、観察的コミットメントに対する資格認定の連鎖が無限に続いていく。

ブランダムもこうした構造の問題に気づいており、「デフォルトと挑戦の構造」に訴えて対処しようとしている（MIE 177-8）。つまり、ある主張をした人には、それに対して適切（appropriate）ないし正当（legitimate）な挑戦がなされるまで、そしてなされない限りは、デフォルトでそのように主張する資格が認められるというわけだ。

しかしこれは根本的な解決にはならない。ある主体がある主張をしたとき、その主体には、その主張内容にコミットする資格がデフォルトで付与されることを認めたとしても、いったん挑戦がなされたとすれば、やはり問題が生じるからである。

この点を理解するために、以上の議論は観察報告に限らずあらゆる主張の資格に適用されることを確認しよう。主体Aがある主張をすることの資格は、当人が「資格がある」とみなすだけでは制定されない（要件（2）より）。そこで、他者Bの評価に訴える必要があるが、Bの評価もひとつの判断であるから、ここでも要件（2）を満たすために、その判断の資格が他者Cから認定されている必要がある。ところが、

Cの評価もひとつの判断であるから、同様にその資格が問題になる……と、資格が社会的に他者から認定されるものである以上、資格一般の付与に関しても無限後退が発生する。

さて、デフォルトと挑戦の構造に訴えて問題を解決するためには、「適切な挑戦」というものが意味をもたなければならない。そして適切な挑戦とは、挑戦者に当の挑戦をする資格が認められているということにほかならない（MIE 178）。資格一般の制定過程に無限後退が発生するということは、挑戦の資格についても無限後退が発生するということである。そのため、資格の制定過程を説明するために、資格の制定過程が明らかになってはじめて意味をもつデフォルトと挑戦の構造に訴えるのは、論点先取になってしまう。これに対し、挑戦の資格に対してもデフォルトと挑戦の構造を適用し、「一度挑戦がなされたなら、適切な再挑戦がなされるまで、そしてなされない限りは、その挑戦にはデフォルトで資格が認められている」と言い張ることもできるかもしれない。だがいったんこれを認めてしまえば、挑戦に対して再挑戦がなされたなら、その再挑戦にもデフォルトで資格が認められることになる。相手の主張に対して挑戦することで、さしあたり相手の主張に関する資格を剥奪するが、その挑戦も再挑戦されれば、すぐに資格が剥奪されるといった事態である。しかしこうした「批判した者勝ちゲーム」は、ブランダムが解明を目指している議論実践——その意義の少なくともひとつは、異なった意見をもった主体同士が、意見の対立はありながらも、互いの批判を取り入れつつ、より良い意見に至る点にあると思われる——と非常にかけ離れたものだろう。

デフォルトと挑戦の構造に訴えても無限後退が避けられないということは、資格がいかにして制定されるのかが不明なままということである。ブランダムはついにその点を明らかにしないまま、『明示化』の最終章で、それまでの現象主義的な態度から一転して、「規範的現象主義（normative phenomenalism）」——規範的地位を制定するものは、われわれの適切な規範的態度だ——を表明するに至った（MIE 627）。規範的地位の存在を前提とするところから探究するしかないことを最後に明言したのである。たしかに、どこかの地点で資格の存在を前提としてしまえば、無限後退を避けることはできるだろう。しかしそれは同時に、資格は何らかの神秘的な仕方で生成・存在しているかもしれないという可能性を引き受けなければならないことを意味する（要件（3）に反する）[1]。

3　相互承認論へ

3-1　ブランダムの相互承認論

以下では、資格認定の無限後退を避ける方法を探っていこう。検討したいのは、Aの資格を認定するBの資格を（さらなる他者Cの評価に訴えるのではなく）Aの評価に訴えて説明することで、資格認定の流れを円環的に終結させることができるのではないかという可能性である。次々と他者の評価に訴えていく直線的な構造が無限後退を生み出していると考えられるからである。そしてこの円環構造は、まさにブランダムが『明示化』以降、『哲学における理性（*Reason in Philosophy*）』や『偉大なる死者たちの物語（*Tales of Mighty Dead*）』で展開することになる相互承認論が描くものなのである。

相互承認論とは、啓蒙思想の洞察を継承したカントのアイデアに含まれる問題に対するヘーゲル的解決（とブランダムが理解するもの）である（RP 15）。啓蒙思想以前の規範に関する「従属モデル」によれば、われわれに特定の規範的地位が認められ、規範的に拘束されるのは、究極的には神によって権威づけられた絶対者がそのように決定するからである。一方、啓蒙思想家によれば、責任や権威といった規範的地位は、（神に由来する）絶対者が制定するものではなく、われわれが制定するものである（RP 60-1）。「規範的地位の規範的態度への依存」という啓蒙思想的発想をカントは「自律モデル」として徹底した。われわれが規範的な規則に拘束されるのは、われわれが自分たちを拘束するものとしてその規則を認めているからにほかならない（RP 62）。しかし自律モデルに従えば、われわれが正しいとみなすことが正しいことになってしまい、規範性が雲散霧消してしまう。

この問題を解決するのがヘーゲルの相互承認論であるとされる。規範性は社会的な観点から理解しなければならない。規範的地位が制定されるために、従属モデルは、絶対者の態度のみで十分であると考え、自律モデルは、自律的主体の態度のみで十分であると考えた。しかしいずれも誤っている。「規範的地位を制定するために、個々に必要な規範的態度は、結合的に十分（*individually necessary* normative attitudes are *jointly sufficient* to institute normative statuses）」（RP 70）なのである。「規範的地位を制定するのは、相互承認」（RP 70）であり、「規範的地位を得ることは、個々の自我と共同体が関与しなければならない本質的に社会的な達成なのである」（TMD 218）。誰かを「承認（recognize）」するとは、その相手をコミットメントや資格をもつ主体として、責任と権威の主体として、規範的地位を有する主体として認めるということである（RP 3-4; 70; TMD 216）。

Aが特定の規範的地位を有するためには、まずそのような規範的地位を有するものとして他者Bに承認してもらう必要がある（ここまでは『明示化』と同じ）。しかしそれだけでは不十分で、AはBを「自分を承認する資格がある者」として承認する必要もある。つまり、自分だけでは自分の規範的地位を制定することはできず、他者からの承認を必要とするが、このとき自分が認める者からの規範的評価は受け入れなければならず、それには規範的拘束力があるが、自分が認めていない者からの規範的評価には規範的な拘束力がなく、従う義務もない。たとえばAがP大学の学生としての資格を有しているとして、これは明らかに「自分はP大学の学生である」とAがみなすだけで獲得できたものではない。実際にその資格を得るためには、諸基準（入試で特定の点数をとる、入学金と授業料を支払うなど）を満たして、資格認定者としてのP大学当局から資格がある者として承認されていなければならない（P大学からAに対する承認が必要）。さらに、その資格をAが実際に有するためには、AがP大学当局を適切な資格認定者として承認している必要もある（AからP大学に対する承認が必要）。もしAの承認が必要なく、相手からの一方的な承認だけで十分にAの規範的地位が制定されるのだとすれば、任意の資格認定を許してしまうことになる。仮にある人物が「男は全員P大学に通う資格がない」と個人的に決定したとすれば、その条件に当てはまるAはP大学の学生としての身分が剥奪されることになるが、明らかにAはその判断に従う義務はないだろう。

この相互承認論によって三要件を満たせるのだろうか。残念ながらこのままではまだ十分ではない。Bの承認資格に関して問題が生じるからである。Bの承認資格は、Aの承認のみによって制定されるとしてはならない（さもないとAが正しいとみなすことが正しいことになり要件（2）に反する）。そのため、Aの承認に規範的評価が加えられる必要があるから、Aの承認がさらに他者から承認されたときにのみ、Aの態度は実効化され、Bの承認資格が制定されると考えなければならない。このとき、第三者Cの承認に訴えれば、前節のような直線的な無限後退が発生するから、Bの再承認に訴えるしかない。ところが今度はBの再承認資格が問題になり、それもまた要件（2）を満たすためには、Aの再々承認が必要になる……と、相互承認モデルでも、（『明示化』のような直線的なものではないが）ジグザグ型の無限後退が発生してしまうのである（要件（1）が満たせない）。

3-2 ブランダムの相互承認論を拡張する

この無限後退についてブランダムは何も言及をしていないので、われわれの手でその相互承認論を拡張し、この問題に対処したい。それは「承認欲求」という概念を導入するというものである。無限後退の発生源は、Bの承認資格について、要件（2）を満たすためには、それを承認するAの態度にも規範的評価が加えられなければならないとしたところにある。逆にいえば、Aの承認資格を問う必要がなく、それに規範的評価を加える必要がないなら、無限後退は発生しないということでもある。そしてわれわれの議論実践の実情を踏まえれば、Aの承認資格を問う必要はないのである。

一般に、何らかの意味で社会的といえるような行為をなすためには、それぞれに設定された資格を有していなければならないので、ある社会的行為をしたいなら、それに応じた資格を有していなければならない。もし望む行為に対応する資格を自分が有していないのなら、適当な資格認定者に承認してもらえるように欲求する。たとえばP大学の講義に出席したり、P大学付属図書館を利用したりするためには、P大生としての資格を有していなければならない。そうした行為をしたいときには、適当な資格認定者を選んで、自分の資格を承認してもらえるように欲求する。このことは観察報告に関してもまた同様である。観察報告は一般に何らかの目的のもとに自分が見たことを他者に伝えようとしてなされるものである（自分が属する集団全体の生存率を高めるために敵が来たことを仲間に伝えたり、共同体の科学的知識を拡張するために実験結果を同僚に伝えたりする）。それぞれの目的を達成するためには、観察報告資格が共同体の中で認められていなければならない。ふつう資格は問われることなく前提にされているが、何らかの機会に問題になったとすれば、その共同体内で目的を達成することが困難になるから、適当な人物に資格認定してもらえるように欲求する。この「承認欲求」に関して次の二点に注目したい。

第一に、AがBに対して承認欲求を抱くとき、「Bには承認する資格があるとみなす」ことがAに要請されるということである。相互承認論によれば、Aの資格が制定されるためには、少なくともBには承認資格があるとAがみなしていなければならない。そうみなさない限り、BがどれほどAを承認したとしても、Aの資格は制定されない。AがBからの承認によってみずから望む資格を獲得しようとBに対して承認欲求を抱きながらも、Bに承認資格があるとみなさないのは、問題となる資格やBから承認されることを望んでいないことになるという意味で矛盾となる。よって、AがBに対して承認欲求を抱くときには、AはBに承認資格があるとみなさなければならない（これは、「実際にBに承認資格がある」ことの要請ではないことに注意されたい。この要請は、要件（2）に反する）。

第二に、一般にわれわれが何を欲求しようと、それは各自の自由であって、他者から規範的な評価を受けることはないということである（もちろん欲求が実現するかどうかは規範的評価の対象になるが）。Aが承認欲求を抱くことの資格は原理的に問われない（この点がブランダム型相互承認論との決定的な違いとなる。ブランダムは、「人は他者に承認を請願する（petition）権限（authority）をもっている」（RP 70）と、承認を求める段階になっても、あくまでも権限という規範的地位の存在を前提としている）。

この二点から次のことがいえる。Bの承認資格を認定するAの承認に資格が問われたとき（正当化が求められたとき）、Aはその承認を要請している承認欲求を理由として提示する。今度はその承認欲求に資格が求められるが、承認欲求はその性質上、資格が問えるものではないから、Aはその資格を提示することが原理的にできない。それゆえ、承認欲求、および、そこから要請される承認には資格がないことになる。しかしながら、この資格のなさは承認欲求というものの性質から不可避的に導かれることなので、何ら責められるべきものではない。ここでも資格を提示しなければならないとするのは、むしろ、原理的に応えることができない要求をしているという意味で不当である。このように、資格認定のプロセスは、Aの承認欲求に至ることで終結する。Aの承認欲求の資格は問うことが不可能なので、問う必要もなくなり、資格認定の無限後退は生じない。

3-3　観察報告資格の制定過程

承認欲求概念で拡張した相互承認論を規範的語用論に導入することによって、観察報告資格の制定は適切に記述できるだろうか。『明示化』の規範的語用論では、Aの観察報告資格は、Aの信頼可能性によって規定され、その信頼可能性は、他者が信頼性推論を是認することによって理解された。信頼性推論を是認するかどうかは、言及クラスに依存するが、言及クラスの特定にはBの観察的判断が関与するから、今度はその資格が問題になった。ここで拡張された相互承認論を導入すると、言及クラスを特定する際のBの観察報告資格はAが承認することになる。Aの承認資格を問いたくなるが、先にみたように、Aの承認はAの承認欲求から要請されるものなので、Aの承認資格への問いは、Aの承認欲求資格への問いに置き換わる。だが、承認欲求の資格は問えないから、資格の要求は承認欲求に至った地点で止まる。資格認定のプロセスはAの承認欲求で終結する（要件（1））。

要件(2)について。まずAの観察報告資格に関しては、「規範的地位が制定されるためには二つの規範的態度が必要かつ結合的に十分」という相互承認論の原理により、Aが自分に観察報告資格があるとみなすだけでも、BがAには観察報告資格があるとみなすだけでも、AがBには自分を承認する資格があるとみなすだけでも、Aの観察報告資格が制定されるのに十分ではない。Aの観察報告資格が制定されるためには、AとBの二つの承認が不可欠なので、AやBという個人が正しいとみなすことと実際に正しいことに区別が成り立つ。次にBの承認資格に関してだが、Aの承認欲求およびAの承認には資格がないことになれば、AがBに資格があるとみなすこととBに実際に資格があることが区別できなくなるように一見すると思われるが（この懸念があるため、Aの承認に資格が求められたのだった）、次の理由からそうはならない。Bの承認資格が実際に制定されるのは、それを承認するAに承認資格がある場合か、Bの承認資格に相互承認構造が適用される場合のいずれかである。いまAには承認資格はないのだから、前者の方法でBの承認資格は制定されることはない。また、いまBの承認資格は、Aから承認されているだけで、相互承認がなされていないから、後者の方法でBの承認資格は制定されることもない。このように、Bの承認資格はそもそも制定されていないので、要件（2）に違反しえない。

ところで、要件（2）がいうところの主体には（個人のみならず）共同体も含まれる。相互承認論によれば、AとBの相互承認さえあれば、Aの資格は実際に制定されることになるので、相互承認で結ばれたAとBからなる共同体によって資格があるとみなされることと実際に資格があることの区別がなくなっているようにみえる。しかしながら、共同体を主体とする相互承認を考えることで、その区別も可能になるのである。次のような例を考えよう。ＡとＢが「ハリボテ村（barn facade village）」にいて、二人とも建物がハリボテであることに気づいていない。Ａがある建物を指して「これは家だ」と観察報告したとき、ＢがＡを承認し、ＡがＢに承認欲求を抱くなら、Ａの観察報告資格は実際に制定される。しかしＡとＢがハリボテ村にいると記述できる者（Ｃ）からすれば、明らかにハリボテと本物の家を区別できないＡは信頼可能ではなく、Ａには観察報告資格がない。まず、この「ＡとＢがハリボテ村にいる」というのは、絶対的な視点から特定されるような事実ではなく、どこまでもＣの観点から特定された事柄だということに注意したい（この視点相対性を認めなければ、ＡＢの状況をこのように記述する者が正しいとみなすことが正しいことになり、要件（２）に反する）。そのため、「Ａに観察報告資格はない」というのも、Ｃの判断に過ぎず、絶対的な観点からの評価ではないので、ＡＢとＣの意見の相違は、議論を通して解消されることになる。このとき、Ｃは自分がＡには観察報告資格がないと判断することの根拠として、「Ａはハリボテ村にいる」という前提と、Ａの「これは家だ」という観察報告から、「これは家だ」という結論を導く推論は適切ではないという判断を提示すれば、ＡとＢは、自分たちが引き受けていない「Ａはハリボテ村にいる」というコミットメントをＣが引き受けており、その違いによってＡの資格について意見の相違があることに気づく。ＡとＢがまわりの建物を横や裏から見て、それがハリボテであることが判明すれば、ＡやＢは「これはハリボテの家だ」と観察報告の仕方を変えるだろう。Ｃがその資格を承認し、ＡＢがＣに承認欲求を抱けば、相互承認で結びついたＡＢＣ共同体において、ＡＢの観察報告資格は改訂された形で制定される。この資格の制定の際には、Ｃの承認が不可欠なので、ＡＢＣ共同体においては、ＡＢが正しいとみなすことと実際に正しいことの区別が成り立っている。同じことは、ＡＢＣ共同体を主体とした場合にも成り立つから、任意の共同体によって正しいとみなされることと実際に正しいことには区別があると一般的にいえることになる（新たな挑戦を契機とするこのような資格の改訂は、原理上どこまでも続くが、その作業が繰り返されることで、多くの主体から挑戦されにくいという意味でロバストな資格が形成されていくと考えることができる）。

最後に要件（３）について。以上のように、特定の共同体で制定された資格に対して、その共同体の外部にいる主体からの挑戦がどこまでも可能で、資格は永遠に改定可能なら、あらゆる資格は特定の共同体のメンバーのみなしに還元され、資格は永遠に制定されていないことになると思われるかもしれない。たしかに、いかなる共同体にも属さず、あらゆる共同体を外部から眺めることができるのなら、そのように言えるだろう。だが、われわれの枠組みでは、そうした、いわば永遠の相の下から眺めるような主体は存在しえない。なぜなら、そのような超越的な視点から眺められた内容もひとつの観察報告として表現されるのであり、もしその内容が正しいのであれば、要件（2）を満たすために、他者との相互承認が必要となる。もし相互承認がなされるのなら、その主体も何らかの共同体に属することになるので、もはやその共同体を外から眺めることはできないからである。すなわち、われわれの枠組みでは、「資格は永遠に制定されていない」という主張が正しいことはありえないので、相互承認的に結びついた共同体では、実際に何らかの資格が制定されていることになる。さらに、拡張された相互承認論によれば、その資格は、二つの主体が相互承認しさえすれば、それらの承認には資格がなくとも制定されることになるので、資格の存在を前提とすることなしに資格が実際に制定される過程を説明できている。

結論

本論で明らかになったのは次のことである。規範的語用論によって経験的な実質的推論を確立することが推論主義の大きな課題であるが、そのために、規範的語用論の枠内で、観察報告資格の制定を問題なく説明できなければならない。『明示化』における規範的語用論では適切な説明ができないが、承認欲求という概念で拡張した相互承認論を規範的語用論に適用すれば、観察報告資格の制定過程を適切に説明することができる。こうして、正当化された観察報告を用いて経験的な実質的推論を確立できることが明らかになった。この結論は推論主義にとって有利なものだが、（はじめに述べたように）これだけで推論主義の成功を保証するわけではない。正当化された観察報告が本当に真であるかどうかを検討することは、さらなる課題として残っている。

ている。（紙幅の関係から簡単に述べることしかできないが）その理由は、第一に、現象主義は「規範から神秘性を取り除く方法」（MIE 63）という発言をそのまま受け取れば、要件（3）が導かれ、これと規範的現象主義はあからさまに矛盾している（cf. Rödl, 2010）。第二に、しばしば批判されるように、実質的に「規範的地位は規範的地位によって制定される」と主張する規範的現象主義が何を明らかにしているのかわからない（Rosen, 1997; Laurier, 2008）。第三に、そもそもブランダムは、現象主義（要件（3））と規範の非還元性（実質的に要件（2））を調停するために規範的現象主義を提唱している事実（MIE 626）を考慮すれば、推論主義にとって譲れないのは、要件（1）―（3）であり、規範的現象主義はそれらを両立させるためのひとつのオプションに過ぎないと考えることができる。この解釈は、ブランダムに対する批判でありつつも、推論主義の擁護につながる。（本論の以下の部分で行うように）規範的現象主義以外の方法で、三要件を満たした説明が提示できるなら、規範的現象主義を根拠に推論主義を批判する多くの議論を無効化できるからである。

文献

MIE　Brandom, R. (1994). *Making It Explicit*, Harvard University Press.

AR ―― (2000). *Articulating Reasons*, Harvard University Press.（2016, 斉藤浩文訳『推論主義序説』春秋社.）

TMD ―― (2002). *Tales of the Mighty Dead. Historical Essays in the Metaphysics of Intentionality*, Harvard University Press.

RP ―― (2009). *Reason in Philosophy: Animating Ideas*, Harvard University Press.

Laurier, D. (2008). 'Pragmatics, Pittsburgh Style' in Stekeler-Weithofer, P. (Ed.) (2008). *The Pragmatics of Making it Explicit*, pp. 127-146,　John Benjamins Publishing Company.

Rödl, S. (2010). 'Normativity of Mind versus Philosophy as Explanation' in Weiss, B. & Wanderer, J. (Eds.) (2010). *Reading Brandom On Making It Explicit*, pp. 63-80, Routledge.

Rosen, G. (1997). 'Who makes the Rules around here?', *Philosophy and Phenomenological Research*, 57, No. 1, pp.163-71

島村修平 (2015).「推論主義の独自性と意義」,『科学哲学』, 48-2, pp. 93-109, 日本科学哲学会.

注

（1）現象主義から規範的現象主義への移行や両者の関係については、様々な解釈が可能であり、多くの先行研究があるが（議論状況は島村（2015）が詳しい）、本稿では、「矛盾する現象主義と規範的現象主義のうち現象主義を優先する」という解釈をとっ

〈応募論文〉

デカルトにおける〈欺かれる私〉について

――欺かれるという事態からは何が帰結するのか

田村《たむら》　歩《あゆむ》

（筑波大学大学院）

1　問題の所在

あらゆる学問は、人間知性の〔それが真理を捉えることができるという意味での〕真正さを前提することではじめて成立する。何かしらの真理が存在しているのだとしても、人間知性がそれを認識しうるように創造されていなければ、学問はその一切の意義と確実性とを喪失することであろう。実際、十七世紀に興隆した古代懐疑論（とくにピュロン主義的懐疑論）は、あらゆる事がらは疑いうるとして、学問どころか、何かしらの判断を下すことさえも拒否した。そしてデカルトも「第一省察」・「第二省察」において、形而上学の体系を構築する端緒としてこの古代懐疑論を復刻させるのである。以下『省察』からの引用は、いわゆる方法的懐疑が最も深化される箇所であり、また本研究の主たる分析対象となるテクスト（Ⅰ〜Ⅲの番号は論者による便宜上のもの）である。

「【Ⅰ】しかし私は、世にはまったく何ものもない、天もなく、地もなく、精神もなく、物体もないと自らを説得したのである。それならば、同じく私もないと説得したのではなかったか。否、そうではない。むしろ、私が自らに何かを説得したのであれば、私はたしかに存在したのである。

【Ⅱ】しかしながらいま、誰か知らぬが、極めて有能で狡猾な欺瞞者がいて、策をこらし、常に私を欺いている。それでも、彼が私を欺くのなら、疑いもなくやはり私は存在するのである。欺くならば、力の限り欺くがよい。だが私が自らを何ものかであると思惟しているあいだは、決して彼は私を何ものでもないようにすることはできないであろう。【Ⅲ】このようにして私は、すべてのことを存分に考え尽くしたあげく、ついに結論せざるをえない。「私は在る、私は存在する」というこの言明は、私によって言表されるたびごとに、あるいは精神によって捉えられるたびごとに、必然的に真である、と」(*Med.*, AT-VII, 25.)[1]

デカルトはこの方法的懐疑において、天も地も精神も物体も、そして私さえも存在しないと自らを説得すること(Ⅰ)で、また、極めて有能かつ狡猾な欺瞞者が私を欺いていると想定すること(Ⅱ)で、〈私〉の存在を逆説的に論証した(Ⅲ)。この一連の議論のうちで本稿が問題とするのは、欺瞞者の想定によって〈私〉の存在を導出しようとする議論Ⅱである。H. Gouhier によれば[2]、欺瞞者とは「一種の方法論的な操り人形」、「それを欲した私の意志の産物」、そして「それを作り上げた私の想像力の産物」であり、「確からしいものの罠にはまることなく、第一の真理と出会うまで、私を懐疑に留めておく」ために考案された「方法論的な策略」とみなされる。そしてその「方法論的な策略」によって得られた「第一の真理」は「私は在る、私は存在する」ということである。なぜなら、「偽りの光の製作者がどんなに強大なものであるにしても、彼が私を欺くためには、まさに私が存在しなくてはならない」からだ。

しかし、欺瞞者が〈私〉を欺くということからその〈私〉の存在が導出されるという主張は、如何なる論拠に基づいているのか。Gouhier においてもこの点は必ずしも明解ではないが、冒頭で引用した「第二省察」の当該箇所を一読するかぎり、そこでは欺くものが欺くためにはその対象が存在しなければならないという事物間の関係が述べられていると思われるし、事実そのように解釈する先行研究は少なくない。たとえば A. Kenny は、欺瞞者の想定とは思惟の主体としての自己ではなく欺瞞の対象としての自己の存在に言及するものであって、欺かれる対象としての〈私[*me*]〉は何かしらを表していなければならない、とする[3]。同じくJ.-C. Pariente も、「もしXが存在しないならば、悪霊は誰も欺かない」・「もし

Xが存在しないならば、Xは欺瞞行為の犠牲者ではない」・「もしXが欺瞞行為の犠牲者であるならば、Xは存在する」として、欺くものと欺かれるものという関係性から〈私〉の存在が導出されるとする。(4)

しかしこれらの解釈が依拠するところの、欺瞞の作用とその対象という事物間の関係性は、目的語をとる他動詞で記述される行為であれば何においてであれ認められるものであって、従って「欺く」という行為に限定されるものではない。この関係性についてS. I. Wargnerは従来の解釈を斥け、〈私〉は欺瞞の対象という受動的なものとして存在するのではなく、欺瞞者の観念およびその他一切の観念を産出するさいに自らの因果的力能［causal power］を行使するところの能動的な主体として存在すると解釈する。(5)彼によれば、精神のうちに生じている諸観念は〈私〉の思惟の因果的力能によるものであって、欺瞞者（原文では悪霊［demon］）の観念もその一つにすぎないのである（なおこの主張は、彼自身が指摘しているように、(6)欺瞞者を〈私〉の意志や想像力の産物とみなすGouhierの主張と類似している。しかしGouhierが欺瞞者を意志や想像力の産物であるというとき、彼は、「実験の成功のために犠牲にした器具」と譬えているように、それが「確からしいものの罠にはまることなく、第一の真理と出会うまで、私を懐疑に留めておく」ために必要とされる精神にとって不可欠の方法であったことを強調しているのであって、Wargnerのように、単にそれを思惟内容の一つに還元しているのではない）。

このように、当該の議論から精確には何が導出されるのかという論点について先行研究が呈示してきた解釈は一枚岩ではない。デカルトは、欺瞞者が〈私〉を欺いているという事態を想定することによって何を帰結させようとしたのか。本稿の目的は、以上既存の研究を踏まえたうえで、『省察』における(7)この解釈上の問題を論じることである。これが解明されない限り、『省察』におけるコギトの成立過程そのものが整合的に理解されたことにはならず、従って、「私は存在する」というテーゼから「私は思惟するものである」というテーゼへ、という彼の哲学体系における不可欠な進展をも危うくするであろう。そこで本稿では、従来のように、行為の作用とその対象という、目的語をとる他動詞で記述されうる行為であれば何においてであれ認められる関係性に依拠するのではなく、「欺瞞」という特定の行為そのものに注視することによって、そこから導出される事がらを精確に分析することにする。具体的には、第一に、欺瞞者の想定から導出されるのは〈私〉の存在ではなく思惟であるということ（第3節）、第二に、そこで導出される「思惟」には、後に定義される「理解し、肯定し、否定」（*Med.*, AT-VII, 28.）する能力が認められるということ（第4節）を明らかにする。しかしまずは、〈私〉の存在を欺瞞の対象として導出しようとする解釈のうちに存する難点を明確にし、これを整合的な解釈として採用しえないということを指摘しておきたい（第2節）。

なお以下では、冒頭の引用における、〈私〉が自らになした説得行為によってその存在を導出しようとする議論Ⅰ、および、欺瞞者によって欺かれていると想定することによって〈私〉の存在を導出しようとする議論Ⅱに対して、それぞれ〈説得論法〉、〈欺瞞者論法〉という便宜上の名称を与えておく。

2　従来の解釈の検討

本節は〈私〉の存在を欺瞞の対象として導出しようとする解釈の妥当性について検討するが、ここではその代表として先のKennyの解釈を使用したい。彼は、冒頭に引用した「第二省察」の議論を次の四つの論証に区分する。[8]

1：私は自らに一切が存在しないと説得した、ゆえに私は存在した。

2：全能なる欺瞞者が私を欺いている、ゆえに私は存在する。

3：私は自らが何ものかであると思惟している、ゆえに私は無ではない。

4：私は「私は在る」という命題を把握する、ゆえに「私は在る」は真である。

そしてKennyは論証2（本稿が〈欺瞞者論法〉と呼ぶもの）について、その前提が「確実なものではなく、仮言的なもの」であるという点、および、そこから導出されるのは「思惟の主体としての自己ではなく、欺瞞の対象としての自己の存在」であるという点において他の論証とは異なるという。[9] そしてこの解釈に従うならば、〈欺瞞者論法〉の構造は次のようになるだろう――まず〈欺瞞者は私を欺く〉という前提が措定され、〈欺くためにはその対象が存在しなければならない／存在しないものは欺かれえない〉が原理として介入し、その結論として〈私〉の存在が導出される。しかしこの場合、〈欺瞞者は私を欺く〉という前提を、「仮言的」なものとみなすことはできない。なぜなら、欺かれる〈私〉の存在が論理的に真であるためには、その前提が常に真であり続けなければならず、もし〈欺瞞者は私を欺く〉という前提が仮言的であるとするならば、その結論である〈私〉の存在も仮言的なものとなるからである。ただし、以下のようにKENNYの論証全体を「欺瞞者は私を欺く、または、欺瞞者は私を欺かない」を前提にもつ両刀論法とみなすならば、上記の問題は解消されるという批判がなされるかもしれない。

1：欺瞞者は私を欺く、または、欺瞞者は私を欺かない。(P∨¬P)（排中律）
2：欺瞞者は私を欺く。(P)
3：欺瞞者が私を欺くなら、私は存在する。
4：私は存在する。（仮定2・3から）
5：欺瞞者は私を欺かない。(¬P)
6：欺瞞者が私を欺かないならば、私は私をたしかに説得することができる。
7：私が私に説得するなら、私は存在する。
8：私は存在する。（仮定5・6・7から）
9：私は存在する。（1～8から）

さてこの場合、欺瞞者が〈私〉を欺いていようといなかろうと、「私は存在する」という結論が等しく導出され、またそれゆえに〈欺瞞者は私を欺く〉という前提を「仮言的」と形容することが可能となる。だが、この論証自体がたしかに論理学的に妥当であるとしても、しかしデカルトのテクスト解釈としては承認されえない。なぜなら、〈欺瞞者は欺かない〉という前提を認めるような記述は、「第二省察」にはみられないからである。それどころか、彼の懐疑における「想定」――「悪霊が私を欺こうと画策していると想定しよう」(*Med.*, AT-VII, 22.)、「私は私の見るものはすべて偽であると想定する。当てにならない記憶が表すもののうちにはかつて存在していたものは何もないと信じることにする」(*Ibid.*, 24.)――は、想定されるものを事実とみなすことと等しいからだ（だからこそ外的事物に関する「想定」は、「第六省察」まで保持されるのである）。この観点から論証を検討していこう。

先の論証では、次の【図1】のように、〈説得論法〉と〈欺瞞者論法〉とが、同一の結論を有する二つの別個の論証として扱われている。この場合、デカルトが「私が自らに何かを説得したのであれば、私はたしかに存在したのである」といった時点ですでに〈私〉の存在が導出されているので、〈欺瞞

【説得論法】	【欺瞞者論法】
（私は私に説得する）	（欺瞞者は私を欺く）
（私は私に説得する）→（私は存在する）	（欺瞞者は私を欺く）→（私は存在する）
∴（私は存在する）	

図 1

者論法〉における〈欺瞞者は私を欺く〉という前提が否定されたとしても、「私は存在する」という結論に変わりはないと主張されるだろう。事実、Kenny も先の四つの論証をそれぞれ独立したものとして扱っている。だが、そもそも両者を独立かつ並列の議論とみなすことはできるだろうか。たしかに一般的には、何かを思惟することなく自らに説得することは不可能であるから、〈私は私に説得する〉ことは〈私は思惟する〉ことの一様態とみなされうる。そしてデカルトが〈私〉の存在の条件として〈私〉の思惟を呈示している以上、その存在は〈説得論法〉においてすでに確立されていると考えることができるかもしれない。しかしデカルトの文脈では、自らへの説得行為は、さらには思惟でさえも、欺瞞者の想定を経てコギトが定立される以前には何ら特権的な地位をもっていないと考えられる――デカルトは、「私が自らに何かを説得したのであれば、私はたしかに存在したのである」といった直後に、「しかしながら、誰か知らぬが、極めて有能で極めて狡猾な欺瞞者がいて、策をこらし、常に私を欺いている」と続けている。そしてここでの「しかしながら」という逆接の接続詞に注視するならば、また、「常に欺く」が「あらゆる事がらについて欺きうる」を含意するならば、「私が自らに何かを説得した」ということも欺瞞者による捏造の事態であったという可能性が生起する。すなわち欺瞞者は、村上勝三も指摘しているように、〈私〉が〈私〉に説得しなかったにも関わらず説得したのだと〈私〉に思い込ませようとするのであり[10]、ここでの説得行為は、感覚や歩行といったいわば外的行為と同じく、懐疑の対象となっているのである。さらには、「私自身がそれ（＝すべては疑わしいという思惟）の創作者でありうる〔…〕。であれば少なくともこの私は何者かであるのではないか」（*Ibid.* 24.）と述べられているように、〈私〉が「思惟の創作者［*illarum author*〕」（« *illarum* » は « *ipsas cogitationes* » を指す）であるということから、つまり〈私は思惟する〉ということから「私は何者かである」ということが帰結するかに思われるが、しかしその後デカルトはこの帰結を否定し、「精神もない」、そして「私もまたない」と自らを説得するのであって、ここでの思惟はいまだ〈私〉の存在を保証するには至らないのである。

以上のようにデカルトは、「〔私が何かしらの〕思惟の創作者である」ことや「自らが自らに説得する」ことから〈私〉の存在が導出されることを拒否する。そしてここには、自らが疑っているということそれ自体をも疑いに掛けるピュロン主義的懐疑論の痕跡が認められる。モンテーニュは『エセー』所収「レーモン・スボン弁護」において、セクストス・エンペイリコス『ピュロン主義哲学の概要』での言説をもとに次のように記述している。

「彼ら（＝ピュロン主義者たち）が彼らの命題を呈示するのは、ただ、彼らからみて私たちが信じ切っていると思われる意見を叩くためにすぎない。もし私たちが彼らの説を採るなら、彼らはさらにその反対の説を支持するだろう。〔…〕もし君たちがたしかな判断によって「私たちはそれについて何も知らない」というなら、彼らは「君たちはそれをよく知っている」という。いやもし明確ないい方で「私たちはそれを疑っている」と断言するなら、「君たちはそれを疑っていない」だとか「君たちはそれを疑っていると判断したり主張したりすることはできない」と反論するだろう。こうして、自己自身をも揺さ振る極端な懐疑的態度によって、多くの学説から離反し、さらに、様々な仕方で疑惑と無知とを表明した学説からさえも離反するのである(11)」。

このように、懐疑論者あるいはモンテーニュによれば、あらゆる判断にはそれと反対のものが定立されうるが、これは、〈個々の判断の真偽を判定できない〉ということだけではなく、〈個々の判断の真偽を判定できないという判断〉にも反対のものが定立される、つまり、自らが何かについて疑っているということ自体までもが疑われうるのである。だとすれば、〈私は〔自らに〕説得した〉ということにも同様に反対のものが定立されるであろう。そして、「無思慮や軽率によってではなく、有力で考え抜かれた理由」による懐疑を企図するデカルトは、〈私は〔自らに〕説得した〉ことの懐疑理由として、〈欺瞞者は私を欺く〉を要請したと考えられる〈懐疑論者あるいはモンテーニュがそのように主張していたからという理由で疑うことは、まさに「無思慮や軽率によって」疑うことであろう〉。

　以上の論点に鑑みれば、「欺瞞者が〔…〕常に私を欺いている」と宣言された時点で、それ以前のあらゆる主張の妥当性が否定されることになる、つまり、〈欺瞞者は私を欺く〉は〈私は〔自らに〕説得した〉を無効化することになるのだから、〈説得論法〉と〈欺瞞者論法〉とは、相互に独立したものとして並列された議論ではなく、後者の前提は前者の論証を無効化するものとみなされなければならない。従って、「第二省察」の当該箇所を両刀論法的に解釈することは、テクスト的に不可能なのである。そしてこれにともない、先の【図1】も以下の【図2】のように修正されることになる。

　このように〈欺瞞者は欺く〉という前提を〈説得論法〉の無効化のための装置として理解するならば、「私は存在する」が真であるためには〈欺瞞者は私を欺く〉という前提が保持されなければならない。もちろん、後に神が誠実であると知られ、この前提が棄却されるならば、〈説得論法〉はふたたび有効となって〈私〉の存在を保証することができるだろうが、しかしながら、神が欺かないことが知られるのは「第三省察」以降であって、「第二省察」ではいまだ〈欺瞞者論法〉の前提が〈説得論法〉を無効化したままであるのだから、この時点で「私は在る、私は存在する」が真であると宣言されるとき、その根拠となっているのは、欺瞞者が〈私〉を欺いているということしかありえないことになるだろう。

【欺瞞者論法】

（欺瞞者は私を欺く）

（私は私に説得する）
（私は私に説得する）⇒（私は存在する）　……【説得論法】
∴（私は存在する）

（欺瞞者は私を欺く）⇒（私は存在する）

∴（私は存在する）

※〔〕は消去を意味する。

図2

しかしながら、「私は存在する」ということの唯一の真理根拠であるこの〈欺瞞者は私を欺く〉を、欺瞞の対象としての〈私〉の存在を導出するための前提と解した場合、〈欺瞞者論法〉の最後で述べられる「欺くならば力の限り欺くがよい。しかし私が自らを何ものかであると思惟しているあいだは、決して彼は私を何ものでもないようにすることはできないであろう」という言述の意義が不明瞭となる――デカルトにとって重要だったのは、〈私〉が単に存在するということではなく、「私は思惟するものである」（*Med.*, AT-VII, 34.）や「私は思惟する、ゆえに私は存在する」（*D.M.*, AT-VI, 32-33; *2ae Resp.*, AT-VII, 140; *P.Ph.*, AT-VIII, 7-8; *R.V.*, AT-X, 523.）という言明に表れているように、思惟することのみを本性にもつところの、身体から完全に分離された実体として存在するということであって、この「私が自らを何ものかであると思惟しているあいだは」という条件は、「私は存在する」から「私は思惟するものである」へと進展するための布石としての役割を担っているのである。ところが、もし従来の解釈を固持するならば、欺瞞者が〈私〉を欺いた時点でその存在が導出されるのだから、「私が自らを何ものかであると思惟しているあいだは」などという留保は不要であるといわざるをえないし、しかし同時に、この留保が付されていることはテクスト的事実なのであるから、なぜ彼があえてこの留保を付したのかという新たな問題を生起させてしまうのである。そこで次節では、〈欺瞞者論法〉と「私が自らを何ものかであると思惟しているあいだは」という留保との連関を明白にすることで、このような不整合の解消を試みたい。

3　欺瞞の対象としての「思惟」

何かしら対象を必要とする行為が現実的に成立しているとき、その被行為者が存在していなければならないということは正しい。そして欺瞞が対象を必要とする行為であるということもたしかである。しかし、行為の対象を必要とするということが〈欺瞞者論法〉において〈私〉の存在を導出する唯一の条件であるとすれば、欺瞞以外のあらゆる他動詞的行為が候補として挙がるだろう。だとすれば、この「欺瞞」という行為を他一切の他動詞的行為から区別しうる固有の性質を抽出する必要が生じる。もっとも、〈欺く神〉や〈欺く天使〉は、その力能に関する問題として伝統的な主題だったのであり、デカルトの懐疑論もこの哲学史的伝統を継承するものである。[12]しかし彼は、先行する学者たちには自覚されていなかった、「欺瞞」という行為における内在的特徴を精確に把握していたものと思われる。以下では、本稿「問いの所在」で既述したとおり、〈対象を必要とする他動詞的行為〉という一般的な規定ではなく、「欺瞞」という特定の行為そのものに注視して考察することにしたい。

「欺瞞」とは如何なる行為であるのか。それは、偽なるものを真なるものとして、もしくは真なるものを偽なるものとして確信させることであると定義される。すなわち、誰かがある事実について欺かれているとき、彼はその反事実を、反事実として自覚することなく確信し肯定し、かつそのように確信し肯定していることについての反省知をもっている、そして同時に、当の事実を否定[13]している、ということになる。また、このように何かを肯定ないし否定するということは、「私は思惟するものである。換言すれば、疑い、肯定し、否定し、わずかのことを理解し、多くのことを知らず、意志し、意志しないものである〔…〕」（*Med.*, AT-VII, 28.）と述べられているように、デカルトにおいて「思惟」の様態とみなされているのである。そしてこれら二点を踏まえると、〈私〉が欺かれるという事態には、〈私〉が何かを肯定ないし否定するという事態、すなわち「私は思惟する」という事態が必ず随伴しなければならないということが論定されるだろう。従って、欺瞞の対象とは「思惟するもの」であることになり、また逆をいえば、思惟することのないもの、すなわち「物体」を欺くという事態は想定されえない——この紙を欺く、あのペンを欺く、といった事態を理解することはできない——のである。欺瞞者は〈私〉の思惟内容を変更しようと画策するが、しかしその目論見が成功すればするほど、〈私〉が今まさに思惟しているという事実の不可疑性が現れてくるのだ。従って〈欺瞞者論法〉から帰結するのは、「彼（＝欺瞞者）が私を欺くためには、まさに私が存在しなくてはならない」（GOUHIER）ではなく、「欺瞞者が私を欺くためには、まさに私が思惟しなくてはならない」であるといえるだろう。さらにいえば、「欺瞞」とはその対象の真偽判断を強制的かつ無自覚的に反転させる行為（欺かれていることを対象が自覚した時点で、欺きは成立しなくなる）であるのだから、自らが欺かれていることの反省知は、「私は思惟する」の真理性にはまったく関与しない。つまり、欺かれていることの自覚は、「私は思惟する」の不可疑性を認識するための契機ではあるが条件ではないのである。

そしてデカルトが以上のように考えていたことは、「欺くならば、力の限り欺くがよい」という彼の宣言が示唆している。彼は自らの存在の導出に成功したとき、〈欺瞞者は私を常には欺いていなかった〉や〈欺瞞者の欺きは失敗した〉とではなく、「力の限り欺くがよい」といい、欺瞞者がさらに欺くよう促したのであって、これは、欺瞞者の欺きをもはや考慮しないという意志表示であり、挑発である（従ってデカルトは、GOUHIER や WARGNER のように欺瞞者を自らの意志や想像力や思惟の産物に還元しているのではなく、それを外的な存在として放置していることになるだろう）。欺瞞者は「常に私を欺く」ことができ、私が個々の判断を下すたびごとに誤らせることができるかもしれないが、しかしそのたびごとに、しかも自らが欺かれていることを警戒することなしに、「私は思惟する」が真となるのである。そしてデカルトが「欺瞞者が〔…〕常に私を欺いている」と語るとき、彼は自らの欺かれていることをたしかに自覚してはいる（だからこそ〈私は説得した〉ということが否定されうるのである）が、しかしこの自覚は、「私は思惟する」の真理性の条件としてではなく、「省察」の遂行者が「私は思惟する」の不可疑性を認識するための不可欠な契機としての役割を果たすのである。

つまり、〈私は常に欺かれる〉からといって、〈私は常に欺かれる〉ということが常に自覚される必要はなく、〈私は常に欺かれる〉ということがひとたび自覚されさえすれば、「私は〔常に〕思惟する」が帰結するのである。

以上のように〈欺瞞者論法〉は、欺かれるという事態から「私は思惟する」という事実を導出するための議論なのであって、欺かれるという事態から「私は存在する」へと一挙に到達するのではないということに留意しなければならない。「第二省察」では『方法叙説』や『哲学原理』における以上に、「私は思惟する」という事実の不可疑性が論証されているのであって、従って F. ALQUIÉ のように[14]、『省察』ではそれら二書と異なり、思惟に対する存在の優位ないし存在の直接的把握が示されていると解釈することはもはや不可能であろう。

また、本稿の解釈を採用することによって、「第二省察」において「欺瞞者が〔…〕私を欺いている」といわれるとき、具体的には何について欺かれているとデカルトは考えていたのかという問題を消滅させることができる。この問題についてある研究者たちは、欺かれるのは〈私〉の存在についてであると解釈し、欺瞞者が〈私〉に確信させようとする反コギト命題――「私は存在しない」――が自己破壊的であるがゆえに〈私〉の存在が〔逆説的に〕導出されるのだと主張する。(15)しかしながら、〈欺瞞者論法〉が思惟の事実を導出するためのものであり、存在について言及するものではないという本稿の分析が妥当であるならば、欺かれるという事態からはその事がらの如何に関わらずに等しく「私は思惟する」という事実が帰結される以上、欺かれる事がらを特定する必要はないのである。

そしてさらに注視すべきは、デカルトにおける思惟の様態のうち、すでに指摘した「肯定し、否定」する能力の他に「理解」するという能力も、「欺かれる」という事態のうちに認められるということである。本節で既述したとおり、「欺瞞」という行為が反事実を確信させることであるとすれば、ある者が欺かれるためには、何かしらの定言的判断を有している必要がある。たとえば、もしある者が〈あの塔は四角い〉という事実について欺かれているとき、その者は〈あの塔は丸い〉や〈あの塔は三角である〉といった判断を下していなければならない。さらに、ある者が欺かれた結果〈あの塔は丸い〉という判断を下しているとしたとき、その者は〈あの塔は丸い〉という命題が意味する内容を理解していなければならない。この点は、自らの父親と母親との区別およびその指示が辛うじて可能な幼児を欺き、〈君の両親は機械仕掛けである〉と確信させるべく苦心しても、その幼児が〈両親〉や〈機械仕掛け〉という語で表されるその意味内容を理解していなければ不可能である、ということから明らかであろう。従って、自らが欺かれているという事態が成立するためには、何かについての判断を下すこと、すなわち肯定ないし否定することと、そしてその判断の意味する内容を理解していることが要請されるのであって、この〈欺瞞者論法〉は、「理解し、肯定し、否定」するという純粋に知的な能力を導出しうる装置でもあったといえるのである。そしてこのように解釈することで、「彼（＝欺瞞者）が私を欺くのなら〔…〕私は存在する」という主張と、その直後で付される「私が自らを何ものかであると思惟しているあいだは〔、決して彼は私を何ものでもないようにすることはできないであろう〕」という留保との連関も明瞭に理解されるであろう。

最後に、本稿によって解釈し直された「第二省察」当該箇所の『省察』における位置づけについて付言しておきたい——Wagnerは「如何なる事物についても、予めそれの何たるかが知解されていない限り、それの在るかが問われてはならない」（*Iae Resp.*, AT-VII, 107-8.）という言述に着目し、〈私〉の存在が知られるのは「第二省察」当該箇所においてではないと主張する[16]。たしかに、その直後では「しかし私は、今や必然的に存在するところの私が、一体如何なるものであるかを、まだ十分に知解していない」といわれており、「私とは何であるか。それは思惟する事物である。すなわち、疑い、知解し、肯定し、否定〔…〕するものである」ことが定立されるのは「第二省察」中盤においてである。しかし、「〔まだ〕十分に〔…〕ない［*Nondum* [...] *satis*］」という部分否定が示しているように、デカルトは、〈私の何たるか〉を全く知らないとはいっていないのであって、「疑い、知解し、肯定し、否定〔…〕するもの」という本性は、本稿が論じた仕方で「第二省察」当該箇所ですでに顕在していると考えられる。そしてこの点は、〈私〉がこうした本性をもつことは「私を創造した者が力の限り私を欺いているとしても、私が在るということと等しく真〔である〕」という言述が支持しているし、さらには「第三省察」でいわれるように、「この上ない力能」をもつ「神」が欺瞞者であったとしても、「私が思惟している限りは、彼（＝欺瞞者としての神）は私を何ものでもないようにすることはできない」のである。

4　結　語

本研究によって、〈欺瞞者論法〉は、「欺瞞」という行為における作用と対象の関係性によって〈私〉の存在を導出するための論法ではなく、自らが欺かれるためには自らが思惟していなければならないということ、しかも、思惟の様態であれば何でもよいというわけではなく、何らかの定言的判断を下し（＝肯定ないし否定し）、かつそれの意味内容を理解していなければならないということ――これは「欺瞞」という行為が如何なるものであるかが明確に理解されていなければ知られえない――を帰結させるための論法であると解釈することが可能となった。もっとも、本研究が明らかにしたのは、〈私は欺かれる〉が「私は思惟する」に置換可能な事態である（ただし等価ではない）ということまでであって、〈私〉の存在については論究していない。しかし前者が後者に置換可能であるとすれば、〈欺瞞者論法〉によって〈私〉の存在が導出される過程は、「私は思惟する」からそれが導出される過程――「第二答弁」によれば、「自らが存在するのでない限り思惟することはありえないと経験する」（*2ae Resp.*, AT-VII, 140.）ことによる――と同一であるといえるだろう。「第二省察」当該箇所には、〈私は欺かれる〉から「私は思惟する」へ、そして「私は思惟する」から「私は存在する」へ、という二段階の思考の順序がみられるのであって、このように解釈することで、「彼が私を欺くのなら、疑いもなくやはり私は存在する」という主張と「私が自らを何ものかであると思惟しているあいだは、決して彼は私を何ものでもないようにすることはできない」という主張との連関を明確に捉えることができるのだ。

デカルトは、人知を超えた存在が自らを欺いているという、人間知性にとっては最悪の、そして懐疑主義にとっては最強の武器となりうるこの事態を、自らの哲学体系の「第一原理」たるコギトの真理根拠とした。そしてそれを可能にしたのは、欺瞞に関する自己反省的な態度、すなわち、欺かれているとき自らがどのような状況に置かれているのかについての反省である。デカルトに影響を与えた学者の一人であるスアレスも人間知性が神や天使によって欺かれている可能性について言及しているが、しかし欺かれることによって被る知性ないし精神の変容を顧みることなく、神や天使の本性に反するとしてすぐにその可能性を棄却している[17]。これとは対照的にデカルトは、欺かれることによって被る自らの変容を顧み、それに固有の内在的特徴を精確に把握することによって、欺瞞者を排除することなく――「力の限り欺くがよい、しかし」（*Med.*, AT-VII, 25; *cf. ibid.*, 36.）――コギトの真理性を主張することができたのである。そしてコギトが「懐疑論者たちのどんな途方もない想定といえども揺るがしえないほど堅固で確実」（*D.M.*, AT-VI, 32.）といわれるのは、このように自らが欺かれたままであってもその真理性が主張されうるからに他ならない。

註

（1）デカルトからの引用は、いわゆるAT版（Adam, Ch. & Tannery, P., eds., *Œuvres de Descartes*, nouvelle présentation (Paris: J. Vrin, 1964-1974)）に依拠し、書名、巻数、頁数の順に記す。なお一次文献の訳出にあたり既存の諸訳を参照したが、論者の責任において適宜変更した箇所がある。

（2）*Cf.* Gouhier, H., *Descartes: Essais sur le « Discours de la Méthode », la métaphysique et la morale* (Paris: J. Vrin, 1973), 155-157.

（3）*Cf.* Kenny, A., *Descartes: A Study of His Philosophy* (New York: Random House, 1987), 57.

（4）*Cf.* Pariente, J.-C., "La première personne et sa fonction dans le Cogito," in *Descartes et la question du sujet* (Paris: P.U.F., 1999), 35.

（5）*Cf.* Wargner, S. I., *Squaring the Circle in Descartes' Meditations: The Strong Validation of Reason* (Cambridge: C.U.P., 2014), pp. 110-112. 一般的に「因果的力能」――他に「因果的効力［causal efficacy］」とも――とは、ある特定のものがある特定の結果を生じさせることのできる力能を意味する。

（6）*Ibid.*, 72 [n 63].

（7）本稿が扱うテクストは、欺瞞者や欺く神が唯一登場する『省察』に限定する。

（8）Kenny, A., *op. cit.*, 57.

（9）*Ibid.*

（10）村上勝三によれば、ここで欺かれているのは、直前で述べられる〈私〉が〈私〉に説得したという事態である。*Cf.* 村上勝三『デカルト形而上学の成立』（勁草書房、一九九〇年）、一六一－一六二頁。またAlquiéによれば、欺瞞者は「私は疑っていなかったのに、私は疑っていたと私を説得する」。*Cf.* Alquié, F., *Descartes: l'homme et l'œuvre* (Paris: Hatier-Boivin, 1956), 92.

（11）de Montaigne, M., *Essais de Michel de Montaigne*, eds. Villey, P. & Saulnier, V. L. (Paris: P.U.F., 1965), vol. 2, 211.

（12）デカルトに影響を与えた学者たちのうち、欺く神について言及している者として、キケロ（『アカデミカ』）およびスアレス（『形而上学討論』）が挙げられる。

（13）否定については、反省知をもつ場合ともたない場合とがありうる。なぜなら、ある者が欺かれた結果「地球は平らである」と思い込んでいるとき、その命題が選択されたことによって自動的ないし論理的に否定される命題は無数にあり（「地球は丸い／三角形／四角形／…万角形である」）、その中には自覚される否定と自覚されない否定があるからだ。

（14）*Cf.* Alquié, F., *op. cit.*, 91-92.［邦訳：前掲書、一一二頁。］

（15）たとえば、*Cf.* 上野修「コギトの確実性――様相の観点から」（『メタフュシカ』三五号、二〇〇四年）、七－九頁。

（16）*Cf.* Wargner, S. I., *op. cit.*, chap. 4.

（17）*Cf.* Suárez, F., *Metaphysicarum Disputationum* (Moguntae: Mylius Birckmannus, 1614), IX, sec. 2-vii.

〈応募論文〉

「恥を知れ」とはいかなる非難か

中村《なかむら》　信隆《のぶたか》
（上智大学）

はじめに

恥の感情は、それと深い関係にある誇りや名誉の感情と同様、我々が人生の中で幾度も経験する非常に身近な感情である。では恥の感情は道徳的に重要なのか[1]。B・ウィリアムズは『恥と必然性』の「恥と自律」という章の中で、恥は他律的な感情なので道徳的に重要ではないとする見解を批判し、罪悪感との対比で恥がもつ道徳的（ウィリアムズの言葉遣いでは倫理的）意義を強調した。このようなウィリアムズの研究を筆頭に、恥の道徳的意義を擁護しようとする研究はいくつか存在するが、敢えて擁護することが必要なことからも分かるように、残念ながら恥の感情は未だ倫理学の中でその意義を十分に認められているとは言えない。本稿の目的は、このような状況に対して恥の道徳的意義を示すことにあるが、そのために注目したいのが、現に我々が道徳的に重要な非難と見なしているように思われる「恥を知れ」という非難である。

「恥を知れ」（英語では“Shame on you.”[2]）という言葉は、例えば論文内のデータを捏造した科学者に対して、自分の子供に窃盗をさせる親に対して、差別的な政策を掲げる大統領に対して何らかの非難を表現するために使われ、「そんなことをして恥ずかしくないのか」という疑問文がしばしば反語として非難を表現するのと同じであるように思われる。「恥を知れ」という非難は実際に我々の生活の中に見出され、そこでは恥を知ることの道徳的重要性が前提とされているように思われる。では、「恥を知れ」とは一体どのような非難なのか。この非難を他人に向けることは道徳的に適切なのか。そしてこの非難は、権利侵害やルール違反に関する非難とどのように異なるのか。本稿の課題は、これらの問題に対して恥や自尊心の本性を考察しながら一つの回答を提示し、恥の道徳的意義を示すことである。

　なお、恥の感情は非常に多様で複雑なためその全貌を解明することは容易ではなく、本稿もあくまでも恥の感情の大枠を論じることしかできない。また本稿は恥の本性を規定するに当たり、恥に関する我々の経験との整合性だけでなく、現に存在する「恥を知れ」という非難との整合性も考慮しているという点を前もって断っておく。

第一節　問題の所在

恥をめぐる議論は基本的に二つの極の対立構造を軸に展開されてきたと言える。まず一方の極には、恥を他律的なものとして理解する立場がある。例えばR・ベネディクトは『菊と刀』の中で「恥は他の人々からの批判に対する反応である。公然と嘲笑されたり拒絶されたりするか、あるいは嘲笑されたと思い込むことによって恥が生じる」(Benedict, 1946: 223) と述べ、恥が生じるためには「見られていること、あるいは見られていると思い込むことが必要であり」(ibid.)、逆に「自分の悪しき振る舞いが「世間の知るところ」とならない限り、思い悩む必要はない」(ibid.) と指摘する。このように考えた場合、恥は、他人の視線や評判特に軽蔑の眼差しや嘲笑によって引き起こされる他律的な感情と言える。それに対してもう一方の極には、恥を自律的なものとして理解する立場が考えられる。つまり恥の感情が焦点を当てるのは「自分が思い描くような立派な人になり損なうこと」(Morris, 1976: 61) であり、恥の感情は「自尊心が傷つくのを経験する際に抱く感情」(Rawls, 1999: 388) と規定でき、恥にとって本質的なのは、他人から軽蔑されることではなく自分が自分を軽蔑することである。そのような意味で、恥は自律的な感情と言える。

　恥に関してはこのように二つの立場が考えられるが、自分の恥ではなく相手の恥を問題とする「恥を知れ」という非難を取り上げる場合、我々は次のジレンマに陥る。一方で、ベネディクトのように恥を全く他律的な感情として理解するならば、相手の恥を問題とすること自体は可能になるが、その代わりにそもそも恥を知ることの道徳的意義が失われ、「恥を知れ」という非難の道徳的妥当性も失われる。なぜなら罪悪感の感情とは異なり、他律的な恥の感情は道徳の要求そのものにではなく、ただ人々にどう見られているのかということにしか注意を向けないからである。この場合、恥を知ることよりもむしろ「恥知らず（shameless）」であることが、行為者として自律的であり道徳的に望ましいということになりかねない[3]。他方で、もし恥を上述のように自律的な感情として理解するならば、恥を知ることの道徳的意義を主張することは可能になるかもしれないが、その代わりに、人が何を恥とし何を恥としないのかはあくまでも個人が決めることとなり、恥から社会性が失われ、「恥を知れ」と言って相手の恥に口を出すことは、不適切になるように思われる。

このように、恥を他律的な感情として理解すれば恥を知ることの道徳的意義が失われ、自律的な感情として理解すれば相手の恥に口を出すことは不適切になり、いずれにせよ「恥を知れ」という非難は不適切になるというジレンマが生じる。特に、恥の道徳的意義を擁護するために恥の自律性を強調した結果として恥から社会性が失われ、相手の恥を問題として「恥を知れ」と非難することが不適切になるのではないかという論点は、従来あまり考慮されてこなかったように思われる[4]。もちろん「恥を知れ」という非難の道徳的妥当性を否定してしまえば上述のジレンマは解消するだろうが、しかしやはり我々は「恥を知れ」と非難することが現にあり、この非難を道徳的に重要な非難と見なしているように思われる。よって可能な限り、何らかの仕方でこのジレンマを解決することが望ましいだろう。このジレンマを解決するためにまず必要なのは、恥の感情における「他律」「自律」とはそもそも具体的にどのようなことなのかを分析することである。本稿は第二節でこの分析を行い、それをもとに第三節で「恥を知れ」という非難の妥当性について考察する。

第二節　恥の二つの契機と他律性と自律性の問題

哲学者は古代から幾度も恥に言及してきたものの、恥の本性に関する本格的な研究自体が行われるようになったのは二

○世紀以降と比較的歴史が浅く、[5] 恥を論じる際に依拠できる標準的見解は残念ながら未だ確立していない。だが、ロールズの恥の定義を批判的に継承し一つの有力な恥理解を提示したG・テイラーの次の主張を議論の出発点とすることは悪手ではないだろう。それは、恥の感情には「自分に向けられた否定的判断（self-directed adverse judgement）」と自分に視線を向ける「見物人（audience）」という二つの契機（element）が存在するという主張である（Taylor, 1985: 64）。本稿ではこの二つの契機を「判断」と「視線」と簡略化して表現する。この二つの詳細に関するテイラーの議論は本稿の立場と異なる部分もあるが、[6] 恥にこの二つの契機があること自体は十分に認められる。そして我々はこの二つがそれぞれ他律的な場合と自律的な場合を考えることができる。つまり恥は、他人からその他人の規準で否定的に判断されていると意識する場合に成立すると考えるのであれば、判断に関して他律的だということになり、[7] 恥は、自分が自分の規準で自分を否定的に判断する場合に成立すると考えるのであれば、判断に関して自律的だということになる。そして恥が生じるためには実際に他人に見られる必要があると考えるのであれば、恥は視線に関して他律的だということになり、自分が見物人となり自分を見るだけで恥は生じると考えるのであれば、恥は視線に関して自律的だということになる。[8]

そしてこのように考えるのであれば、恥の他律性と自律性を巡って四通りの組み合わせが可能になる。つまり（A）恥は判断に関しても視線に関しても他律的である、（B）恥は判断に関しては自律的だが視線に関しては他律的である、（C）恥は判断に関しては他律的だが視線に関しては自律的である、（D）恥は判断に関しても視線に関しても自律的であるという四つの立場である。本稿は紙幅の都合上これら四つそれぞれについて詳述することを避け、私自身が支持するBとDの立場について説明する。

まずBによれば、恥にとって重要なのは自分が自分を否定的に判断することであり、他人から否定的に判断されることではない。この点は、自分の判断と他人の判断が対立するケースで特に顕著になる。例えばクラシック・バレエ部に所属する少年は、サッカー部の男子から「男がバレエなんて気持ち悪い」と嘲笑されても、「バレエは素晴らしい芸術であり男のバレエダンサーは尊敬に値する」と自分が考える限り恥を感じる必要はない。だがBによれば、実際に恥の感情が生じるためには他人の視線が不可欠となる。ただしこの他人の視線は、否定的判断を伴う軽蔑の眼差しである必要はない。「自分は金メダルに値する人間だ」という自尊心（自尊心に関しては第三節で詳しく論じることにして、差し当たり「自分自身の価値に関する感覚」という一般的意味でこの言葉を用いる）をもつ人は、結局銀メダルしか取れなかった場合に、人々からそのことで称賛されたとしても、銀メダリストとして見られる限り恥を感じることになる。それゆえBに従うと恥は、自分は自分が否定的に判断するような人間（例えば銀メダリスト）として他人から見られていると意識した場合に生じる感情、あるいは自尊心という言葉を用いれば、自分の自尊心に見合わない自分の振る舞いや有様を他人に見られていると意識した場合に生じる感情と規定できる。

それに対してDによれば、Bと同様、恥は判断に関して自律的であるが、Bとは異なり、恥が生じるためには他人の視線は不要であり、自分自身の視線だけで恥は生じる。それゆえ恥は、自分は自分が否定的に判断するような人間であることを、自分が見物人の立場に立って眺めた場合に生じる感情と規定でき、あるいは自分の自尊心に見合わない自分の振る舞いや有様を自分が見物人の立場から見た場合に生じる感情と規定できる。

ところでBとDは、判断に関する自律性を主張する点では同じだが、視線を巡っては意見が対立している。それにもかかわらず私がBとDの二つを支持するのは、恥には他人から見られることで生じる恥と、自分が自分を見るだけで生じる恥の二種類があると考えるからである。これから確認するように、この立場こそが、我々の日常生活における恥の多様な現象を捉えることを可能にし、そして「恥を知れ」という非難の意味を十全に理解することも可能にするのである。以下、ごく簡単にではあるがこの立場を正当化する。

まず恥は判断に関して自律的だというBとDが共有する主張についてだが、もし判断に関して他律的だとしたら、我々は他人から軽蔑や嘲笑などの否定的評価を受けた場合にのみ恥を感じることになる。だが我々は他人から賞賛などの肯定的評価を受けた場合でも、恥を感じることがある（Williams, 1993: 82）。また、もし判断に関して他律的だとしたら、他人の嘲笑を根拠のない間違ったものと見なしたとしても、必ず恥を感じることになる。だが通常我々はそのような場合には恥を感じず、むしろその嘲笑を不適切な侮辱と見なし怒りを覚える。あるいはウィリアムズが述べているように、我々は、自分が軽蔑する人間から軽蔑されても恥を感じないのである

(Williams, ibid.)。このように、恥は判断に関して他律的だという主張は、我々の通常の恥の経験と食い違うため、誤りだと考えられる[9]。

だがこれに対してJ・デイとC・カルフーンは、自分が妥当なものとして受け入れていない軽蔑や嘲笑によっても恥が生じることは我々の日常生活の中でよく見られると指摘している(Deigh, 1983: 239; Calhoun, 2004: 139)。先ほどの例を用いれば、バレエ部の少年はサッカー部の男子による嘲笑を誤りと判断しているにもかかわらず、嘲笑されて恥を感じることがあるということである。これに対しては、「恥を感じているのであれば無意識に相手の嘲笑を妥当なものと認めている」あるいは「それは不合理な恥であり成熟した大人の反応ではない」と主張することも可能かもしれない。だがより穏便にこの指摘に応答することも可能である。つまりここで恥ずかしいのは、バレエをすることそれ自体ではなく、彼らから嘲笑される人間であることだと考えればよい。何はともあれ嘲笑されることは、学校内での地位の低さを表す。たとえそのバレエに関する嘲笑が誤った評価に基づくものだと信じていても、そもそも嘲笑されるような低い地位にあることが、この少年の自尊心に見合わないので、恥を感じるのである。実際もしこの少年が屈強な美男子であり学校内で高い地位にあったとしたら、そもそも嘲笑されないだろうし、嘲笑されたとしても恥を感じるのではなくその嘲笑を無礼と捉え怒りを覚えるだろう。このように考えれば、この少年が恥を感じることを認めながらも、判断に関しては自律的だという立場を維持できる。

次にBとDが食い違う論点つまり恥は視線に関して自律的なのか他律的なのかという論点を検討しよう。恥の感情は他人から見られることで生じるというBの理解は古くからある伝統的なものだが[10]、現代の道徳心理学上の議論でこの点を強調したのは、「恥とは自尊心の喪失である」というロールズ的定義を批判するデイである。デイが特に注目したのは、恥という感情に伴う特有の反応である。恥の感情は、shameという言葉の語源も示す通り[11]、恥ずべきものを隠す、あるいは自分自身が隠れるという反応と密接に結びついている(Deigh, 1983: 243)。例えば逮捕・連行される際に報道陣の前で上着で顔を覆うことは、恥を恐れる人の典型的な反応であり、「穴があったら入りたい」「消えてなくなりたい」という反応は恥を掻いた人の典型的な反応である。だが恥の感情に他人の視線は不要だと論じる立場では、恥のこの特有の反応を説明できないのである（Deigh, ibid.）[12]。

このようにBの立場には有力な論拠があるように思われるが、ではDの立場は退けられるべきか。実際、Dの主張する自分の視線によって生じる恥を不可解に思う人もいるかもしれない。だが多くの研究者がこのような恥の存在を主張しており（Scheler, 1933: 78; Lynd, 1958: 31; Taylor, 1985: 58; Williams, 1993: 221）、また他律的な恥概念のもと展開されたベネディクトの「恥の文化」論に対して多くの日本人研究者が、ベネディクトは恥の一側面（「公恥」）しか捉えておらず、他人の視線や評判に依存しない「自恥」なるものも存在すると主張している（向坂一九八二：二五―二八）。私自身、他人の視線を前提とせずに「わが身を省みて恥じる」ということは十分に理解可能な反応だと考える。例えば或る男子が好きな女子の体操着を盗み家に持ち帰ったとする。彼はさっそく自室でその体操着に着替え、その姿を見ようと鏡の前に立った。だが鏡に写った自分の姿のあまりの醜さにふと我に返り、自分を深く恥じた。これはごく自然な反応と言えるだろう。この恥の感情は、鏡を通して自分を見物人の立場から見て、自分が見るに堪えないつまりみっともない卑劣漢であることを自覚することで生じる感情であり、十分な現実性を有するように思われる[13]。それゆえ本稿は、他人の視線によって生じる恥と自分の視線によって生じる恥という二種類の恥を認める。もちろんこれに対しては、一種類の恥によって恥の多様な現象を統一的に説明しようとする研究者から批判があるだろうし[14]、私自身、以上の議論だけでこの問題が完全に解決したとは考えていない。だがこれから確認するように、二種類の恥を認めることによってこそ、「恥を知れ」という非難の意味を十全に理解することも可能になるのである。

第三節　「恥を知れ」という非難の意味とその妥当性

繰り返しになるが、Bによれば、恥は、自分の自尊心に見合わない自分の振る舞いや有様を他人に見られていると意識した場合に生じる感情と規定でき、Dによれば、恥は、自分の自尊心に見合わない自分の振る舞いや有様を自分が見物人の立場から見た場合に生じる感情と規定できる。ではこの恥理解に従った場合「恥を知れ」という非難はどのような意味になるのか。我々はBとDの恥理解と、判断と視線という二つの契機に応じて、「恥を知れ」という非難を四通りに説明できる。まず（1）Bの恥理解のもとで視線に焦点を当てた場合、「恥を知れ」という非難は、人前であることを意識して恥じるべきだという意味の非難となる。例えば電車内でムダ毛の処理をしている若い女性に対して「恥を知れ」と非難する場合がそうであり、この場合、ムダ毛の処理それ自体が恥ずべきとされているわけではなく公衆の面前でムダ毛の処理をすることが恥ずべきとされており、「慎みをもて」という意味の非難と言える。次に（2）同じくBの恥理解のもとで判断に焦点を当てた場合、「恥を知れ」という非難は、自分の人前での振る舞いや有様が自尊心に見合っていないと判断して恥じるべきだという意味の非難となる。例えば差別的な政策を掲げる大統領に対して「恥を知れ」と非難する場合はこの意味での非難となる。次に（3）Dの恥理解のもとで視線に焦点を当てた場合、「恥を知れ」という非難は、自分の振る舞いや有様が自分の自尊心に見合わないと判断してはいるが恥を感じていない人に対して、自分を見物人の立場から見て、自分はみっともない人間だと自覚して恥じるべきだと言っていることになる。最後に（4）同じくDの恥理解のもとで判断に焦点を当てた場合、「恥を知れ」という非難は、自分が見物人の立場から眺めた自分の振る舞いや有様が自分の自尊心に見合わないと判断して恥じるべきだという意味になる。例えば自分の子供に窃盗をさせる親に対して「恥を知れ」と非難する場合、我々は「人前であることを意識してそのような行為は露見しないように行うべきだ」と言っているのではなく「人前でなくてもそのような行為は親としての自尊心に見合わないはずだ」と言っているのである。[15]

さて、このうち（1）は人前であることを意識して、（3）は自分を見物人の立場から見て恥じるべきだという比較的単純な内容しか含まず、この非難の妥当性については特に疑問は生じないと言える。だが（2）と（4）はその妥当性について厄介な問題を抱えている。本稿の立場に従うと恥は判断に関しては自律的であり、よって「恥を全く他律的な感情と理解すると恥の道徳的意義が失われる」という問題は回避できるが、いかなる規準に基づいて自己を評価するのか、自分がどのような自尊心をもち、どのような振る舞いや有様が自尊心に見合わない恥ずべきものだと判断するのかは本人次第だということになり、よって相手の恥を問題として「恥を知れ」と非難することは適切なのかという問題が生じる。自分の規準に基づいて一方的に相手を軽蔑するだけならともかく、その規準を相手に押し付けて相手に「自分を軽蔑して恥じるべきだ」と主張するのは不適切ではないか。

この問題を検討するために、恥の判断の契機において重要な役割を果たす自尊心、特にその種類に関する倫理学上の議論を取り上げたい。自尊心（self-respect）は一般に「自分自身の価値に関する感覚」と規定でき、その価値の種類によって自尊心を区別できるように思われる。自尊心に関する現代の哲学的研究で中心的な役割を果たしているR・ディロンは、西洋哲学の伝統に従えば、人は二種類の価値をもつことができると述べている（Dillon, 2014）。一つ目は、その人の地位や身分、役割に基づく価値であり、例えば、その人が他の人と対等な道徳的人格としての地位をもつがゆえに成立する価値（尊厳）や、社会の中で一定の地位や役割をもつことで成立する価値である。そしてディロンはこのような地位に基づく価値を自分がもっているという自尊心を承認自尊心（recognition self-respect）と呼ぶ。二つ目の価値は、その人の人柄や行動に基づく価値であり、功績（merit）や徳としての価値である。そしてこのような徳や功績としての価値を自分はもっているという自尊心は、評価自尊心（evaluative self-respect）と呼ばれる（Dillon, ibid.）。ところでそれ以外に、自尊心に意味が近い言葉として自負心（self-esteem）という言葉もある。我々は、容姿の美しさなど、地位にも徳や行動にも依存しておらずむしろ自然の恵みや運に依存している価値を自分はもっていると思うことがある。S・ダーウォルは、このような種類の価値に関しては、自尊心という言葉を使わずに自負心という言葉を使用しており（Darwall, 1977: 48）、本稿もこの用語法に倣いたい[16]。

従って我々は、承認自尊心、評価自尊心、自負心の三つを区別でき、これに応じて恥を分類できる。まず承認自尊心に応じて、地位や役割に関する自尊心に見合わない振る舞いをした際に生じる恥が考えられる。例えば道徳的人格、親、学者としての自尊心に見合わない振る舞いをした際に生じる恥である。次に評価自尊心に応じて、徳や功績に関する自尊心に見合わない振る舞いをした際に生じる恥が考えられる。例えば優れた学者としての評価自尊心をもちながらも優れた業績を残せない際に生じる恥や、勇敢な戦士としての評価自尊心をもちながらも勇敢に戦えなかった際に生じる恥である。最後に自負心に応じて、自分の容姿などに関する自負心に現実の自分が見合わない場合に生じる恥が考えられる。

そしてまず自負心に対応する恥に関しては、客観的な規準を提示することは困難であり、従ってこの種の恥について他人が口を出すことは不適切である。人は、容姿が美しいという自尊心をもつのであれば、醜い姿を晒した場合に恥を感じるが、その自尊心をもたなければ恥を感じることはない。そしてその自尊心をもつかどうかは個人の自由であり、よって「醜い姿を恥じるべきだ」と決めつけて相手を非難することは不適切である。また評価自尊心に対応する恥に関しても同じことが言える。どの程度優れた学者としての自尊心をもつかは本人次第であり、他人が決めることではない。よって特別優れた業績をもたない学者に対して「自分を軽蔑して恥じるべきだ」と非難することは不適切である。また、自分がどの程度の徳を備えるべきと考えるのかも本人次第であり、或る人が戦士として英雄的な勇敢さを発揮できなかったからといって、「恥を知れ」と非難することは不適切である。

だが承認自尊心に対応する恥に関しては事情が異なるように思われる。まず大抵の人は、道徳的人格としての自尊心をもたざるをえず、よってその人が道徳的人格に見合わない振る舞いをした場合、「恥を知れ」と非難することは適切である。例えば人種差別をする人や金銭のために愛玩動物のように振る舞う卑屈な人に対して「恥を知れ」と非難することは妥当である。またそれ以外の地位や役割（親や学者など）も基本的に、個人の自由な裁量では決められず、一定の権利と義務を伴った社会的な地位や役割として社会的に構成される。人は、特定の地位に伴う権利を行使する中で、その地位を現に社会的に引き受けており、その地位に関する承認自尊心をもたなければならない。よってその承認自尊心に対応する恥を他人が問題とすることは妥当性をもち、つまり自分の地位に相応しくない振る舞いをする人に対して「恥を知れ」と非難することは妥当である。例えば社会の中で実際に学者の地位についているにもかかわらず、論文内のデータを捏造するという学者としてあるまじき行為に及んだ科学者に対して「恥を知れ」と非難することは適切なのである。

このように「恥を知れ」という非難は、承認自尊心に対応する恥が問題となる限り妥当性をもつ。従って「恥を他律的な感情として理解すれば恥の道徳的意義が失われ、自律的な感情として理解すれば相手の恥に口を出すことは不適切とされ、いずれにせよ「恥を知れ」という非難は不適切となる」というジレンマは解決される。恥の感情に自律性を認めたとしても、相手の承認自尊心に対応する恥を問題とすることは妥当性をもつのである。

第四節　「恥を知れ」という非難の独自の意義

最後に、「恥を知れ」という非難の意義について考察する。紙幅の都合上ここでは引き続き（２）（４）の意味での非難に焦点を絞る[17]。前節によれば「恥を知れ」という非難が妥当性をもつのは道徳的人格や社会的地位に関する承認自尊心に見合わない振る舞いをする人に対してであった。だが、こういった人に対しては大抵の場合「権利侵害だ」「ルール違反だ」と非難することも可能である。例えばデータを捏造した科学者に対しては「研究倫理に反している」と非難すればよいのではないか。なぜ敢えて「恥を知れ」と非難する必要があるのか。「恥を知れ」という非難の独自の意義とは何なのか。

この問題に答えるためには、権利侵害やルール違反に伴う罪悪感との対比で恥の感情がもつ特徴に注目する必要がある。つまり罪悪感が自分の不正な行為に焦点を当て、その罪を償うように促すのに対して、恥はその行為の根底にある自分の人柄あるいは自己自身に焦点を当て、自己を改善するように促す（Williams, 1993: 89-90; Mason, 2010: 418-420）。そのような意味で「恥は罪悪感よりもより包括的な自己査定を含む」（Mason, 2010: 420）。よって、例えば論文内のデータを捏造した科学者に対して単に「研究倫理に違反している」と非難するのであれば、問題となるのはその特定の違反行為だけであり、その罪を償いさえすれば問題は解決するが、「恥を知れ」と非難するのであれば、その人の学者としてのあり方が問題となる。単に罪を償えばよいという話ではなく、その人は自らの学者としてのあり方を包括的に見直さなければならないのである。

以上は恥に関する既存の議論から言えることだが、さらに我々は自らのあり方を見直すという点を掘り下げて次のように言える。自らのあり方を見直す必要が生じるのは、①自分の地位に応じた自尊心はもっているが、自分の振る舞いがその自尊心に見合うものとなるように注意してこなかったがゆえに、その自尊心に見合わない振る舞いをした場合と、②自分が本来もつべき自尊心をもっていないがゆえにその自尊心に見合わない振る舞いをした場合が考えられる。従って「恥を知れ」という非難は、①相手が、自分の振る舞いが自尊心に見合うように注意しているかを問題とすることもできるが、②そもそもその人がいかなる自尊心をもつべきか、自らを何者と見なすべきか、つまりその人のアイデンティーを問題とすることもできる。例えば自分の子供に窃盗をさせる親に対して「恥を知れ」と非難する場合、①その親が親としての自尊心はもっていることを前提したうえで「自分の振る舞いが親としてのあり方に相応しいものとなるように注意すべきだ」「あなたはそれでも親か」という意味で非難する場合と、②親としての特権（例えば税金の控除）を行使している以上自分を親と見なし親としての自尊心をもつべきにもかかわらず、親としての自尊心をもたず親に相応しい振る舞いをしない親に対して、「自分が親だと自覚せよ」「あなたは親ではないのか」という意味で非難する場合が考えられる。特に②のようにアイデンティティーを問題とすることは重要である。なぜなら自分が何者なのかによって自分の負う義務に違いが出るからである。実際、親としての自覚の欠如ゆえに、本来親が負うはずの義務を自分の義務と見なさず、その結果その義務を履行しないということは珍しくない。「恥を知れ」という非難はまさにこのような事例で独自の意義をもつと言える。

おわりに

本稿は恥の道徳的意義を示すために、我々が既に道徳的に重要と見なしているように思われる「恥を知れ」という非難を取り上げた。本稿は恥に一定の自律性を認めた上で、「恥を知れ」という非難の意味を明らかにし、承認自尊心に対応した恥が問題となる限り他人に対して「恥を知れ」と非難することは妥当性をもち、この非難が独自の意義をもつことを示した。我々は時に、恥を恐れるがゆえに自尊心に見合わない現実の自分から目を背け、自分の汚点を忘却・否定することがあり（Lewis, 1992: 128-130）、その点で恥の感情には負の側面もある。しかしだからこそ、恥と向き合うために相互に相手の恥を問題とすべきだとも言える。もちろん「恥を知れ」という非難は、個々の行為だけでなくその人のあり方を批判する苛烈な非難なので、自分のあり方を否定されたと感じた人が意地を張り、その非難を受け入れずむしろ恨みを抱くことも考えられる。ゆえにそのような苛烈な非難ではなく別のより穏和な非難を用いた方がよいと思われるかもしれない。だが、もし単に個々の行為だけでなくその人のあり方、その人のアイデンティティーに問題があるならば、それを指摘しなければ問題の解決にはならないとも言える。「恥を知れ」という非難は、気軽に使ってよいものではないが、やはり道徳的に重要な非難の一つの形なのである。

参考文献

Benedict, Ruth, 1946, *The Chrysanthemum and the Sword*, New American Library.
Cairns, Douglas L., 1993, *Aidos: The Psychology of Ethics of Honour and Shame in Ancient Greek Literature*, Clarendon Press.
Calhoun, Cheshire, 2004, "An Apology for Moral Shame," in *The Journal of Political Philosophy*: Volume 12, Number 2, pp. 127-146.
Darwall, Stephen, 1977, "Two Kinds of Respect," in: *Ethics*, Vol. 88, No. 1, The University of Chicago Press, pp. 36-49.
Deigh, John, 1983, "Shame and Self-Esteem: A Critique," in *Ethics*, Vol. 93, pp. 225-245.
Deonna, Julien A.: Rodogno, Raffaele and Teroni, Fabrice, 2012, *In Defense of Shame: The Faces of an Emotion*, Oxford University Press.
Dillon, Robin S., 2014, "Respect," in: Edward N. Zalta (ed.), *Stanford Encyclopedia of Philosophy*, The Metaphysics Research Lab, Center for the Study of Language and Information, Stanford University, Jan. 2016 < http://plato.stanford.edu/entries/respect/>
Lewis, Michael, 1992, *Shame: The Exposed Self*, The Free Press.
Lynd, Helen Merrell, 1958, *On Shame and the Search for Identity*, New York : Harcourt, Brace.
Mason, Michelle, 2003, "Contempt as a Moral Attitude," in *Ethics*, Vol. 113, No. 2, pp. 234-272.
Mason, Michelle, 2010, "On Shamelessness," in *Philosophical Papers*, Vol. 39, No. 3, pp. 401-425.
Morris, Herbert, 1976, *On Guilt and Innocence: Essays in Legal Philosophy and Moral Psychology*, University of California Press.
Rawls, John, 1999, *A Theory of Justice* (Revised Edition), Harvard University Press.
Scheler, Max, 1933, *Über Scham und Schamgefühl* in *Schriften aus dem Nachlaß*, 1957, Bd. 1 (Gesammelte Werke. Bd. 10).
Taylor, Gabriele, 1985, *Pride, Shame, and Guilt: Emotions of self-assessment*, Clarendon Press.
Williams, Bernard, 1993, *Shame and Necessity*, University of California Press.
向坂寛、一九八二年、『恥の構造――日本文化の深層』、講談社現代新書。
サルトル、一九五八年、『存在と無――現象学的存在論の試みⅡ』松浪信三郎訳、人文書院。
中村信隆、二〇一六年、「三種類の自尊心と「他人との比較」が自尊心に対してもつ意味について」、上智哲学誌第二八号、三一―一六頁。

注

（1）本稿は道徳という言葉を、他人に対する当為の領域だけではなく、自分自身に対する当為（そのようなものがあると仮定して）の領域をも含む広い意味で使用する。

（2）ただし日本語の「恥を知れ」という言葉よりも軽い意味で使用されることもある。

（3）ただしこのような立場に立つ場合でも、アリストテレスのように若者にとっての恥の重要性を主張することは可能である（この点に関しては Cairns, 1993: 411-431を参照のこと）。

（4）恥の自律性と道徳的意義が主張される際に強調されるのは、恥の感情が道徳的な自己査定や自己改善を促す点であり（Mason, 2010: 416-424; Deonna et al., 2012: 173-184）、相手の恥を問題として非難することの妥当性は十分に問題とされていない。ただし、恥を直接取り扱っているわけではないが、恥と深く関係する「軽蔑」が道徳的に適切な態度となるための条件を論じたものとして Mason, 2003があり、その問題関心は本稿と重なる部分がある

（5）二〇世紀になりようやく、一方でシェーラーやサルトルが自身の哲学の中で恥を大々的に取り上げ、他方でおそらくベネディクトの「恥の文化」論が一つの大きなきっかけとなり、文化人類学や社会学、心理学の領域で恥が主題化されるようになり、そしてこれらの研究成果を踏まえて生まれたのがテイラーやウィリアムズらの哲学的論考だと言える。

（6）テイラー自身は、この恥の二つの契機を提示する際に初めからこの否定的判断を行うのは自分自身であると前提としており、また視線という契機は自己に意識を向けて否定的判断を行うために必要とされるに過ぎないと考えている（Taylor, 1985: 64-68）。

（7）判断に関する他律性を、他人の判断をそのまま受け入れて自分を否定的に評価して恥が生じることとして理解することもできるかもしれないが、他人の判断を受け入れるかどうかの判断自体は自律的だと言えるので、本稿は判断に関する他律性をそのようには理解せず、他人から否定的に判断されていると意識するだけで恥が生じることとして理解する。

（8）このような形で「自律的か他律的か」という二分法を用いることには批判があるかもしれない。例えばウィリアムズの「内面化された他人（internalized other）」という概念は、恥は自律と他律の二分法では理解できないことを強調するための概念と言える。ウィリアムズによれば内面化された他人は、我々がその批判的態度を尊重するような他人であるが、実在する具体的な他人でもなければ自分自身でもなく「抽象的で一般化されて理想化されたものだが、この他人は誰でもないわけではなく潜在的には誰かであり、そして私以外の誰かである」（Williams, 1993: 84）。恥はこの内面化された他者に対する反応と理解されるわけだが、しかし具体的な他人でもなければ自分自身でもない者とは一体何者なのかという問題が残る。また確かに私は他律と自律の二分法を用いてはいるが、恥の二つの契機を区別することで自律的要素と他律的要素を両方含んだ恥の概念を認めている。

（9）ただし私はここで、他人からの評価が重要でないと言うつもりはない。他人の評価は、私の自己評価に影響を及ぼすことがあるからである（Deigh, 1983: 233）。恥とは自尊心が傷つくの

を経験する際に抱く感情だというロールズの定義もこの点を踏まえた上で出てくる定義と言えよう（Rawls, 1999: 386-396）。ただしそれでもなお、他人からの評価が直接恥を生み出すわけではなく、直接的には自分自身による自己評価が恥を成立させるのである。

（10）この点を深く考察した哲学者としてはサルトルが挙げられる（『存在と無』第3部第1章第4節）。なおこの点に関連して、想像上の他人の視線によって生じる恥は、視線に関して他律的なのか自律的なのかということも問題となる。例えば天国にいると想像された親の視線によって恥が生じる場合、この恥は想像力の働きによって一種の錯覚に近い形で生じており、他律的と言える。それに対して特定の想像上の誰かの視線ではなく、自分と価値観を共有する他人の視線を想像することで恥が生じると考える場合、その他人とは結局自らを投影した他人でしかなく、この場合の恥の感情は自律的である（Calhoun, 2004: 132）。

（11）shame の語源は「覆う」という意味の言葉であると推測されている（Oxford English Dictionary の shame の項目を参照せよ）。

（12）またデイは、恥は自尊心の喪失の感情だというロールズ的定義は、結局のところ恥と単なる自己失望を区別できず、恥という特別な感情を特定できないと批判している（Deigh, 1983: 231, 244）。この批判は実際正しく、自尊心の喪失それ自体は単に自分が自分を否定的に評価するだけで成立するが、恥の感情には視線という契機も別途必要だと私は考える。

（13）向坂によれば「みっともない」という言葉は「見たくもない」という言葉が縮まったものであり、「みっともない」は「恥ずかしい」と同義である（向坂一九八二：六八）。

（14）本稿が論じるような二種類の恥に当たるものを統一的に説明する試みとしては、Taylor, 1985:64-68 や Deonna et al., 2012: 130-133 が参考になるが、この問題に関してはより多くの綿密な議論が必要となるため別稿で改めて論じることとする。

（15）なお「恥を知れ」という非難は、単に恥を知るべきだとだけ言っているのではなく、大抵の場合、恥ずべきことを行うべきではないということも含意している。

（16）この点に関するより詳細な議論に関しては、中村二〇一五：四―八を参照のこと。

（17）（1）の意味での非難に関しては、別途「慎み」の道徳的重要性について広範な研究が必要になる。（3）に関しては、自分の振る舞いが自尊心に見合わないと判断することから、見物人の立場から自分を見ることへの移行は基本的に本人の仕事のため、敢えてこの意味で非難することは考えにくく、よって（3）はあまり重要ではないと私は考える。

〈応募論文〉

理性理念の統制的使用から反省的判断力の原理へ

――『判断力批判』における体系的課題の成立

中本《なかもと》　幹生《みきお》
（宮崎産業経営大学）

問題提起

『純粋理性批判』超越論的弁証論の付録で論じられる理性理念の統制的使用の理説（以下統制節）と『判断力批判』が緊密な関係にあり、前者が後者の思想を萌芽的に示していることは周知の通りである。しかしその共通性と差異性についての解釈は必ずしも一様ではない(1)。両者の間に共通性が存するのも確かであるが、もしその点を強調するならば、第三批判の独自性（反省的判断力の特質、及び自然概念の領域から自由概念の領域への移行という体系的課題（以下、体系的課題）の遂行を担っているという）は希薄になってしまうだろう(2)。他方、実践哲学の観点からこの体系的課題を解釈する流れも近年見られるが(3)、これも同様に第三批判の体系上の独自性を見失いかねないように思われる。第三批判のみが体系的課題を担っているということは、統制節とも実践哲学とも異なる独自性がそこにあるのでなければならない。本稿の目的は、この独自性、即ち第三批判こそがこの課題を担いかつ遂行することを可能にしている論理構造を明確化するにある。その際、統制節から第三批判に至る思想展開の内に、両者の共通性と共にとりわけ差異性を明らかにすることにより、その構造を捉えることを試みたい。その考察において、反省的判断力の固有性とそれが想定する超感性的基体の特質を明確に概念把握することになるであろう。そこから、実践哲学とは異なる第三批判の独自性も明らかになるはずである。

本稿では体系的課題に関するテキストとして次の二文を検討する。(4) 以下の考察の過程でこれらのテキストが解釈され、それにより移行の構造が明確化されるであろう。

（a）「自然の根底に存する超感性的なものと、自由概念が実践的に含むものとの統一の根拠が存在しなければならない。この根拠についての概念が…移行を…可能にする」［V 176］。

（b）「［自然］目的論は…予備学または移行として、神学に関係づけられる」［V 383］（神学は道徳的目的論によって基礎づけられる故［V 444］、このテキストは自然目的論が道徳的目的論に接続することによる、移行の課題遂行の一つのあり方を示している［vgl.V 442］）。

一　統制的に振舞う理性と反省的判断力の機能の共通性と差異性

統制的に振舞う理性は直接に対象にではなく、悟性に関係し、対象の概念を体系的に統一する役割を担う［A643=B671f.］。この理性の仮説的使用［A646=B674f.］が後の反省的判断力に発展したことは間違いない。しかし両者を同一視してよいか否かについては従来議論の対象とされてきた。Stadler は同一視するが、これに対して Bartuschat は、統制節では特殊なものを特殊なものとして規定する能力としての判断力は統制節ではまだその場所を持たないと主張する。Bartuschat のこの差異の指摘は重要である。だがその解釈では、反省的判断力の原理が同時に自然全体の体系性にも関わる（この点で両者は確かに共通性を持つ）点は十分捉えきれていないように思われる。(5) 両者の共通性と差異性をともに正しく捉える解釈視点が必要であろう。

統制節から第三批判への展開の必然性を理解するために、『判断力批判のための第一序論』（以下『第一序論』）に注目しよう。理念の統制的使用が目指す全自然の体系統一を可能にする原理を、『第一序論』は論理的合目的性の原理として引き継いでいる［XX 216］。というのも、この原理に基づく「特殊なものに対して普遍的なものを見出す能力」［XX 209f.］という反省的判断力の性質が理性の仮説的使用と機能上対応しているから[6]というばかりでなく、統制的に振舞う理性が自然全体の体系統一に携わるのと同様に、この原理は「一つの体系としての可能的経験」［XX 217］に関する原理だからである[7]。それ故、論理的合目的性に基づく全自然の体系統一に関する限り、反省的判断力の働きも理念の統制的使用と別物ではない。それは理性が理念の統制的使用によって自然の体系統一を目指す際、実地にその課題を遂行する能力と理解できるだろう[8]。目的及び合目的性はもともと理性の概念であるが［XX 234］、それを自然に付与して技術との類比において見るという同じ機能を、統制節では理性がじかに担い、第三批判では反省的判断力が担っているということである。

しかし機能は同一であるとしても、機能を担う主体が理性から判断力へ移譲された点［XX 216, vgl. 219, 221］は重大な相違と言わねばならない。では、その移譲の理由は何か。判断力の論理的合目的性の原理を、カントは全自然が体系統一をなすレベルに関わる原理として特徴づけつつも、これは「個々の諸物［＝美及び有機体］を諸体系の形式のうちで産出するのに役立つ、という結論を与えるわけではない」［XX 217］と述べている。つまり、美及び有機体（実在的合目的性（『判断力批判』本論では内的合目的性））は論理的合目的性それ自体からは推論できない。なぜなら、美や有機体がなくとも全自然の体系は可能だからである（その場合個々物は単なる機械的集合ともみなしうる）［XX 217f.］[9]。従って美や有機体という具体的な特定の事例は「もっぱら経験によって与えられねばならない」［XX 218, vgl.V 476］。このような個々物に関わりうるのは理性ではなく判断力である故、類比の機能を判断力が担うことで初めて美や有機体の判定は可能となる。個物における合目的性の判定を可能にすることが、統制節が第三批判へ展開せざるを得なかった一つの重要な要因であり[10]、第三批判を成立に至らしめた要因であったと言えるのではないか。

さらに二つ目に重要な要因として、内的合目的性（自然目的としての有機体）こそが外的合目的性の判定を可能にする（即ち全自然を目的の体系と考える権限を与える［V 378ff.］）という洞察［V 368］を挙げたい。この場合、論理的合目的性だけでは内的合目的性が推論できない故に、外的合目的性に基づく全自然の体系統一の権限も我々に与えられないことになる。従って美や有機体を含めた[11]全自然の体系統一のためには、論理的合目的性はまずもって個物に適用されねばならないのである［V 368f.］。個物には関りえない理性によるのではこのような（美と有機体を含めた）全自然の体系統一は不可能と言わざるをえない（これは第三批判成立途上において自覚されたものであろう。というのも統制節は[12]美や有機体もその体系統一に含めているからである［A688=B716, A691=B719, vgl. VIII 138］[13]）。これを第三批判を成立に至らしめた二つ目の要因として挙げることができるだろう[14]。

二 『判断力批判』における超感性的基体の特質

（1） 反省的判断力の想定する超感性的基体

そして、以上の（特に一つ目の）要因が、統制節には見られない第三批判の特徴である超感性的基体の想定をもたらしたと考えられる。というのも内的合目的性の判定こそが、第三批判に特有な超感性的基体及びそれを直観の対象とする直観的悟性の想定を必然的にさせるからである［vgl. XX 218］。美と有機体の各々において、まずその必然性を確認しよう。

目的なき合目的性という美の定式は、合目的性一般における目的連関の形式（＝原因と結果の関係）は保持しつつ、目的概念（＝原因）のみを捨象することで得られる［V 220］。目的概念の捨象とは、（目的連関における）目的概念の位置に相当するものが未規定な概念として想定されることに等しい［vgl. V 227］。この未規定な概念が後に超感性的基体として把握される［V 339ff.］。即ち、ある物に美（合目的的な形式）を見てとること、それは同時に超感性的基体をその目的連関における目的因（合目的性の根拠［V 340］）に相当するものであるかのように見なすこと（但し未規定な概念に留まるが）に他ならない。

また、ある物を自然目的（有機体）と判定するためには、諸部分が全体の理念（目的概念）によって可能であり、かつ諸部分が互いに原因と結果であることにより全体の統一へと結合されていることが要求される［V 373］。かくて、全体の理念が諸部分を規定していると見なされるが、とはいえそれは、我々がそのように見なしているにすぎずない。我々は「作用因の結合が同時に目的因の結果と判定」［V 373］するが、本来有機体には、外なる製作者を想定する目的因という概念が当てはまらないからである。そこで、自然目的としての自然物と判断力との一致を考えるためには同時に直観的悟性を考えざるをえない。この悟性に帰せられる目的との関係においてのみ、その一致を必然的とみなせるからである［V 407］。しかるに、全体の表象（＝目的概念）がその物の可能性の原因（目的因）であるというようにしか考えられない我々の悟性とは異なり［V 407f.］、可能性と現実性の区別のない直観的悟性にとっては、観念的原因（目的因）と実在的原因（作用因）の区別がない。この知的直観の対象が超感性的基体である［V 409］。それ故この基体は即自的には、目的因でも作用因でもない両者の統一体であろう［V 414］。しかし目的因によってしか考察できない我々は、類比的に直観的悟性に目的概念を帰し、超感性的基体を恰も目的連関における目的概念の位置に相当するものであるかのように見なさざるをえない。

以上より、内的合目的性（美と有機体）の判定における超感性的基体の想定の必然性と共に、その基体の特質が概念把握される。超感性的基体とは、人間にとっては、超感性界における目的因であるかのように見なさざるをえないものであり[15]、また即自的には（直観的悟性の対象としては）目的因でも作用因でもない両者の統一体なのである。なお、このように想定された超感性的基体は、その後外的合目的性に基づく体系としての自然全体にも当てはまるものとして拡張される［V 381, vgl.408f.］。しかしこの拡張は内的合目的性の判定を出発点とすることなしには不可能である。「自然は、全体として有機化されたものとしては…我々に与えられていない」［V 398］からである。

従って、内的合目的性（自然目的）が初めて外的合目的性にもその意義を獲得させるという一節で確認した事態とパラレルに、内的合目的性がまず超感性的基体と直観的悟性の想定を必然的にさせ、その後に初めて外的合目的性に基づく体系としての自然全体の根拠（＝悟性的世界原因）へと拡張されるという同様の構図がここでも見てとれる。このことから、何故に統制節では超感性的基体の概念が登場しえないかの理由も自ずと理解されうる。まずもって全自然の体系統一に携わる統制節の立場では、このような超感性的基体の想定は必然的ではないのである。なぜなら既に述べたように、有機化されたものとして我々に与えられているのはあくまで個々物であり、全体としての自然ではないからである[16]。

（2）「超感性的なもの」と〝超感性的基体〟の区別

しかしこの解釈に対して、「思考の方位を定めるとはどういうことか」（以下「思考の方位」）や『純粋理性批判の無用論』（以下『無用論』）においても「超感性的なもの」がポジティブな意味で使用されており(17)、そこでは内的合目的性の判定と必ずしも結びつかないのではないかという異論もありうるだろう。これに対してはまず、一般に「超感性的なもの」と語られるものと、とりわけ反省的判断力が想定する超感性的基体との相違に注意を求めたい。「超感性的なもの」とは一般に直観の内にはいかなる対応する対象も与えられないものを意味するが［vgl. VIII 212］、その中でも反省的判断力の想定する〝超感性的基体〟（以下この狭義の基体概念をこのように表記する）とは特に右に示した意味、即ち人間の視点からいえば恰も目的因のようにみなされる超感性的根拠であり、直観的悟性の視点では目的因と作用因の即自的統一体と解しうるものと考えられる(18)。より広い外延をもつ「超感性的なもの」の概念は例えば神や不死といった諸理念なども含み、「思考の方位」で語られるのはこのような理念の統制的使用や実践的見地における要請についてであって、第三批判に固有な〝超感性的基体〟概念の意味を持つわけではない。また、『無用論』においては確かに超感性的基体の語が用いられてはいるが［VIII 207, 209Anm.］、これは『純粋理性批判』で言う物自体の意味以上のものではなく、狭義のそれではない(19)。従って、第三批判特有の〝超感性的基体〟概念は、内的合目的性の判定を通してこそ想定されると言えるのではないだろうか。

（3）「自然と自由の統一根拠」と〝超感性的基体〟の区別——体系的課題の遂行

もう一つ、〝超感性的基体〟の特徴として、これが「［自然と自由の］統一の根拠」［V 176］とも概念的には区別されるべきであるという解釈を、さらに提示したい。本稿冒頭に示したように、この「自然と自由の統一根拠」は体系的課題遂行の鍵の一つである（テキスト（a））。それ故、この統一根拠の解釈が移行の構造を理解するためのポイントとなる。さて、この「統一根拠」と〝超感性的基体〟は共に「超感性的なもの」に属することもあり、従来の解釈では完全に同一視されてきた。この誤解は、実践哲学の深化が「超感性的なもの＝超感性的基体」の積極的捉え直しを促したという近年の実践哲学的観点に定位した第三批判の超感性的基体概念解釈(20)とも相即的である。しかし、「自由の実現可能性」（Krämling, ibid. S.37）に体系的課題は確かに関わるが、同時に自然と自由の間には「大きな裂け目」［V 175］があるとも言われていることは軽視されるべきではない。実践的観点（自由の側）からのみ〝超感性的基体〟及び統一根拠の想定の必然性を見る解釈はまずこの言と整合的でないだろう。もし仮に実践的観点でそれが可能ならば、そもそも第三批判が体系的課題を担う必要もない。それ故第三批判の体系的役割に関する独自性は、実践的観点とは独立に、いや寧ろ独立だからこそ、この移行を遂行しうることにあるのでなければならない。そもそも道徳性とは区別される美と有機体を主要テーマにしていること自体が既にそれを暗示していると思われるが、より端的には次の文が示している。「この［自然における究極目的の可能性の］条件を…実践的なものへの顧慮なしに前提するもの、即ち判断力が…移行を可能にする」［V 196］（強調は筆者）。反省的判断力は、「実践的なものへの顧慮なしに」、即ち実践とは別の領域に属する美と有機体（内的合目的性）の判定を通して、〝超感性的基体〟を想定した。既に確認したようにこれは「目的因と作用因の統一体」であって、「自由と自然の統一体」なのではない。実践的な観点には立っていない故に、自由概念がそこに含まれることはないからである[21]。この二つの「統一体」の区別は、例えば次のテキストに読みとられるだろう。「判断力は…主観自身の内及び外にあるものに、つまり自然でも自由でもないが、それでも自由の根拠、即ち超感性的なものと結びついているあるものに、関係づけられる」［V 353］。「主観自身の内及び外にあるもの」とは〝超感性的基体〟を［vgl. V 196］、「自然でも自由でもないが、それでも自由の根拠、即ち超感性的なもの」とは自然と自由の即自的統一体を意味するものと解しうるだろう。この二つが「結びついている」という表現は、この二つが概念的には端的に同一でないことを示唆している[22]。その相違とは、同じものを見る観点の相違（実践的観点を入れるか否か）である。「自然（作用因に従う）と自由（道徳的意図によって規定された目的因）の統一体」から実践的な要素を捨象すれば、「作用因と目的因の統一体」、即ち〝超感性的基体〟となるはずだからである。ところで、実践哲学は自由概念を要請することはできるが、自然と自由の統一体そのものは措定しえない。これは上の引用文にあるように、その自由の「根拠」［V 353］の次元に関わるからである。これはあらゆる（実践的にさえも）理性による洞察を超える。自然と自由の統一根拠が「理論的にも実践的にもその認識に達しない」［V

176]（強調は筆者）と言われる所以である。[23] ただ反省的判断力だけが、内的合目的性の判定を通して、「自然と自由の統一体」をいわば間接的に、「作用因と目的因の統一体（＝〝超感性的基体〟）」として指し示しうるのである。ここに実践的観点とは異なる、第三批判において想定される〝超感性的基体〟の特質と共に、その体系的に独自な意義がある。つまり、実践的観点を捨象した形で〝超感性的基体〟を、即ちもし実践的な規定が加われば自然と自由の統一体であろうものを、反省的判断力は内的合目的性の判定を通して示すことにより、自然と自由の間に橋を架けるという、統制節も実践哲学もなしえない独自の意義（体系的課題の遂行）である。

三　神か、悟性的世界原因か

以上見てきた統制節及び実践哲学と第三批判との相違は、さらに各々において想定される根源的存在者の相違としても現われる。本稿では、他二者―特に統制節で想定されるそれ―と第三批判（ここでは特に「目的論的判断力の批判」）が想定する根源的存在者の相違を際立たせることにより、そこにおいて体系的課題の遂行が可能となる特有の構造を析出しよう。これは、冒頭で示した移行テキスト（b）の論理の解明となる。

従来、統制節で想定される「神」と自然目的論で想定される「悟性的世界原因」との相違は殆ど注意されてこなかったように思われる。[24] しかし自然目的論は「悟性的世界原因の概念を…正当化することはできるが、この概念を理論的意図でも実践的意図でもこれ以上規定することはできない」[V 437] にも拘わらず、これが詳細に規定されない限り神性の概念は成立しえないと言われていることから [V 437f]（自然目的論がなしうるのは、より詳しく規定することができるようにする（bestimmen zu könenn）[25] ことまでである [ibid.]）、「悟性的世界原因」と「神」の概念とは明確に区別されていることは明らかである。神の概念へと規定できないということの事態は、反省的判断力がまさに美や有機体（内的合目的性）という経験的事実に関する判定から出発することに起因する。ここから出発し、世界内の諸目的の配列をいくら辿ろうと、常に経験的に条件付きであり、無条件的な最高目的（究極目的）には達しないからである [vgl.V 441]。

他方、思弁的理性も神の概念を規定できないが [V 133]、それでも統制的に振舞う理性は「神」の理念を想定する

［A697=B725, A699=B727］。というのも全自然の最大の体系的統一（理性はまさにこれに携わるのだった）の可能のためには、世界創造者の理念を無限の完全性（全知・全能等）をもつもののように、いわば補足的に拡張して思考する必要があるからである［A700=B728］。これは、規定された神の概念を想定することに他ならない［vgl. V 480, 438］。これに対して、まずもって内的合目的性の判定から出発し、その後に外的合目的性の系列を辿って自然の目的連関を探究する反省的判断力は、このように自然内部（個々物）から出発する故に、即ち統制的に振舞う理性のように全自然の最大の体系統一にまずもって関わるわけではない故に、さしあたり「悟性的世界原因」の想定で十分なのである（つまり規定された神の概念への「補足的拡張」の必要がない）。とはいえ、統制節における神の想定はあくまで「理性的な仮説」にすぎず、本来、根源的存在者が厳密に規定されるのは実践的観点においてのみである［V 139］。これが神の要請である［V 142］。以上より①統制節、②実践哲学、③自然目的論において想定される根源的存在者の相違が明らかとなる。それは各々、①補足的に拡張して思考された神、②厳密に規定された神、③悟性的世界原因（未だ神へと十分に規定されていない）として特徴づけられる[26]。とはいえ、反省的判断力による外的合目的性の系列を辿る探求も、最終的には全自然の体系統一を目指すことになるが［vgl. V 399］、そこに至って初めて神の想定は必要となる。しかるに第三批判は、「補足的に拡張された神」（統制節におけるような）に代わり、実践的見地において規定された神を置く。かくて自然的目的論は道徳的目的論へ接続し、ここに体系的課題遂行の一つのあり方がある［vgl. V 442］。ここでポイントは、悟性的世界原因の、この未だ規定されていない（つまりまだ神の概念に至っていない）という中間的性格である。それ故にこそそれは道徳的目的論への移行的性格を持つ。実践的観点において、悟性的世界原因は神へと規定され、かくて自然目的が道徳的目的と結合され［V 456］、両目的論が接続することになるが、しかし悟性的世界原因そのものは、それへの「規定可能性」［vgl. V 437］に留まる。故に、悟性的世界原因を想定する自然目的論は神学への予備学［V 383, 485, vgl. 456, 479］たりうるのである[27]。統制的に振舞う理性ではこのような移行段階に留まる根源的存在者の想定は不可能である。まずもって全自然の体系統一に携わる理性は、既に「神」を（但し仮説としてではあるが）想定せざるをえないからである。他方、実践哲

学も、このような中間的な根源的存在者は想定しない。実践哲学において要請される（厳密に規定された）「神」は、移行の終点ではあれ、移行段階そのものではありえないからである。まずもって内的合目的性の判定から出発する反省的判断力こそが、この移行的性格を持ちうる悟性的世界原因の想定を不可欠とするのである。

以上、反省的判断力が想定する〝超感性的基体〟（二節）と悟性的世界原因（三節）の各々の概念に基づいて二つの移行テキスト（a）（b）を解釈してきたが、最後に、この二つのテキストの関係を確認して終わりとしよう。自然目的論が移行的性格を持ちうるのは、悟性的世界原因が神への規定可能性を持つという中間的性格にあった。そこに、道徳的目的論と類比的な関係の同一性がありつつも、両目的論の互いの独立性［V 478f.］が認められ、かつ両者にこのような相違があるからこそ自然目的論は移行段階という位置を持ちうる（端的に同一あれば、「移行」は論理的にありえない）。ところでこの両目的論が互いに独立なのは、自然目的と道徳的目的の「結合」が思弁的には洞察しえないからでもある［V 454］。これを根源的存在者の直観の対象の側に即して言い換えれば、その「結合」を思弁的に洞察することは、「自然と自由の統一根拠」を洞察することに他ならず［vgl. V 448f. Anm.］、そしてこの洞察は言うまでもなく人間には不可能だということである。[28] このように、反省的判断力が実践的要素の捨象された単なる〝超感性的基体〟（自然と自由の統一体ではなく）の想定に留まるが故にこそ（二節参照）、自然目的論の道徳的目的論からの独立が確保され、その独自の移行的性格を確保しうるのである。以上の意味において、二つの移行テキスト（a）（b）は密接な関係を持つ。即ちそれは、同じ体系的課題遂行のあり方を、根源的存在者の側面とその直観の対象の側面から、各々叙述したものに他ならない。

結論

本稿の目的は、統制節と第三批判の共通性と差異性を確定しつつ、それに基づいて体系的課題の成立とその課題遂行の構造を明らかにすることにあった。その成果をまとめると以下の通りである。自然に目的を類比的に付与する機能が理性から判断力へ移譲されることにより、内的合目的性の判定が可能となり、それとともに第三批判特有の〝超感性的基体〟の想定が必然的となった。ここに統制節とは異なる第三批判の特徴がある。また、この〝超感性的基体〟と「自然と自由の統一根拠」とは概念的には区別されるべきであり、ここに実践的な観点とも異なる第三批判の独自性がある。反省的判断力こそが自然と自由の統一根拠を、〝超感性的基体〟として指し示すことにより、移行の遂行を可能とする。そしてこの〝超感性的基体〟を直観の対象とする悟性的世界原因もまた、統制節及び実践哲学において想定される根源的存在者とは異なる規定可能性という中間的性格を持つが故に、移行的性格を持つことが可能となる。最初から神を想定する統制節及び実践哲学の立場では、このことは不可能なのである。

最後に、有益なコメントを下さった匿名の査読者にこの場を借りてお礼を申し上げたい。本稿の論点が少しでも明確化されたとすれば、それはこのコメントに負うところが大きい。

註

・『純粋理性批判』からの引用は慣例に従い第一版（A版）＝第二版（B版）の頁数を、その他のカントの著作からの引用はアカデミー版カント全集に基づき、巻数をローマ数字、頁数をアラビア数字で表し、本文中に出典を記した。

（1）理性の統制的な振舞いと反省的判断力の働きを同一視する見方を代表するものとしてはA. Stadler:*Kants Teleologie und ihre Erkenntnisstheoretische Bedeutung*, Berlin 1874, S.36, 42f. を、他方、差異を強調する立場としてはW. Bartuschat: *Zum systematischen Ort von Kants Kritik der Urteilskraft*, Frankfurt am Main 1972, S.51f. を参照。

（2）例えばBojanowskiは、統制的な理性使用と反省的判断力の使用の共通性に着目した場合、第三批判が原理的に統制節に組み入れられてしまうことになるのではないか、また、体系的課題が第一批判において既に可能となることになってしまうのではないか、という問題を提起している（J. Bojanowski:„Kant über das Prinzip der Einheit von theoretischer und praktischer Philosophie(Einleitung I-V)", in:O. Höffe(Hg.): *Kritik der Urteilskraft*, Berlin 2008, S.25f.）。

（3）詳しくは注（20）参照。

（4）（a）は『判断力批判』全体の体系的課題遂行に、（b）は「目的論的判断力の批判」における体系的課題遂行に関わる。紙数の制約上、本稿はこの二つのテキストにのみ基づいて考察するが、移行問題に関するさらなる包括的な考察は今後の課題としたい。

（5）Mertensもこの不十分さを指摘している（H. Mertens: *Kommentar zur Ersten Einleitung in Kants Kritik der Urteilskraft*, Johannes Berchmans Verlag 1975, S.37）。

（6）体系統一のために判断力の格率として挙げられる「節約の法則」「自然の連続性の法則」「自然は種では豊かであるが、しかし類ではつましい」［XX 210, V 182］といった諸法則の内の後二者が、統制節で挙げられる体系統一の原理（「同種性の原理」

「種別化の原理」「連続性の原理」［A657=B685f.］）と内容的に同じものであることからしても、理性の仮説的使用の機能が判断力の論理的合目的性の原理に引き継がれていることが確認できる。

（7）それ故、論理的合目的性という超越論的原理における、この両者の機能上の同一性という点に限って言えば、統制的使用における理性の働きと反省的判断力の働きを同一視するStadlerの解釈は一応正しいと言えるだろう。

（8）例えば、「[反省的判断力に属する］自然的合目的性という概念のためには、理性も必要とはされるが、しかしそれは諸原理に従って行われるべき経験のために（従って理性の内在的使用において）必要であるにすぎない」［XX 235, vgl.V 375］と言われる場合の「理性の内在的使用」とは、もちろん理性理念の統制的使用のことであろう［vgl. A643=B671］。Bartuschat の解釈では、この点を十分に捉えきれないように思われる。

（9）論理的合目的性は自然を種別化する主観的原理にすぎない故に、個々の諸物の形式に関しては何も規定しないからである［XX 219, vgl.215］とも言われる。

（10）それ故、自然を合目的的なものとみなす機能を理性から反省的判断力に変更したことに何らかの哲学的意義はないとするMcFarland の見解は妥当なものとは言えないと思う（J.D.McFarland: *Kant's Concept of Teleology*, Edinburgh University Press 1970, p.80）。

（11）つまり、外的合目的性とは有機的存在者の外的関係における目的論的体系である［V 425］。なお、美もこの体系に含まれることについては、V 380参照。

（12）統制節では明示的に美については言及されてはいないものの、世界の合目的的秩序の内には美も当然含まれるであろう［vgl. B XXXIII, A622=B650］。

（13）とはいえ、統制節が体系統一の探究の例として主に物理学や化学の例を挙げていることは［vgl. A630=B658, A653=B681, A662=B690f., A687=B715f.］、美や有機体がここで主なテーマではないことを間接的に示しているようには思われる。それ故、理性理念の統制的使用を基本的に物理化学のイメージを念頭に置いた自然科学の方法論的基礎づけと解釈し、『判断力批判』との相違点の一つを、後者が生物学において使われるべき目的概念を導入したことにみる解釈（T. E. Wartenberg: "Order through Reason" in: Kant-Studien 70.Jahrgang, Walter de Gruyter 1979, S.417Anm.(11)）は、あくまで『判断力批判』執筆時点の立場から言えば、ある程度妥当性を持つように思われる（但し統制節でも有機体に言及している限り、統制節執筆時点でカントがそのように考えていたとは思えないが）。

（14）目的論的探究の機能が統制的に振舞う理性から反省的判断力に移譲された要因として、M. Souriau: *Le Jugement réflechissant dans la Philosophie critique de Kant*, Paris 1926, p.44 やMcFarland, ibid. p.80は、第二批判において理性に実践的機能が当てがわれたことを示唆している。しかし移譲の決定的な要因を、美と有機体の判定という第三批判の主要テーマそのものに即して内在的に解釈した方が、即ち内的合目的性の判定を可能ならしめるために合目的的に自然を見る機能を反省的判断力が担ったこと、そして内的合目的性こそが全自然を目的の体系（美や有機体を含めた形での）と考える権限を与えるという洞察に求める方が、第三批判の独自性をより明確に捉えることを可能にするだろう。

(15) 反省的判断力によって「自然の超感性的基体（我々の内及び外の）」に「規定可能性（Bestimmbarkeit）を提供する」[V 196] という、体系的課題遂行の文脈で述べられている文言は、このこと、即ち基体を目的連関における実質（目的概念）の位置に相当するものであるかのように見なすこと、と解しうるだろう。

(16) 但し統制節においても、後の第三批判における超感性的基体概念に発展していくであろう萌芽は見られる。即ち、本来統制的に使用すべき神の概念を実体的に措定し、自然に対してその諸目的を外から押しつけるように考えることを批判する文脈において、合目的性は寧ろ自然の本質に属するものと考えるべきと主張している箇所がそれである [A692=B720f., vgl. A698=B726f.]。このように目的を自然に内在的なものとみなすことは、第三批判の超感性的基体概念（恰も目的因とみなされ、かつまた即時的には、作用因と目的因の統一体であるところの）の萌芽といえるのではないか（この箇所と第三批判との関連性については Mertens も注意を促している。Mertens, ibid., S.44)。しかし既に述べた理由により、統制節では未だ十分に超感性的基体概念に到達することはなかったと本稿は考える。

(17) Vgl. C. Schwaiger: „Denken des >Übersinnlichen< bei Kant. Zu Herkunft und Verwendung einer Schlüsselkategorie seiner praktischen Metaphysik", in:N. Fischer(Hg.): *Kants Metaphysik und Religionsphilosophie*. Kant-Forshungen, Bd.15, Hamburg 2004, S.333.

(18)『判断力批判』のテキスト内における「超感性的なもの」と〝超感性的基体〟も、従来の諸解釈では等値されてきたが、同様に区別すべきであると考える。

(19) 言い換えれば、この相違は「全く未規定な」超感性的基体と、「規定可能性」を提供されたそれ（注（15）参照）との違いである [V 196]。ところで『無用論』においても自然と自由の調和という体系的課題に言及する箇所はあるが [VIII 250]、そこでは合目的性を原理とする反省的判断力が暗にテーマとなっており、その意味では既にここでは第三批判の領域に踏み込んでいることは、「判断力批判」という言葉もそこで見られることから明らかである。

(20) Vgl. G. Krämling: *Die systembildende Rolle von Ästhetik und Kulturphilosophie bei Kant*, München 1985, S.74f. では、『判断力批判』は最高善に関する実践理論の十全な展開として特徴づけられ、自然と自由の統一根拠は既に実践哲学が指示したものとされる。J. Zammito: *The Genesis of Kant's Critique of Judgment*, Chicago/London:The University of Chicago Press 1992, pp.6-8, 264-268も「超感性的基体＝自然と自由の統一根拠」は実践的行為の理論に本来の場を持つといい、B. Raymakers: "The Importance of Freedom in the Architectonic of the Critique of Judgment", in:H. Parret(Hg.): *Kants Ästhetik*, Berlin/New York 1998も、これら両解釈を踏まえつつ、『判断力批判』の移行の課題遂行という体系的役割は実践的観点から理解されるべきであるとする (p.86)。

(21) なお、人間の視点の側から言えば〝超感性的基体〟は恰も目的因に相当するものであったが、この同じものに「実践的法則によって規定を与え」ると、「自由」概念となる［V 196］。人間の視点においても、このように両者は区別される。

(22) それ故、自然と自由の統一根拠と〝超感性的基体〟を同一視する従来の解釈では、この一文は理解できないように思われる。

(23) このテキストから見ても、第三批判の移行問題を実践哲学の深化から理解しようとする解釈には問題があるように思われる。なお、この「自由の根拠」があらゆる理性洞察を超えていることは、「自由な存在者」と「その存在者の創造」との一致の洞察不可能性と同じ地平にある問題でもあるだろう［vgl. V 448f. Anm., VI 142f.］。このことはまた、実践的要素を捨象した場面で言えば、〝超感性的基体〟における作用因と目的因の融合を人間の視点では洞察できない［V 414］こととも相即的であろう。

(24) Stadler, ibid., pp.40-41では両者は等置されている。その他、神と自然目的論で想定される悟性的世界原因が等置されている例として、McFarland, ibid., p.123、K. Vorländer: *Geschichte der Philosophie II. Band*, Siebente Aufgabe, Leipzig 1927, S.291 等参照。

(25) これは反省的判断力が超感性的基体に「規定可能性を提供する」［V 196］（注（15）参照）という事態と相即的である。悟性的世界原因は、超感性的基体に対応する直観的悟性として想定されているからである。

(26) これと二節で論じた超感性的基体（及び「自然と自由の統一体」）との対応関係を補足すれば、以下のようになる。①統制節では第三批判特有の〝超感性的基体〟概念の把握にはまだ至っていなかった。②悟性的世界原因による直観の対象は〝超感性的基体〟（作用因と目的因の統一体）である。③さらにこの悟性的世界原因が実践的観点から規定されると、厳密に規定された神となり、それに応じてその直観の対象は「自然と自由の統一体」となる。以上は、根源的存在者の視点に立って見たものであるが、その同じ超感性的基体を人間の視点からそれぞれ叙述すれば、①理論的には自然の超感性的基体は全く規定されないままに留まり［V 196］、②反省的判断力の想定する〝超感性的基体〟とは恰も目的因に相当するものであり（＝「規定可能性を提供」［ibid.］された基体）、③さらにこれに実践的法則が加われば〝超感性的基体〟は自由概念となる［ibid.］。

(27) より詳しく言えば、この移行は類比の論理に基づいている［V 479］。即ち、自然目的論において想定される「悟性的世界原因―世界」の関係と、道徳的目的論に定位した証明が想定する「神―世界」の関係が、ともに「目的因―その結果」の関係（＝目的連関）として等しいという関係の同一性に基づく（この類比の論理に基づく移行の構造の解明については以前に論じたことがあるので、詳しくは次の拙論を参照されたい。「『判断力批判』における自然から自由への移行の問題――類比および目的連関（nexus finalis）の概念に定位して」（日本哲学会編『哲学』第六十四号、二〇一三年）。前者の関係に実践的観点からの規定が加われば後者の関係となる。つまり相違は実践的規定が加わるか否かにある。ともあれ悟性的世界原因がこのように目的連関における目的因とみなされるということは、実践的観点において神へと規定される可能性があると見なされることと等しいであろう。

(28) またこのことは、〝超感性的基体〟と「自然と自由の統一根拠」の「結びつき」［V 353］が洞察し得ないことと同じである。

〈応募論文〉

ジャコブ・ロゴザンスキーにおける悪の問題——錯覚、憎しみ、反真理(1)

本間《ほんま》 義啓《よしひろ》
（日本学術振興会・大阪大学、成城大学非常勤講師）

はじめに——悪の自己錯覚

悪は様々な形で善の否定として論じられてきた。例えば、「正しい判断を下していながら、無抑制に陥る」というアリストテレスのアクラシアは、なすべきことを知りつつ、それをできないという意味で、善の否定であると言える。またデカルトは「最善を知りながらも、最悪に従うという我々が持つ積極的な力」を論じるとき、善の否定としての悪を人間的自由の中に見ていた(2)。しかし、このような善の否定とは別の仕方で、悪の否定性について考えることができる。すなわち、悪の否定としての悪である。悪は、善についての知ではなく、自らについての知を否定しうるということであり、その具体例をアレントによって報告されたナチの自己否認の中に見ることができる。「『自分は人々に対して何と恐ろしいことをしたのか』と言う代わりに、殺害者達はこう言うことができた。『自分の職務の遂行の過程で何と恐ろしいものを見なければならなかったことか』(3)」。悪が自己についての知を持たないのであるならば、この知の欠如を構成する要因を究明しなくてはならない。いかなる仕方で悪は自己の知を排除し、自己について錯覚するに至るのか。このような問いかけが悪についてのロゴザンスキーの思考を導くモチーフとなっている。彼は様々な仕方で悪を錯覚の問題として論じてきた。カント論である『法の贈与』においては、悪を善として命じる「法の狂気」という仮説が検討されている。そこで問題になるのは、善意志そのものである法に服従することによって悪をなすという事態であり、悪をなしつつ善をなすと思う錯覚である。また『人々は理由もなしに私を憎んだ』（以下『憎んだ』）においては、いかにして迫害者たちは無実の人間を滅ぼすべき悪として構築したのかと問う。そこでロゴザンスキーは、悪に抵抗していると信じながら他者を迫害する悪の在り方を分析している。本稿の目的は、悪の自己錯覚というテーマのもと、悪をめぐるロゴザンスキーの議論の展開を解釈することにある。（1）まず『法の贈与』における根元悪についての解釈、（2）次に『我と肉』における「憎しみの論理」、（3）そして『憎んだ』における「迫害装置」を分析してゆくことによって、なぜ悪は自らに錯覚を抱くのか、自己に錯覚を抱く悪は、いかにして真理において自己を開示しうるのかという問題を考察したい。

1　悪と錯覚
――根元悪についてのロゴザンスキーの解釈

1-1　カントにおける悪の問題

ロゴザンスキーのカント解釈のスタンスは、カントのテクストそのもの中から、カントが思考しえなかった悪の様態を概念化し、それを基に、自らの哲学によって論究すべき思想的課題を練り上げてゆくというものである。その悪の様態とは「法の狂気」である。ロゴザンスキーは根元悪を、悪を命じる「狂った呼び声」という法の特異な現出様態として捉え直そうとし、それを善悪の差異を失わせる錯覚をなすものとして解釈するのだ。まず根元悪についてのカントの議論を再構成し、その後に、いかにしてロゴザンスキーは「法の狂気」という問題を取り出し、そして、それをどのように論じたのかを見てみよう。

カントにおいて善悪の概念は法から導出される。まず法が「理性の事実」としてあって、この法に尊敬の念を感じ服従する意志が善であり、法の侵犯を格率の内に採用する意志が悪とされる。悪が法との対立によって規定され、法の否定としてある限り、カントにおいて悪は単に善の否定として考えられているように思われる。だが「根元悪についての試論」(『たんなる理性の限界内における宗教』第一編)において顕著であるように、法と悪の対立についてのカントの論述の中には揺らぎがある。一方でカントは悪を法の侵犯として規定し、善悪の対立構造を明確化しようとするのだが、他方でこの対立構造にある善悪の間に共存関係を見出すのである。カントは、善の否定としての悪の根拠を論究する中で、対立関係にあるべき善と悪の共属性の問題に突き当たっていたのだった。根元悪論文冒頭の議論をとりあげて、善悪の対立についてのカントの論述を再構成してみよう。

「人間は人倫的に善であるか、人倫的に悪であるか、いずれである」とカントは言う。「人間は善くも悪くもない」、あるいは「或る時は悪であり、また或る時は善である」等の臆見に見られるような、善悪の差異がない状態(「道徳的無記」)をカントは認めない。倫理に関わる決断において法に無関心であることは不可能であり、法に服従するか否か、善か(a)悪か(-a)の決断をその都度行っているとカントは言うのである。もし善でも悪でもない状態(=0)というものがあるとしたら、それは法への服従を動機とする意志(a)が、法の侵犯を動機とする意志(-a)によって打ち消されているからだとカントは考える。したがって善(a)でも悪(-a)でもない0状態は完全な無ではない。それは法への尊敬とそれを打ち消す悪の対立の存在を証しているのだ(Rel. 21[三〇頁])。

このカントの考察から、善悪の関係について以下の二つの議論をとりだすことができる。(1)カントは善悪の無差異という観念を批判し、両者の対立を截然と確定しようとすると同時に、姿が見えない悪というものを問題にしていると言える。0は無ではない、これが意味するのは、法が、法への反逆を格率とする意志によって打ち消されてあるということであり、かつ、この法に反逆する意志が無いものとして(=0)として現れているということでもある。つまり悪が無いものとして在らしめられているのである。(2)この0は、aと-aという相反する力の対立の結果生まれるものであり、両者が互いに打ち消し合わない限り0は生まれない。それゆえ、0があるということは、単に隠れた形で悪(-a)があるだけではなく、善意志そのものである法(a)があるということも意味する。実際カントは次のように言う。「人間は悪だという命題が言おうとしているのは、人間は道徳の法を意識しておりながら、しかも道徳の法からの逸脱を格率のうちに採用しているということに他ならない」（Rel. 32［四二頁］）。悪が悪であるためには自らが犯す法を意識していなければならないということであり、そうであるなら、人間の心の中には、善意志そのものである法と、それに反逆する悪という二つの相反する力が共存していることになる。「人間本性の邪悪さは、悪意と言うよりは（…）むしろ心情の倒錯とよばれなくてはならない。悪い心情は、大方は善であるような意志と共存しうる」（Rel. 37［四九頁］）。

こうしてカントは法と悪の対立構造を考察する中で「善の原理と悪の原理の共存」という問題に突き当たる。悪が法の侵犯と定義される限り、法を犯す主体の内には、すでに法がなくてはならない。悪があるのは侵犯すべき法があるからであり、法を尊敬すべき対象と認めた上で犯す限りにおいて、法への反逆としての悪は可能なのである。かくして法を尊敬すべきものとして意識しつつも侵犯する、あるいは侵犯する限りにおいて法を尊敬するという倒錯的な事態が浮かび上がってくる。絶対に対立すべきものが共存関係を持つという構造、これこそロゴザンスキーがカント倫理学において最も関心を払う問題である。

1-2 ロゴザンスキーのカント解釈

対立関係にある法と悪の共存。この発見を前にカントは後退したとロゴザンスキーは解釈する。その例証として「悪魔的存在者」に関するカントの議論を挙げる。法の侵犯を選択する意志の根拠を問う中で、カントは「反逆的に（不服従宣言をして）道徳の法を放棄する」意志を持つ悪魔的存在者という仮説を提示した。だが、それを即座に「人間には適用できない概念」として否定したのだった（Rel. 35［四七頁］）。悪魔ならぬ人間は、法に反逆するとしても法への尊敬を失うことはなく、法を犯すとしたら、「自分には責任の無い」自然的素質のために、法よりも感性的動機を優先させてしまうからだとカントは言うのだ。ロゴザンスキーが批判するのは、法の権威を認めながらも法を犯す意志の在り方を自然的素質の問題に還元してしまった点である（DL, 282）。カントは法の侵犯の原因を自然的素質に帰すことによって、法の侵犯を格率とする自由意志の存在を捨象し、法に反逆する意志と法を尊敬する意志の共存という仮説を放棄したとロゴザンスキーは考えるのだ。

たしかに、すでに見たように、カントのテクストの中には善悪の共存に関する考察はある。くわえて、カントは、名誉欲や自己愛から法に合致する格率を選ぶ意志を例にして、法に恭順しながらも、法を犯す意志の在り方に言及していた（RL, 30〔四〇頁〕)。ただ、ロゴザンスキーは善悪の共存についてのカントの考察に満足していなかったのであり、悪と法の共存を、両者の深い絡み合いを暴き出すに至るまで思考しようとしていたのだ。彼が問題にしたいのは、法と悪が、差異が失われるほどにまで共存する在り方であり（DL, 9, 298)、悪が法の現出そのものの中に生じる事態を想定していた。端的に言えば、悪を命じる法である。ロゴザンスキーは次のように言う。「主体は義務の意味を取り違えるということはありえる。法に従っていると信じつつも、病的な厳命に、歪曲された法に屈服している。そのとき悪を選択することは法に服従することと同じになる」（DL 284)。問題になるのは、単に法が命じるところを誤るという意味での錯覚ではない。法が自らに背き、悪を命じることによって、法の存在そのものが錯覚になるという事態である。善意思そのものである法が悪を命じるならば、倫理そのものが幻想でしかなくなるであろう。「法それ自身が、異様に歪んだ義務の声が、悪を命じるのである。これが倫理の深淵である」（DL, 284)。悪の極地とは「法を裏切る法自身のことであり」、それは最悪を最善として命じる「法の狂気」（DL, 118）であるとロゴザンスキーは言うのだ。

法の義務に従っているとしても、その法が言う「おまえは～せよ」が法の真理とは異なる場合がある。ロゴザンスキーはアイヒマンに言及しつつ「悪は法の名において実行される」（DL, 7）と言う。アイヒマンは総統の言葉を法の力を持つと錯覚し、この法に自発的に従うことによって「他者の悪の意志」に服従していたと言うのだ（DL, 9, 212)。法に服従しつつ悪をなしうる、あるいは、義務に服しているという意識があるからこそ最悪をなしうる、ということであろう。悪を命じる法の命令を聞くとき、法は法として現出しつつも、それに服従する者は法の真理を歪めることになる。このような意味でロゴザンスキーは、悪を、「法の真理が、根源的な非-真理と結ばれているという超越論的錯覚の脅威」であると言うのだ（DL, 333)。もし法が「狂った呼び声」（DL, 124）として聴取されるならば、法は自らの非真理として現れ、善悪の差異は抹消されることになる。

法の錯覚的現出における善悪の差異の抹消、これが、ロゴザンスキーが解釈する根元悪である。しかし、ロゴザンスキーはさらに議論を進める。善悪の差異の抹消が根元悪であるにしても、この悪を根拠づけることはできないと言うのだ。なぜなら「狂った呼び声」を聴くとき、悪そのものが善として現れている以上、悪が悪としては認知されえないからだ。もし悪が善として現れるなら、善と悪の間に対立を見出す事は不可能であるし、善をなせと言う法こそが悪をなさせると考えるべきであろう。それゆえロゴザンスキーは次のように言う、「悪の根拠は悪ではない」（DL, 304）と。法に従っている限り、悪は自らを悪であると思っていない。ここからロゴザンスキーは次のような問いを立てる。「いかにして悪ではないものが、それ自身すでに悪であること無く、悪を構成しうるのか」（DL, 304）。悪とは、悪を構成しつつ自らに無自覚である在り方ということであり、この悪の自己構成においてこそ善悪の差異を歪ませる錯覚が問われなければならないのだ。

2 『我と肉』における悪——反真理としての憎しみ

2‐1 法の狂気から憎しみへ

悪の自己構成、これが、ロゴザンスキーが善悪の共存というカントの問題構制を解釈することによって取り出した問題であり、それは『我と肉』における「憎しみの論理」についての考察の中で論究されることになる。『我と肉』においては、憎しみこそが根元悪であるとされ（MC, 284）、エゴの自己構成を歪ませる錯覚の温床として考察されるのだ。このように、『我と肉』の問題構成は『法の贈与』のカント論から導き出されるのであるが、しかし両者の間には方法論において断絶がある。『我と肉』以降、悪の問題は、法の現出様態としてではなく、憎しみによる自己構成の歪曲の問題として論究されるのだ。憎しみの考察を分析する前に『我と肉』における方法論的転回の意味を見ておこう。

ロゴザンスキーは『法の贈与』において、法を、そこから善悪の概念が導出される「根源的現象」（LE, 14）とするカント倫理学に立脚しながらも、法の狂気という法の特異な現出様態を起点にして、法そのものが自らの非真理に転じる構造を明らかにしたのであった。もし悪が法の現出様態であるのなら、法との対立から悪を定義することが不可能になり、悪に対置すべきものとして法を考えることもできなくなる。それゆえ法の現出は根源的ではありえず、法との対立によって悪を思考することに方法論的な限界を認めなくてはならない（DL, 304）。また、もし悪と対立するところの法が、悪をなすように命じるとするなら、悪に抵抗するために法を対置しても意味が無いであろう。したがって、法の次元に悪への抵抗を立脚させることはできない。では、どこに悪への抵抗の拠点を定めるべきか。エゴに、これがロゴザンスキーの答えである。抵抗が可能であるためには、法の贈与に対して、エゴの自己贈与が先行していなければならないと言うのだ（LE, 14, MC, 330 note）。法の贈与に先行するエゴの根源性および抵抗の可能性についてのロゴザンスキーの立論を次のように要約することができる。（1）そもそも、法が現出するためには、すでにエゴが自らに与えられていなくてはならない。なぜなら、法はそれを受け取るエゴなしには現出しえないし、「法の狂気」が経験されるのも、何らかの異様な命令を法であると錯覚するエゴがいるからである。ここから、たとえ狂気の最中にあろうとも、エゴがすでに存在していると言うことができる。「たとえ私が狂っていても（…）この狂気は私のものであり、私が在るということを証している」（MC, 100）。（2）狂気の最中においても、すでにエゴがあったと想定しうるということは、「エゴの約束」、および悪への抵抗を思考する可能性を与えるとロゴザンスキーは考える。エゴの先在性が「私は在るであろう」というエゴの到来の約束を担い（MC, 329-331）、悪や狂気に対するエゴの抵抗を可能にする。これが彼の自我論の根底にあるテーゼである。自らの義務の意味を歪曲し、自らを善であると錯覚するエゴがいるからこそ、法が悪の狂った呼び声として聴取される。つまり、善悪の差異を抹消する声の現出を、エゴ自身が自らに関して抱く何らかの錯覚として論究することができるのであり、そして、錯覚の条件を明るみに出すことによって、それを失効させる可能性が生まれるのだ。（3）したがって、ロゴザンスキーがエゴの根源性、先在性を肯定するとき、エゴを狂気や錯覚から免れた存在として肯定しようとしているのではない。むしろ逆である。善と悪の差異を歪める錯覚の形成を、法の次元にではなく、エゴの自己性の水準において捉えようとしているのだ。悪の主体の自己構成に内在する錯覚を明るみに出すことこそ、エゴが真理において到来する約束となるのであろう。

エゴの到来を思考するために、エゴの自己構成に内在する危機や錯覚の問題を論究すること。あるいは、エゴがすでに在ったことを起点にして、いかにしてエゴが自らに錯覚を抱く仕方で自己構成を行うのかを調査すること。これが『我と肉』と『憎んだ』の課題となる。『我と肉』以降、悪の問題は、エゴの自己構成の在り方そのものに関わるものとして捉えられ、このエゴの自己構成に歪みをもたらすものとして憎しみが分析されるのである。憎しみが悪であるとしたら、それは、それが他者に対する敵意である等の理由からではない。まずもってエゴの真理を歪める錯覚であるがゆえに、憎しみは悪とされるのだ。なぜ憎しみがエゴの真理を歪めるのか、なぜエゴの真理の歪曲が悪なのかを見てみよう。

2-2 他我構成と自己構成の歪み

『我と肉』における憎しみについての考察の理論的支柱をなすのは、他我構成の分析である。『デカルト的省察』の他我構成の議論を批判的に継承する中で、ロゴザンスキーは、いかにして他者は憎しみの対象として構成されるのかを考察している。先ほど、憎しみの悪たるゆえんは、自己構成の真理を歪めるからだと述べたが、この自己構成の歪みは、他我構成において顕著に表れるのである。いかなる意味で、憎しみの対象の構成が自己の真理の歪曲であるのか。以下、ロゴザンスキーの第五省察の解釈の概略を示したい。

フッサールによれば、他者は、その文化的規定を捨象した場合、エゴが「そこに」知覚する他の物的対象と同じ資格で存在する「異他的物体」でしかない。エゴの身体もまた物体にすぎないが、エゴはそれを「ここ」において同時に肉（*Leib*）として経験している。[4] エゴは肉を持つ身体として、運動感覚を働かせ行動し、喜びや悲しみ等の情動の中で自らを感じることによって、自らの身体を固有のものとして経験する。他者もまた単なる「肉塊」ではない限り、エゴと同じように自らを固有なものとして経験しているのであろう。いかにして単なる肉塊が自らを経験するエゴという性格を持つ者として現出するのか。これが他我構成の問題であり、フッサールは、それは「肉という意味を、私の肉の把握からの転移によって」[5] 与えることをとおして可能になると言う。他我構成は、二つの身体の「ある種の類似に基づく統覚」をとおして、エゴであることの意味を、肉の転移によって、別の身体に与えることに存するのだ。

転移による他我構成というフッサールの議論を継承しつつも、ロゴザンスキーが異議を唱えるのは、他我構成はエゴと他者の類似性によって両者の共同性を形成するという主張に終始するフッサールのスタンスである。エゴと他者は、必ずしも「自我達からなる共同体」を生きる「私たち」として構成されるのではないし、他者は、同類とみなしえない異他性として現出することがある。ロゴザンスキーによれば、「[フッサール」は転移への抵抗、差異の力を軽んじていた」(MC, 241)。転移によってエゴと他者の間に親和性が生じうるにせよ、この親和性を下地にして、他者は同一化を拒む抵抗の極をなすこともある。いやむしろ、ロゴザンスキーに従えば、他者における同一化への抵抗点はエゴと他者の親和性から導き出されると考えなければならない。親和性があるからこそ、両者の関係は疎遠なものになるという逆説が提示されるのであり、その論拠は以下のようなものである。

(1)他者のうちで抵抗点をなす、他者の他者性はエゴに由来するとロゴザンスキーは考える。「他者において最も他なるもの、他者の他者性を構成しているものは、私から到来する」(MC, 254)。他者が私に対して異他的なものとして現れるとしたら、それは私の内にある「自己自身に対する異他性(MC, 283)」を他者に転移するからである。(2)この外部へと投射された内的他性こそが他者に対する感情を引き起こす。例えば他者に対する憎しみは、憎むべき相手によって引き起こされる情動ではない。エゴの内にある憎しみの対象が投射されるがゆえに、他者は憎しみを引き起こすのである。(3)「憎しみ(…)等の私が感じる全ての感情は、まず私自身だけに宛てられている」とロゴザンスキーは言う(MC, 283)。憎しみの対象はエゴ自身の内にある限り、憎しみは自己触発によって感じられるのだ。しかし、その対象が他者に投射され、あたかも他者から触発されたかのように、それを再び感じるとき、エゴは他者をとおして自らを触発することになる。だが、それに気づかない。ここに対人関係における錯覚がある。「他者構成は、ひとを欺く仕方で異他触発として提示される自己触発に基づいている」(MC, 249)。憎しみを引き起こす他者とは、エゴの一部であった。しかしエゴはそれを認めることができないのである。(4)「他者は私の自己の変容として現れる」というフッサールのテーゼをロゴザンスキーは受け継ぐ。しかし留保を加える。転移や投射は無意識的であり(IHS, 40)、エゴは他者を自己の変容として構成する自らを省みることができないと。ロゴザンスキーは次のように述べる。「憎しみを抱く者が倦むことなく〈他者〉のうちに探しまわるのは、自分自身の秘密の部分〈自分の女性性、抑圧された同性愛の傾向、自分の出自や文化のユダヤ的部分(…)等の自己自身に対する異他性の様態〉である」(MC, 283)。憎い他者は私の変容でしかない。だが、それを否認し、自らの異他性を、あたかも外部にあるかのように憎むのだ。

この意味において、憎しみは自分自身についての錯覚に起因するのである。

このような自己否認こそ「憎しみの論理」の根幹をなすとロゴザンスキーは言う。それはまず、内部で忌避されたものを外部へと投射することによって憎しみの対象を構成する。ロゴザンスキーが強調するのは、憎しみとその対象の「本質的な親和性」である。憎しみの対象は当初、エゴの内にあり、エゴが、自らがそれであることを認めることができないものであった。エゴは「自己の異他性」に抵抗を感じ、それを他者に投射して自己から排除しようとする。だが排除は成功しない。なぜなら他者に投影することによって、それは眼前にある対象として回帰するからだ。この内的他性が他者として外的に現れるとしても、それは、エゴと他者の間の親和性によって、エゴに取り憑いて離れないものとして現れるとロゴザンスキーは言う。「自己と憎しみの対象とのほとんど識別不可能な近さは「それに属している」という得体の知れぬ恐怖をさらに強め、より憎しみを掻立てる」（MC, 283）。憎い他者はエゴを貫いて現れるかのようにエゴの存立を揺るがすのだ。

この脅威から逃れるために、自らと憎しみの対象の共属性を破棄しようとするのが憎しみの第二の働きである。憎しみは強迫的な仕方で回帰する内的他性を他者において抹消しようとするのだ。親和性の破棄、回帰の切断、これが憎しみの暴力であり、これによって自己の否認を完遂するのである。「憎しみが他者に襲いかかる時、憎しみが滅ぼそうとしているのは、自分自身の真理なのである」とロゴザンスキーは言う。なぜなら他者において滅ぼそうとするのは自己の内にある異他性であるからだ。このような意味で、ロゴザンスキーは憎しみを「反真理の力（MC, 284）」として定義するのである。

反真理としての憎しみが歪曲するのは、エゴの真理だけではない。それはまず他者の真理も歪曲する。憎しみは自己の異他性を投射することによって、エゴを脅かす悪や敵として他者を構築する。いわばエゴは他者を脅威として構築し、それによって脅かされていると感じるのであるが、この自らの構築に対して無自覚なのである。それゆえエゴは「あたかも自分が被迫害者であるかのように」感じ、自らの他者への敵意を他者の脅威に対する応答であるという錯覚に囚われるのである。憎しみは自分が迫害する他者を迫害者に仕立て上げ、悪として構築し、この他者への攻撃を悪に対する抵抗として正当化するのだ。こうして憎しみは憎しみである自らを隠すことによって、抵抗の真理をも歪めるのである。

3 憎しみと声

3-1 真理の発話

憎しみは対人関係を損なう仕方で自己経験を歪ませる情動である。憎しみの主体は、他者に投射された自己自身の一部によって触発されるという意味で、「自己異他触発」として、あるいは、自らがそれである憎しみの対象を他者として経験するという意味で、「自己異他贈与」として構造化されていると言える（IHS, 40）。このような自己経験が悪であるのは、それが、悪への抵抗の真理を歪曲するからである。憎しみの論理についてロゴザンスキーが明らかにしたのは、何かを悪として憎み、それに抵抗する主体が陥る錯覚であると解釈できる。抵抗すべき「悪い」他者は、内部で排除されたものの外的な回帰でありうるし、その殲滅は単なる自己否認でしかない。他者を敵として構築し、他者に対する迫害を「悪」への正当な抵抗であると錯覚することによって、悪への抵抗の真理が歪められてしまうのである。このようにロゴザンスキーは、自己構成の歪みを悪への抵抗の危機の問題として提示したのだった。『憎んだ』においては、この抵抗の危機の問題がより精緻に分析され、憎しみによるエゴの歪曲の問題がさらに論究されてゆくことになる。

ロゴザンスキーは『憎んだ』において、「政治的大衆迫害の最初の経験」（IHS, 22）である魔女狩りからフランス革命におけるテロルに至るまで、迫害の様々な形態を分析することによって、「迫害装置」(6) の系譜を記述している。例えば、魔女狩りの中に見出される「偏在する隠れた敵」といった幻想を恐怖政治においても見出し、姿を変えながら反復する迫害の歴史的展開を明るみに出すことによって、憎しみと悪の問題がよりダイナミックに議論されることになる。なぜ憎しみという個人的な情動は、特定の集団を消滅させるに至る集団的迫害へと組織されたのか。迫害装置はいかなるテクニックを用いて魔女や反革命容疑者といった迫害の対象を構築したのか。こうした問いに答えることによって、憎しみが共同体レヴェルの経験として論及されてゆくのだ。ただ、本稿では問題を限定し、迫害装置の機能の一つである「真理の促進」という技術をとりあげ、それが、いかに抵抗の真理を歪め、それによって、エゴの真理が脅かされるのかを分析するにとどめたい。

魔女狩りの分析をとりあげてみよう。或る女が魔女であると告発された。なぜ人々は彼女に対する憎しみを「彼女は魔女だ」という発話によって表現しえたのか。それは迫害装置が「ある標的を定め、ある個人に不吉な「敵」の典型の資格として示す名を与え」、そこに民衆の怒りや不安や憎しみといった情動を向かわせるからだ。この敵の構築に決定的な役割を果たしたのが、装置が持つ「言わせる機能」であるとロゴザンスキーは言う（IHS, 67）。それは、（1）憎しみの対象についての「新たな言表、物語、知を作らせ」、そして、（2）「被告に「言うことが不可能な」罪を告白させる」という二つの機能を持つ。国家・宗教権力は、宗教のドグマ、勅書、民間信仰、悪魔学、拷問の末に得られた自白などから、悪魔や魔女についての知や言説を構築し、それをもとに個人を名指し、詰問し、「敵」として主体化する（IHS, 66）。そして、この主体化を完遂するのが、二つ目の「言わせる機能」としての「真理の促進」である（IHS, 140, 165）。「装置が与える顰め面のイメージに被迫害者自身が同一化するとき」（IHS, 72）「敵」の主体化が完遂するのであり、この同一化は強要された自白という「言うこと」によって成り立つのだ。

隠された罪＝真理を暴くために、拷問は正当な手段と見なされていた（IHS 136）。その罪はおぞましいという意味で、また実際に犯されていないという意味で、言い難い罪である（不敬や悪魔との性交）。それゆえ被告は自白を拒むこともあった。しかし審問官にとって自白の拒否、罪状の否認は、悪魔に憑かれているせいと映る。『ヨハネによる福音書』（第八章四四節）で言われているように、悪魔は自らを偽り、隠す者である。それゆえ審問官は様々な手段で被告に罪を、つまり真理を自白させるのである。こうして拷問の末に犠牲者に自白させることよって、迫害装置は自ら作り出した言説の真理を確保するのだ。「このことが意味するのは、迫害装置は自分自身の現実性を作り出し、自身で〈敵〉を構成し、それを破壊することを自らの使命とするということである」（IHS 70）。

３－２　「自分が話すのを聞く」に介入する憎しみ

敵を作り出すと同時にそれ滅ぼす迫害装置。これに対する抵抗は不可能であると思われる。なぜなら、抵抗すべき被迫害者は、それとして主体化すると同時に滅ぼされる敵として構成されるからだ。しかも、この主体化は単に拷問によって強いられたものではない。ロゴザンスキーは、「真理」を言うことが自由においてなされたことを強調する。拷問によって自白を強いられた後、「被告たちは、処刑の前日、聴罪司祭を前に、自白を自由において復唱しなければならなかった」（IHS. 153）。拷問部屋で言わされたことを、実際に自らが犯した罪として多弁に語るケースが多かったという。迫害は肉体を打ち砕くだけではなく、自白という形式で自己否定をするよう仕向けるのだ。そして犠牲者は強いられた自白を、自ら告白することによって、真理の名において、自己の真理を自ら裏切るのである。エゴの真理が歪曲され、自己でないものへと自己が変じるのは、迫害者が言う「おまえは（魔女）だ」という発話を、一人称で引き受けることによって、迫害者が投影する対象に同一化してしまうからなのであろう。こうして、憎しみによるエゴの歪曲は、エゴの真理の名において自らを否認する行為として現れるのである。エゴの真理の歪曲とは、エゴの一人称の発話が、エゴの歪曲そのものとなるという逆説的な経験なのだ。被迫害者は、迫害者が言う「おまえは〜だ」を、自ら一人称で言うのを聞くことによって、自らの迫害者になる。あたかも「〈私〉に自分自身を否認させ、他者によってその真理を奪われるがままにさせる〈欺く者〉」とは〈私〉自身であるかのように（MC,145-146）。

かくしてエゴの真理の歪曲が最も顕著になる場所が特定されることになる。すなわち「自分が話すのを聞く」活動としての自己触発である。迫害とは次のような意味で自己を触発する形式をなす(7)。まず、被迫害者が、迫害者が聞きたいことを迫害者に言うとき、迫害者は、被迫害者を通して、「自分が話すのを聞く」のである。この意味で被迫害者の発話は「迫害者たちの終わることの無い独語」（IHS, 156）を形作ることになるだろう。そして被迫害者は、自分を迫害する者が語ることを自らが語るのを聞くことによって、自らのエゴの真理を自ら否認するのである。

おわりに――抵抗とエゴの真理

自己の真理を裏切るように強いる他者に対して抵抗をしたとしても、それは真理の隠匿であると見なされうる。真理のための抵抗は、悪の自己否認と見なされ、エゴは拷問にかけられ、真理の名において自らの真理を否認するに至る。真理における悪の主体の自己開示は真理の歪曲と同義になるのであり、しかも真理の歪曲は悪への抵抗という目的のためになされうるのだ。このようにロゴザンスキーは、悪への抵抗の真理とその非真理の絡み合いの中にエゴの真理の危機を描き出すのである。(8) ここに、カント論以来、論究されてきた悪の自己錯覚についての考察の到達点を見ることができる。悪の自己錯覚とは、迫害装置によって自らのエゴの真理を裏切るよう強いられる被迫害者の悲劇であり、真理のために抵抗するエゴを、自らを偽る悪として殲滅せんとする迫害者の狂気なのである。

驚くべきは、このように抵抗の真理を壊滅させる迫害装置に対して、真理のための抵抗は依然として可能であるとロゴザンスキーが主張していることである。すでに見たように、迫害装置は殲滅すべき悪としてエゴを主体化するために、エゴ自身に自らの非真理を真理であるように言わせる。エゴは自己の真理を自ら否認することによって、抵抗の主体として到来することを自らに禁じているのだ。それゆえ権力装置に対して抵抗する主体は生じえないのである。しかしロゴザンスキーによるなら、もし抵抗が不可能であるように見えるとしたら、それは、真理の発話を権力装置によって作り出されるものと見なし、真理を言うエゴの構成を装置による主体化と同一のものと見なすからである。エゴの抵抗の可能性を思考するためには、エゴの存立を、装置による主体化に先立つものと想定し、そして、そのエゴに「発話することの根源的可能性」を認めなくてはならないとロゴザンスキーは言う（IHS, 78, 160）。真理を言いうるエゴの存在を認める限りにおいて、たとえ真理の名において嘘を強いられ、自らの真理を自ら裏切ろうとも、エゴは真理のために抵抗しえたと考えることができるのである。つまり、自らの真理のために抵抗すべき主体は到来しえなかったのではない。それはすでに到来していたのである。「すでにいた」エゴの存在から、到来するであろう（しえたであろう）エゴの真理の発話を思考しようとする試みこそ、悪や憎しみをめぐるロゴザンスキーの考察の核となっているのであり、そこには、憎しみに抵抗する彼の思考の真摯さがある。

略号

J. Rogozinski. *Le Don de la Loi*, PUF, 1999 (DL), *Le Moi et la chair*, Cerf, 2006 (MC), *Ils m'ont haï sans raison*, Cerf, 2015 (IHS), « De la Loi à l'Ego » (LE), Le Portique, 2005, URL : http://leportique.revues.org/index676.html. I. Kant. *Die Religion innerhalb der Grenzen der bloßen Vernunft* (Rel), 1793. in : *Kant's Gesammelte Schriften*, herausgegeben von der Königlich Preußischen Akademie der Wissenschaften, Bd. VI, 1914［『たんなる理性の限界内における宗教』北岡武司訳、『カント全集』第一〇巻、岩波書店、二〇〇〇年］.「法則」→「法」など、カントからの引用の中で訳語に変更を加えた箇所があることをおことわりします。

註

（1）本研究は、日本哲学会第七六回大会で行われた一般研究発表を基にしており、JSPS 科研費 JP16K45678 の助成を受けたものである。

（2）アリストテレス『ニコマス倫理学』第七巻第二章。デカルト「一六四五年二月九日付メラン神父宛書簡」。

（3）H. Arendt, *Eichmann in Jerusalem*, Faber and Faber, 1963, p.93

（4）ロゴザンスキーは、肉を「根源的に受肉した私」、「自らを自ら自身に与える私にだけ適合する規定」として考えようとしている。Cf. MC, p.151.

（5）E. Husserl, *Cartesianische Meditationen* : in Husserliana I, 1950, Nijhoff, S. 140.［フッサール『デカルト的省察』浜渦辰二訳、岩波文庫、二〇〇一年、一九九頁］

（6）「この用語で私が示すのは、公共の空間から排除するのでも、規範化するために規律訓練するのでもない、抹消するためにその標的を同定する権力装置である」。IHS, 143.

（7）レヴィナスもまた迫害を「自我が自己を触発する形式」と言っていた（*Autrement qu'être ou au-delà de l'essence*, Le Livre de poche, 2008, p. 160）レヴィナスの迫害概念の批判については cf. IHS, 18-19.

（8）このようにロゴザンスキーはハイデガーの真理概念を独自に解釈するのである。ハイデガーの真理概念への言及に関しては、cf. MC, 31 et 112-113.

〈応募論文〉

「同一性」の諸相——不可識別者同一の原理をめぐって

横路《よころ》　佳幸《よしゆき》
（慶應義塾大学・日本学術振興会）

序

不可識別者同一の原理（the Principle of the Identity of Indiscernibles; 以下PII）とは、あらゆる性質において不可識別な個体が同一であると述べる原理である。この原理の妥当性については、その強力な反例が提出されて以来、主に個体の存在論においてこれまで数多くの議論が巻き起こされてきた。その論点は多岐にわたるものの、その中心的かつ根本的な問題は次のように述べることができる。すなわち、もしPIIが妥当である（または妥当ではない）とすれば、性質の不可識別性はいかなる根拠で同一性を導く（または導かない）のだろうか。本稿における私の目的は、「同一性」が持つ諸相を区別し明らかにすることで、PIIをめぐる問題の所在をはっきりとさせ、PIIがある相において妥当たりうると示すための一つの見取り図を提示することである。

本稿の構成は次の通りである。第一節ではPIIをめぐる論争状況を簡単に概観し、第二節では「同一性」の二つの相とその特徴を論じる。第三節では、その二つの相を基にPIIの問題を整理しながら、ある相におけるPIIの妥当性を擁護する。

第一節　論争の概観

一般に、PII は次のような原理として想定される。すなわち、必然的に、任意の個体があらゆる性質を共有するならば、それらは同一である。これを二階の量化で形式化すると次のようになる（x と y は個体、Φ は性質の上を走る変項とする）[1]。

（1）$\Box((\forall x, y)((\forall \Phi)(\Phi x \leftrightarrow \Phi y) \rightarrow x = y))$

換言すれば、数的に異なる二つの個体があらゆる性質を共有することはありえない。たとえば、ほとんど不可識別な二つの葉を考えよう。それらはサイズや形、重さなどに関するほとんどの性質において瓜二つである。だが、それらが数的に異なる葉である限りあらゆる性質を共有することはなく、一方の葉しか持たない何らかの性質があるはずである。他方、もし当の葉が本当にあらゆる性質を過不足なく共有し、完全に不可識別なのだとしたら、それは葉が実際のところ二つではなく一つで同一だということの証左である。古くはゴットフリート・ライプニッツに支持されたこの PII は、直観的に見れば正しい原理であるように思われる（cf. Rodríguez-Pereyra (2014)）。

しかし、マックス・ブラックは PII に対しよく知られた反例を提起した（cf. Black (1952)）。いま、二つの球体カストル（以下 c）とポルックス（以下 p）以外に何も存在しない完全に対称的な世界を考えよう。それらは互いから空間的に一定程度離れているが、ともに純鉄から成り、サイズや形、重さなどあらゆる性質を共有する。このとき、これらの鉄球は数的に異なるが不可識別であるゆえ、次の可能性が成り立つ。

（2）$\Diamond(c \neq p \;\&\; (\forall \Phi)(\Phi c \leftrightarrow \Phi p))$

この（2）が PII を論駁することは明らかである。また、ほとんど不可識別な二つの葉がありうるのだから、完全に不可識別な二つの球体があったとしても不思議ではない（cf. Adams (1979)）。よって、完全に瓜二つの c と p のみが存在する「ブラックの宇宙（以下 BU）」がありうる限り、一見すると正しく見えた PII はその妥当性を失うのである。

PII をめぐる今日までの一連の論争は、主として BU やその周辺事例に対していかなる説明を与えるのかという問題を中心として展開されてきたと言えよう。PII を BU から守るための解決策はこれまで複数提示されてきたが（cf. Zimmerman（1997））、ここではそのうち私が最も見込みがあると考えるものだけ確認することにしたい。それは、c と p の数的差異性を認めつつも完全な不可識別性を否定する解決策である。幾人かの論者が指摘するように（cf. Hawthorne（2003）; Ladyman（2016）; Quine（1976））、ある対称的で非反射的な関係が個体 x と y の間に成立するとき、x は y から「弱く識別可能（weakly discernible）」だとされる。たとえば、「x は y から離れている」という距離に関する空間的関係を S とすると、c は c から離れていないが、c は p から離れているゆえ、¬S（c, c）& S（c, p）が成立し、c は p から弱く識別される。逆に、仮に c と p が少しも離れていなかったとすれば、c と p は関係 S によっては識別されず、それらは一つの鉄球だっただろう。よって、c と p が非反射的な関係 S によって識別される限り、それらは完全に不可識別であるとは言えず、それゆえ BU は PII に対する反例とはならない。以下ではこの解決策を WD と呼ぼう。

このWD に対し PII の批判者は、関係 S は c と p を識別する助けにはならないと主張する（cf. Allaire（1965）; Hawley（2009）; Russell（1911-2））。その理由は、関係 S が c と p の間で成立するということが、すでに c と p の数的差異性を前提しているように見えるからである。関係 S が個体 x と y の間に成り立つように見える場合でも、x と y が実は c であるとき、その非反射性から S は決して x と y の間に成立しない。すると、関係 S が x と y の間に成立することを認め、そこから x と y の完全な不可識別性を否定するためには、最初から x と y が c（または p）であることを排除し、x と y の数的差異性を前提しておかねばならない。ある批判者が述べるように、「PII を標榜する一つの重要な動機は、［個体の間の］同一性や差異性の事実を同一性以外の事実（non-identity fact）によって基礎づけたいということ」（Hawley（2009）, p. 109）だとすれば、関係 S の事実は差異性や同一性の事実を説明し基礎づけることに失敗しており、事態はむしろ、個体の間の関係 S の成立または不成立がその個体の差異性または同一性によって説明され基礎づけられるということである。ゆえに、c と p の差異性を前提してしまう関係 S が PII の性質量化から排除されるゆえ――でなくては PII が些末な原理となりかねない――BU はやはり PII の反例となり、その結果 WD は PII の擁護策として有効ではないとされる。

では、PII の批判者は c と p の差異性をどのように説明するのだろうか。もし彼らが単に（2）の可能性を提示するに留まり、c と p の差異性をそれ以上説明を要しない裸の事実とみなしたとすると、マイケル・デラロッカが指摘した困難に直面する（cf. Della Rocca (2005)）。それは、サイズや形、重さだけでなく、時空的領域をも共有する球体が二十個存在するという馬鹿げたケースを排除できないという困難である。このケース（以下 DR）を適切に排除するには、球体が一つしかない根拠を明示化する必要があるものの、PII を拒否する者は性質Φによる識別に頼ることができない。なぜなら、彼らは性質の不可識別性によっては同一性を導くことができないからである。だが目下の目的では、PII の批判者による個々の解決策に立ち入る必要はなく、次の要点を確認するだけで十分である。すなわち、BU によって PII を論駁するときでも、c と p の数的差異性を説明する何らかの理論的装置を性質Φに頼らずに用意せねば、DR という新たな問題が生じるということである。

以上の議論から、PII はその支持者と批判者双方に対してそれぞれ異なる困難を突きつけるように思われる。一方の支持者にとっては、c と p は、少なくとも非反射的で空間的な関係 S によって弱く識別可能である。しかし、そのとき関係 S を PII の性質量化に含めてよいのか疑問が残る。他方の批判者にとって、数的に異なる c と p は完全に不可識別である。しかし、c と p の差異性を適切に根拠づけることができなければ、DR という事例を排除できないだろう。

すると、我々は PII の妥当性をどのように考えればよいのだろうか。次節では、この疑問に答えるための予備的考察として、PII の議論から少し離れ、ここまで無頓着に使用してきた「同一性」に焦点を当てることにしたい。

第二節　「同一性」の諸相

私の見方によれば、個体の「同一性」は、コインの表裏のように、少なくとも二つの相または顔を持つものとして考えることができ、その解明は PII の妥当性をめぐる問題の整理と解決に資する。(2) 以下ではそれぞれの相について詳述する。

「同一性」が持つ第一の相とは、「各々の個体が各々自身と同一である、すなわちそれ自身である」と特徴づけられる自己同一性（self-identity）である。この相の「同一性」を同一性①と呼ぶと、それは単項的な性質であるゆえ、一つの個体変項xを入力とする関数として形式上λx（$x = x$）と表すことができる。同一性①はあらゆる個体に当てはまるという点で普遍的であると同時に、その成立または不成立という事態それ自体は論争の余地がないという点で無意味である。というのも、個体xが存在する限りxは必ず自身と同一であり、xが自己同一的だと述べたところで、意義ある情報を何も付け加えないからである。

とはいえ、同一性①が成立する根拠や基礎を問うことは決して無意味ではないうえ、それは伝統的に主要な形而上学的議論の一つであったと言える。同一性①がいかなる根拠で成り立つのかを明らかにする原理を「個体化の原理」と呼ぶと、それは「問題の個体の自己同一性は何によって成立し、問題の個体をまさにその個体ならしめるものは何か」という問いに答えるものとなる。この答えは通常、個々の個体の自己同一性または一意性を根拠づけ、個体を分節化する個体化子（individuator）によって与えられる。ただし、その具体的な候補は次節で触れることにし、ここではより重要な「同一性」の第二の相へ移ろう。

第二の相とは、単項的な自己同一性と対照的に、二項的な同一性関係である。この相を同一性②と呼ぶと、それは二つの個体変項xとyを入力とする関数として形式上$\lambda x, y(x = y)$と表記でき、同一性②に関する同値類はすべて$\langle a, a\rangle$や$\langle b, b\rangle$など一意的な形式を持つペアから成るクラスである。同一性②は、様々な領域で用いられる「同一性」と同様に、反射性や対称性、推移性を満たす同値関係であると同時に、PII の逆に相当する次の同一者不可識別の原理（the Principle of the Indiscernibility of Identicals）を満たす。

（3）$\Box((\forall x, y)(x = y \rightarrow (\forall \Phi)(\Phi x \leftrightarrow \Phi y)))$

（3）によれば、必然的に、任意の個体が同一であれば、それらはあらゆる性質を共有する。この原理は、PII と異なり、その妥当性が広く受け入れられたものである。同一性②が「同じ身長である」などのその他の同値関係から峻別されるのは（3）が成り立つおかげだと考えられ、性質の不可識別性を含意する点で同一性②は同値関係の中でも特異な地位に立つ。

だが、同一性②の特徴はこれで終わりではない。ここで私は、デイヴィッド・ウィギンズによる同一性についての基本方針を大きく敷衍することで、同一性②と先の同一性①の違いを簡潔に素描することにしたい（cf. Wiggins（2001）；Wiggins（2016））。その基本方針とは、個体の間の二項的な同一性②と、人間や馬、彫像、葉などの種別概念（sortal concepts）をも含む三項的な種別的同一性の間を取り結ぶ次の原理によって示される（Fは種別概念の上を走る変項とする）。

（4）$\Box((\forall x, y, F)((x = y \,\&\, Fx \,\&\, Fy) \leftrightarrow (x =_F y)))$

（4）によれば、必然的に、種別概念Fに属する個体の間の同一性②の成立は、それらの間の同じFであること（$=_F$）の成立と等しい[3]。種別概念Fは、「それは何か」という問いに適切な答えを与え、個々の概念に特有の同一性の規準を提供するものである。たとえば、ある人間の同一性は同じ人間（または同一人物）であることに等しく、その規準はある山の同一性すなわち同じ山であることによる規準とはまったく異なるものだろう。ウィギンズの言葉では、「xとyの同一性は、xとyそれぞれが例化する特定の基本的な種fを参照することで決定される」（Wiggins（2016），p. 1）。つまり、個体xの同一性や存在、生成消滅は、例外なくxの属する種別概念Fの与える規準によって統制され、同じFであることの成立と軌を一にするゆえ、同一性②は「種別的依存性（sortal dependency）」を持つと考えられる。

以下では（4）を認めることとし、さらにウィギンズのその他の考えも導きとすることにしよう。すると、種別的同一性ひいては同一性②の特徴を少なくとも二つ挙げることができる。第一に、種別的同一性は、種別概念と時空的関係を利用するロックの原理（Locke's Principle）と深い連関にある（cf. Wiggins（2016），ch. 2）。ジョン・ロックによれば、「同じ種の二つのものが同じ時点に同じ場所に存在しうるとは我々は考えないうえ、思い描くこともしない」（Locke（[1690] 1975），II. xxvii. 1）とされる。いま、ロックの見解を正確には同じFであることの十分条件を述べるものだと解し、同じ場所での存在を「空間的に離れている（一致していない）」ことだとすると、個体xとyが時点tでFに属し、かつxとyがtで空間的に離れていないとき、xはyとtで同じFである[4]。他方で、先の（3）を任意の時点tに制限すると、この逆もまた成り立つように思われる。というのも、（3）と（4）より、xとyがtで同じFであるとき、xとyはtであらゆる性質を共有するゆえに、xとyはtで種別概念Fや非反射的な空間的関係においても不可識別でなければならないからである。よって、空間的に離れていることを表す先の関係Sを用いると、次のような拡張された共時的なロックの原理を想定することができる（tはxとyが存在する時点の上を走る変項とし、$Px[@t]$は「tにおいてxはPである」を表すとする）。

（5）$\Box((\forall x, y, F, t)((Fx[@t] \,\&\, Fy[@t] \,\&\, \neg S(x, y)[@t])$
$\leftrightarrow (x =_F y[@t])))$

（5）によれば、必然的に、時点tにおいて個体xとyが種別概念Fに属し、かつtにおいてxがyから空間的に離れていないのは、tにおいて個体xがyと同じFであるときかつそのときのみである。この（5）は、（4）と組み合わせると、個体の間の種別的同一性、そして同一性②が共時的に成立することの必要十分条件を述べるものとなる。[5] もちろん、（5）やロックの原理は決して論争の余地がない原理であるわけではないが（cf. Lowe (2008); Oderberg (1996); Simons (1987)）、差し当たりそれらを妥当だとみなし、具体例でその適用を見ることにしたい（以下では簡便のため時点を省略する）。

たとえば、ともに人間であるソクラテスとカリアスの「同種ケース」と、人間に属する個体sがソクラテスと空間的に一致する「一致ケース」の二つを考えよう。同種ケースでは、ソクラテスとカリアスがともに人間に属するとしても、彼らの間に同一性②が成立しないことは明らかである。これは、（5）によれば、彼らが空間的に一致せず、同じ人間でないことから引き出すことができる。また、一致ケースでは、個体sとソクラテスは人間という種別概念を共有し、空間的に離れていない。よって、それらの間には同じ人間であること、すなわち同一性②が成立せねばならない。したがって、個体xとyの間の種別的同一性と同一性②の成立は、少なくとも共時的にはxとyの種別概念と空間的な関係から導くことができる。

続く同一性②の第二の特徴は、次のウィギンズの言葉で端的に示される。「同一性の形而上学は、同一性の認識論をまとめ上げる思考を再構成し、また経験における対象を取り出すときに思考者が行うことを再構成する以外に道はない。すなわち、事物の振る舞いを観察し、（…）特定の対象をその種のそのほかの成員から識別するための特徴を（もしあれば）探し出し、同一のものとして（いかに可謬的であろうと）再同定するということの再構成である」(Wiggins (2016), p. 10)。彼によれば、それ自体では取っつきにくい同一性②の成立を解明するには、我々人間が個体の同一性を把握し、その追跡・再同定を行う日常的な「実践の内部」(Wiggins (2001), p. 2) という比較的取り組みやすい地点を出発点とするしかない。その一方で、我々は個体からの影響を受けながら、個体を概念化することでそのあり方や振る舞いを把握する。同一性②の成立は「物理的世界を探り理解するための概念枠」(*ibid.*, p. 148) を要請し、概念枠による人間中心的な実践から本来切り離すことができないものである。

そして個体を把握するためのそうした概念枠に相当するものこそ、(5) で登場する種別概念と時空的概念にほかならない。こうした概念に基づく個体の認知的な個別化や捕捉を通じた実践への定位に基づくことで、我々は個体の間に同じ*F*であること、そして同一性②が成り立っているかどうかを判断することができる。たとえば、かつて男子学生であった個体が現在レストランの奥で座っている男性である個体と同じひと (同一人物) であるかどうかを解決するには、「かつてあの男子学生であった人間がレストランの奥にいるひとまたは人間と一致すると結論づけ」(*ibid.*, p. 56) ねばならないだろう。しかし、ウィギンズによると、個体を種別概念や空間的な関係を用いて概念的に構造化し認知的に個別化するのはほかならぬ我々である一方で、その構造化は個体の分節化や個体化に先行するものではなく、本稿の用語では「我々人間による構造化以前に同一性①の成立はありえない」ということを含意するわけではない。我々の概念枠は、我々人間から独立に同一性①が成立する個体と、概念的な構造化を試みる我々人間との間のいわば仲介役の役割を果たしうる。カメラが被写体を映し出すとしてもそれを作り出すわけでないのと同様、種別概念と時空的関係に依拠して種別的同一性を導く我々の概念枠は、個体の同一性①を構築する (construct) ことではなく、そのあり方に影響を受けながら解釈する (construe) ことを可能にする。つまり同一性①のあり方を正しく解釈するために措定される (4) と (5) は、次のことを述べる原理である。すなわち、「同一性と［認知的］個別化が関わり合う」(Wiggins (2016), p. 1) がゆえに、同一性②の成立は、種別概念と空間的関係の概念的な構造化による種別的同一性の成立と対等の関係に立つということである。

本稿では、以上のウィギンズ的な方針と同一性①と同一性

②の区別が維持可能であると仮定したうえで、次節で本題のPIIに立ち戻ることにしたい。

第三節　問題の所在

私の考えでは、PIIの妥当性をめぐる問題、特にBUとDRに対していかなる説明を与えるのかという問題は、「同一性」の諸相に応じて二つに分けることができる。

第一の問題は、より重要な同一性②に関わる仕方で次のように述べうる。すなわち、cとpが性質Φにおいて不可識別であるとき、cとpの間に同一性②は成り立つのだろうか。先の（5）によれば、cとpの間の（共時的な）種別的同一性の成立は、cとpの属する種別概念の共有とcとpの間の非反射的な空間的な関係の不成立と等しい。cとpは、鉄球（または鉄塊）という種別概念を共有する一方で空間的に離れている。ゆえに、cとpは同じ鉄球ではなく、（4）より同一性②も成立しない。他方で、DRにおける二十個の球体は、すべて鉄球に属し空間的に一致する。よって、それらは同じ鉄球であり、（4）よりそれらの間には同一性②が成立するゆえに、DRの可能性は排除される。したがってPIIは、性質Φに種別概念Fと空間的な関係Sが含まれさえすれば、（4）と（5）より、FとSによる不可識別性の成立が同じFであること、そして同一性②の成立を導くゆえに妥当な原理となる。以下ではこの解決策を先のロックの原理にちなみLPと呼ぼう。[6]

一見するとLPは、第二節で見たWDとさほど変わらない解決策のように思われるかもしれない。しかし、LPはWDと次の二点において異なる。第一にLPは、BUとDRをそれぞれ同種ケースと一致ケースの一種として扱うことができる。BUは、空間的に一致しないソクラテスとカリアスのケースと類比的であり、DRは空間的に一致する人間sとソクラテスのケースと類比的である。LPは、その反例のように見えた一連のケースを含むあらゆる事例に対し、種別概念と空間的な関係という個体識別の一般的指標を課すだけで、同一性②の成立を決定するには十分だと述べ、（4）と（5）によりPIIの妥当性を認める。よってLPは、より広範な適用範囲を可能とする一般化された原理に基づく提案であり、BUやDRに対処するために提案される意味でアドホックな提案なのではない。

続く第二の相違点は、LPがWDに対して先に提起された

「前提問題」の正当性を認める一方で回避案ともなりうるということである。WDを支持するジェイムズ・レディマンは、前提問題が不当な想定に基づいていると正しくも指摘する（cf. Ladyman（2016））。たしかに、BUにおける⌜S（c, c）& S（c, p）の成立は、cとpが異なる個体であることによって説明され、その差異性を前提しているように見える。だが、これが非反射的な関係Sに限定されないのは、単項的性質Pによって個体aとbが識別されること、すなわち⌜Pa & Pbの成立から明らかである。個体aとbがPによって識別されるためにはこの連言が成立せねばならないが、aとbがすでに異なる個体でなくてはその連言は成立しなかったはずであり、その連言はaとbの差異性によって説明され、それを前提しているように見える。同様の事態は、PIIで量化されるあらゆる性質や関係に当てはまる。よって、PIIの前件文の成立が常に後件文の成立を必要とする限り、前提問題は「弱い識別可能性それ自体ではなく、同一性の質的事実へのあらゆる還元を標的とする」（ibid., p. 195）。したがって、あらゆる性質や関係でも提起されうる前提問題は、WDに対してフェアではないとされる。

このレディマンの応答に対して、LPは次のように述べうる。たしかに前提問題がWDに対しフェアではないとしても、そこで問題とされる「前提」が個体化や分節化への先行という意味であれば、それはまったく見当はずれの問題提起をしているわけではない。というのも、非反射的な空間的な関係Sの成立が、その関係項となる個体がすでに互いから独立に同一性①を持つことを前提するとしてもおかしくはないからである。BUで言えば、cとpがすでに異なる個体として個体化・分節化されているという事実は、非反射的な関係Sによるcとpの識別、すなわち⌜S（c, c）& S（c, p）の成立によって基礎づけられるというよりも、異なる個体としてcとpそれら自体がその連言に登場せざるをえない以上、むしろその成立を基礎づけるものであるかもしれない。つまり、cとpの同一性①の不成立の意味での差異性がcとpの間の関係Sの成立に常に先行してしまうゆえに、関係Sは少なくともcとpそれぞれの自己同一性を支える個体化子の役割を果たしえない可能性がある。

PIIの妥当性をめぐる第二の問題は、こうした同一性①の成立の基礎を問うことで生じるように思われる。個体xの個体化子の候補としてこれまで提案されてきたのは、xが例化する性質Φまたはトロープ（の束）をはじめ、裸の個物やメレオロジカルな部分、x自身、xの質料や基体、xが占める原初的な時空的位置、xのこのもの性などである。[7] だが、レディマンの指摘が正しければ、前提問題によって指摘されるのは、関係Sだけでなくあらゆる性質や関係の例化が個体の同一性①の成立を前提してしまいかねず、個体の同一性①の先行性が常に認められるということである。それゆえ、「同一性の質的事実への還元」は必ず失敗する運命にあるかもしれない。ここからレディマンは前提問題の不当性を引き出す一方でLPは、同一性①に関する限りでの前提問題であればその説得性を棄却する必要はないと論じることができる。性質や関係に関する質的な不可識別性の事実は同一性①の事実を基礎づけるわけではなく、それゆえに同一性①に関する原理としてのPIIは妥当でないかもしれないと主張しうる。むしろ、ウィギンズの言葉を借りれば、同一性①の意味での「同一性は基盤をまったく持たない」（Wiggins（2005）, p. 474）とさえ主張しうる。

しかしそのときでもLPは、同一性②に関する限りでの前提問題は回避しうるゆえに、同一性②に関する原理としてのPIIは妥当であると主張しうる。（4）と（5）より、BUの鉄球cとpの間に同一性②が成立するかどうかは、cとpが同じ鉄球であるかどうか、すなわちcとpが鉄球という種別概念に属し、空間的に一致しているかどうかに等しい。このとき前提問題が生じないのは、同一性②に関する原理としてのPIIの前件文に含まれる種別概念や空間的な関係に関する事実が、たしかに個体の個体化や同一性①の成立を前提するとしても、同一性②や種別的同一性の成立を前提するとは限らないからである。cとpが同じ鉄球であることの成立は、実在の分節化すなわちcとpが別個に個体化され互いから独立に同一性①を持つことを構築することでも基礎づけることでもない。それは、同一性①の成立に影響されながらも、鉄球という種別概念と空間的に離れているという関係に関する概念的で人間中心的な構造化に基づいた解釈である。他方で、同一性②の成立は、そうした同じ鉄球であることの成立と対等の関係に立ち、両者は決して切り離せない関係にある。よって、同一性②の成立の可否は、再びウィギンズの言葉を借りれば「取り出された事物と、思考者——思考者は場所と対象を取り出すことで問題の事物の世界におけるあり方を知る——の間の実践的な交渉」（Wiggins（2001）, p. 2）を経ねばならないという点において、我々の概念枠に根差す種別概念Fと空間的な関係Sの成立の可否を正確に基礎づけるような先行性を持つわけではない。同一性②が種別的依存性を持つ限り、同一性②の事実が種別概念と空間的な関係の事実に一方的に先行するという意味での「非対称性」に「同意する必要はまったくない」(*ibid.*, p. 18) だろう。そこに非対称性や先行性があるように見えるとすれば、それは我々から独立に成立する個体の同一性①と、我々の人間中心的な実践から不可分に成立する同一性②の混同に由来する。それゆえ、cとpの性質や関係の例化、特に鉄球という種別概念と非反射的な空間的な関係Sにおけるcとpの不可識別性が、cとpが異なる仕方で分節化され、別個に自己同一性としての同一性①を持つことを前提するとしても、cとpの間の同じ鉄球であることの不成立および同一性②の不成立を一方的に前提すると考える理由はもはやどこにもない。同様のことはDRにも当てはまる。

したがって、PIIを同一性①ではなく同一性②を導く原理と考える場合には、種別概念Fや空間的な関係SをPIIの性質量化に含めることはもはや妨げられない。種別概念と空間的な関係の例化は、それ自身では我々が概念的に解釈し構造化することに等しく、たしかに同一性①が当てはまる個体から成る実在を分節化する個体化子というわけではないにせよ、種別的同一性や同一性②の成立を必ずしも一方的に前提することなく導く点において決定的な役割を担っている。それゆえ、PIIは、前提問題のゆえに同一性①の相においては妥当でないかもしれないとしても、前提問題から逃れうると同時に(4)と(5)により同一性②の相においては妥当たりうるという意味で二面性を持つと言うことができる。PIIの妥当性と前提問題が持つ説得性の調停——それは結果としてWDとそれに対する批判の調停でもある——は、実在の分節化としての同一性①が成立することと、同一性①と我々の間を仲介する概念枠に基づく種別的同一性および同一性②が成立することの間の混同をLPにより回避することによって可能となるのである。

結語

まとめよう。PIIの妥当性をめぐる一連の議論を整理し解決に導くための一つの方法は、「同一性」の諸相を参照点として問題を二つに分けることである。一つは、同一性①の成立を基礎づける性質や関係についての特定の個体化の原理の妥当性をめぐるものとなる。この意味でのPIIは、もし前提問題による指摘が正しければ、少なくとも有意義な原理としては妥当ではないかもしれない。個々の個体の同一性①の成立を支える個体化や分節化は、あらゆる性質や関係の例化に関する質的な不可識別性の事実に先行し、その事実を基礎づけるように思われるからである。他方で、もう一つの問題は、種別的同一性を介して同一性②の成立を支える原理としての（4）と（5）の妥当性をめぐるものとなる。（4）と（5）が妥当であるとき、BUやDRはそれら原理の適用例の一種にすぎず、また同一性②が種別的依存性を持ち、概念的な構造化から切り離せない限り前提問題はもはや生じない。ゆえに、PIIの妥当性は、種別概念と空間的な関係の不可識別性が種別的同一性、ひいては同一性②を導くことによって保持することができる。

　もちろん、以上の議論は一つの見取り図を概略的に示したにすぎない。同一性②を人間中心的な実践に結び付けることは許されるのか、また仮定された（4）や（5）は本当に妥当なのか、さらに同一性①と同一性②、種別的同一性はどのような関係に立ちうるのか（同型性を持つのか）といった数多くの疑問や問題は手つかずのまま残されており、それらに十全な応答を与えるためには、特に同一性②についてのさらなる説明と検討を行わねばならない。とはいえ、私の見る限りPIIを論じてきた論者は、これまでその単純さを理由に「同一性」そのものについてほとんど何も述べてこなかった。その結果、典型的には個体の存在論的な基礎づけを問うことが問題の核心であり、前提問題がPIIの支持にとって脅威となると考えられがちである。しかし、LPが正しいとすると、それは「同一性」を導くPIIの問題の多角的な側面の一つにすぎず、もう一方の同一性②や種別的同一性の側面が見過ごされている。したがって、PIIを「同一性」の諸相の文脈に位置づけることが、PIIをより幅広い視点に立って区分けし、その妥当性を新たに捉え直すための一つの可能な視座であることを確認したならば、本稿に課せられた任は達成されたことになるだろう[8]。

参考文献

Adams, R. M. (1979), “Primitive Thisness and Primitive Identity”, *Journal of Philosophy* 76, 5-26.
Allaire, E. (1965), “Another Look at Bare Particulars”, *Philosophical Studies* 16, 16-21.
Black, M. (1952), “The Identity of Indiscernibles”, *Mind* 61, 153-64.
Castañeda, H. (1975), “Individuation and Non-Identity: A New

Look", *American Philosophical Quarterly* 12, 131–40.
Della Rocca, M. (2005), "Two Spheres, Twenty Spheres, and the Identity of Indiscernibles", *Pacific Philosophical Quarterly* 86, 480–92.
Gordon-Roth, J. (2015), "Locke's Place-Time-Kind Principle", *Philosophy Compass* 10, 264–74.
Hawley, K. (2009), "Identity and Indiscernibility", *Mind* 118, 101–19.
Hawthorne, J. (1995), "The Bundle Theory of Substance and the Identity of Indiscernibles", *Analysis* 55, 191–5.
——— (2001), "Identity", in M. Loux and D. Zimmerman (eds.), *The Oxford Handbook of Metaphysics*, Oxford: OUP.
Jeshion, R. (2006), "The Identity of Indiscernibles and the Co-Location Problem", *Pacific Philosophical Quarterly* 87, 163–76.
Ladyman, J. (2016), "The Foundations of Structuralism and the Metaphysics of Relations", in A. Marmodoro & D. Yates (eds.), *The Metaphysics of Relations*, Oxford: OUP.
Locke, J. ([1690] 1975), *An Essay Concerning Human Understanding*, P. H. Nidditch (ed.), Oxford: Clarendon Press.
Lowe, E. J. (2008), "Essentialism, Metaphysical Realism, and the Errors of Conceptualism", *Philosophia Scientiæ* 12, 9–33.
——— (2009), *More Kinds of Being*, Malden (MA): Wiley-Blackwell.
Oderberg, D. S. (1996), "Coincidence under a Sortal", *Philosophical Review* 105, 145–71.
Perry, J. (2002), *Identity, Personal Identity, and the Self*, Indianapolis (IN): Hackett.
Quine, W. V. (1976), "Grade of Discriminability", *Journal of Philosophy* 73, 113–6.
Rodríguez-Pereyra, G. (2014), *Leibniz's Principle of Identity of Indiscernibles*, Oxford: OUP.
Russell, B. (1911–2), "On the Relation of Particulars and Universals", *Proceedings of the Aristotelian Society* 12, 1–24.
Simons, P. (1987), *Parts*, Oxford: Clarendon Press.
Wiggins, D. (2001), *Sameness and Substance Renewed*, Cambridge: CUP.
——— (2005), "Replies", *Philosophy and Phenomenological Research* 71, 470–6.
——— (2016), *Continuants*, Oxford: OUP.
横路佳幸（2016）「絶対か相対か：同一性と種別概念の結び付きをめぐって」、三田哲学会（編）『哲学』第137集、115–37頁。
———（近刊）「認識的な種別概念論を擁護する：個別化と種別概念の把握の結び付きをめぐって」、『科学基礎論研究』第45号。
Zimmerman, D. (1997), "Distinct Indiscernibles and the Bundle Theory", *Mind* 106, 305–9.

注

（1） PIIの性質量化は、それを些末な原理としないために、問題の個体の同一性や差異性を含む性質（このもの性など）を排除せねばならないが、本稿ではその点に立ち入らない。
（2） 「同一性」が二つの相を持つことは少数の論者によって示唆

されてきたが（cf. Castañeda (1975); Perry (2002)）、従来の特徴づけと私のものは多少異なる。なお、「相（aspect）」という語自体は、カントの物自体と現象の区別に対する解釈の一つとして知られる「二側面（two-aspect）解釈」から拝借したものであり（誤解を避けるため訳語は変更した）、それはものや事態に対する二つの捉え方や語り方（二側面解釈の場合、人間の経験や認識の形式に基づく側面とそうでない側面）を意味する。

（3）（4）については以下の点に注意せよ。第一に、正確にはウィギンズは（4）ではなく、「xがyと同一であるのは、何らかの種別概念Fについて、xがyと同じFであるときかつそのときのみである」という原理を支持している。だがこの原理は、かつてロウが指摘した通り、「任意の個体xは何らかの種別概念Fに属する」という仮定と（4）から論理的に導出することができ（cf. Lowe (2009); Wiggins (2001)）、本稿では余計な仮定を避けるため、この原理の代わりに（4）を置く。第二に、ウィギンズは（4）が必然的であるとは述べていないが、種別的同一性と同一性の結び付きを単なる偶然ではないと考えるのであれば（4）が必然性を要請するのは自然であるように思われる。第三に、同一性が種別概念に相対的であるとするいわゆる相対的同一性説から（4）は明確に区別されねばならない（cf. Lowe (2009); 横路（2016））。

（4）ロックの言葉は、「種」が何を指すかについてこれまで様々な解釈が与えられてきたが（cf. Gordon-Roth (2015)）、本稿ではそれを「種別概念」と解する。

（5）私が（5）やロックの原理（に相当するもの）を支持する理由は、一致する彫像と銅塊などが同一性ではなく構成関係にあるとする構成説（constitution view）に立つことのみからである（ウィギンズはその他にもロックの原理を支持する理由を挙げているが、彼自身がWiggins (2016)で付記しているように、あまり説得的ではないように思われる）。構成説について詳しくは、Lowe (2009); Wiggins (2001); 横路（近刊）を見よ。

（6）急いで言い添えておかねばならないが、ウィギンズ本人は同一性①と同一性②を区別しているわけではないのにくわえて、LPを支持しないばかりか、PIIの妥当性を否定している（cf. Wiggins (2001); Wiggins (2016)）。彼が否定しているのは私には同一性①に関する原理としてのPIIであるように思われるが、ウィギンズの主張に本稿が同意し踏襲するのは、第二節における種別的同一性による同一性（本稿では同一性②に相当する）の特徴づけという観点であり、少なくともPIIの問題に対する解決策としてのLPは彼自身の考えから独立であるという点に注意してほしい。

（7）性質の束、裸の個物、原初的な時空的位置、このもの性の代表的な支持については、順にHawthorne (1995); Allaire (1965); Jeshion (2006); Adams (1979)を見よ。

（8）本稿は、二〇一七年五月に一橋大学で開かれた日本哲学会第七六回大会での口頭発表に基づく。そこで有益な質問をくださった方々、および三名の匿名の査読者の方々にこの場を借りてお礼申し上げたい。なお、本稿はJSPS科研費JP15J08786の助成を受けたものである。

日本哲学会規則

二〇一三年五月一一日　第六五回総会にて承認、改定

第一条　本会は日本の哲学研究者の全国組織であって日本哲学会と称する。

第二条　本会は哲学の研究を進め、その発展をはかることを目的とする。

第三条　本会はこの目的を達成するために下記の事業を行う。

1　年一回以上の哲学大会の開催

2　研究機関誌の定期的発行

3　日本学術会議との連絡

a　日本学術会議の諮問に応ずる

b　日本学術会議への提案を行う

c　日本学術会議の会員候補者および推薦人を推薦する

4　国内の関連諸学会との連絡

5　海外の関連諸学会との連絡

6　その他必要な事業

第四条　本会の会員は、会の趣旨に賛同し、哲学研究に関心をもつ者とし、入会にあたっては、会員一名の推薦を要する。賛助会員は本会の趣旨に賛同し、本会の運営を支援する団体もしくは個人で、本会機関誌等の配布を受け、総会・評議員選挙を除く本会の全行事に参与しうる。賛助会員を希望する者は、その旨を理事会に申し入れ、理事会の承認を受けるものとする。

第五条　本会は年一回定期に総会を開き、また必要があれば理事会の決議により臨時にこれを開くことができる。総会は本会の活動の根本の方針を決定し、理事会より一般報告、会計報告、編集委員会報告及びその他必要な報告を受ける。

第六条　（1）本会に四十八名の評議員を置く。この他に必要に応じて、最大四名まで推薦評議員を置くことができる。
（2）本会に次の役員を置く。

会長　一名　会計監査　二名
事務局長　一名　編集委員　若干名
編集委員長　一名　事務局幹事　若干名
理事　十六名

他に、推薦理事を最大四名まで置くことができる。
（3）役員（推薦理事も含む）の任期は二年とし、再任を妨げないが、重任は一回に限る。ただし、この規定にかかわらず、会長職にあった者は、次期も前会長として理事に選出もしくは推薦できる。

第七条　評議員は会員の中から選挙される。必要に応じて、理事会は推薦評議員を任命することができる。評議員と推薦評議員は評議員会を構成する。会長は最低年一回評議員会を召集する。評議員会は理事会からの報告を受けて会の活動について審議する。評議員および推薦評議員の任期は二年とし、重任を妨げない。

第八条　理事は評議員の中から互選される。会長は理事の中から互選によって決定される。評議員から選出された理事の合議により、必要に応じて評議員の中から推薦理事を任命することができる。理事と推薦理事は理事会を構成する。会長は本会を代表し、理事会を召集する。理事会は本会の運営に関し協議決定し、また会員の入会を承認する。

第九条　会計監査は評議員の中から互選され、少なくとも年一回会計を監査し総会に報告する。会計監査は他の役員を兼ねることはできない。

第十条　評議員の選挙及び役員の選出に関しては別に細則を設ける。

第十一条　理事会は理事の中から編集委員長を選出する。編集委員は理事会の決議によって委嘱され、本会研究機関誌の編集（研究論文の審査及び一般研究発表の選定を含む）に当たる。編集委員会の運営については、別に「編集委員会内規」を設ける。

第十二条　事務局長は理事会の決議によって委嘱され、本会の事務を統括する。事務局長は理事会の議を経て理事（定数外）に加わることができる。事務局幹事は理事会が委嘱し、事務局長を補佐する。事務局に事務局員（若干名）を置くことができる。

第十三条　本会の事務局の所在地は二年毎に理事会の議を経て決定される。

第十四条　本会の会員は会費として年額六千円を納入する。ただし、会費減額制度が適用される会員については、その限りではない。会費減額制度の詳細については、理事会で決定する。賛助会員については一口六千円として、年二口以上を納入することとする。

第十五条　本規則は総会の決議を経て変更することができる。

日本哲学会役員選出・評議員選挙細則

二〇一〇年七月一〇日制定
二〇一六年七月　九日改訂

〔選挙管理委員会〕

第一条　理事および評議員選挙は、理事会において選出される委員三名からなる選挙管理委員会が管理する。任期を二年とする。委員のうち少なくとも一名は理事とし、その者を委員長とする。

〔評議員選挙〕

第二条　評議員は、会員の投票によって選ばれ、その定数は四十八名である。

第三条　投票は、無記名、連記による。会員は選挙権並びに被選挙権を持つものとする。各会員は、所定の用紙に、選出しようとする者の氏名を被選挙人名簿から二十名まで記入して投票することができる。

第四条　得票数同数のため当選者を決定しがたい場合は、抽選により当選者を決定する。

第五条　投票が有効か無効かの判別はつぎの基準による。

1　所定の用紙以外の紙を用いたもの、無効
2　二十名以下の氏名を記入したもの、有効
3　二十一名以上の氏名を記入したもの、無効

第六条　選挙管理委員会は開票を行い、開票結果および当選人について直近の総会にて報告しなければならない。開票に際しては、事務局長および次期事務局長予定者が立ち会うものとする。

第七条　投票結果は、大会時の掲示、および、会員連絡によって公表する。

〔理事・会計監査選出〕

第八条　理事および会計監査は、評議員の投票によって、評議員の中から選ばれる。理事の定数は十六名であり、会計監査の定数は二名である。

第九条　投票は、無記名による。各評議員は、理事もしくは会計監査に選出されることの可能な評議員全員の氏名が記された所定の用紙によって、選出しようとする理事を十六名まで、選出しようとする会計監査を二名まで投票することができる。

第十条　同一人が理事と会計監査との両方に当選した場合は理事として当選したものとみなす。

第十一条　得票数同数のため当選者を決定しがたい場合は、抽選により当選者を決定する。

第十二条　投票が有効か無効かの判別はつぎの基準による。

1　所定の用紙以外の紙を用いたもの、無効

2　理事および会計監査の定数以下の者に投票したもの、有効

3　理事の定数（十六名）より多い者に投票したもの、理事選出に関して無効

4　会計監査の定数（二名）より多い者に投票したもの、会計監査選出に関して無効

5　理事・会計監査の区別をせずに投票したもの、無効

第十三条　選挙管理委員会は開票を行い、開票結果および当選人について直近の総会にて報告しなければならない。開票に際しては、事務局長および次期事務局長予定者が立ち会うものとする。

第十四条　投票結果は、大会時の掲示、および、会員連絡によって公表する。

日本哲学会役員一覧（二〇一七年六月―二〇一九年五月）

会　長　加藤　泰史

事務局長　岡本　賢吾（事務局校　首都大学東京）

編集委員長　一ノ瀬正樹

副編集委員長　越門　勝彦　上原麻有子（欧文誌編集責任）
齋藤　直子（web論集『哲学の門』）

理　事
一ノ瀬正樹　伊藤　邦武　上野　修
大河内泰樹　岡本　賢吾　加藤　泰史
金山　弥平　榊原　哲也　杉田　孝夫
田口　茂　竹内　章郎　出口　康夫
寺田　俊郎　中畑　正志　納富　信留
野家　啓一　古荘　真敬　村上　祐子
森　一郎　森下　直貴　渡辺　憲正

会計監査　和泉　ちえ　河野　哲也

事務局幹事　木田　直人　栗原　裕次　藤川　直也

評議員
飯田　隆　石井　潔　和泉　ちえ
伊勢　俊彦　伊勢田哲治　一ノ瀬正樹
伊藤　邦武　上野　修　上原麻有子
大河内泰樹　大橋容一郎　尾関　周二
片山　善博　加藤　泰史　金山　弥平
蔵田　伸雄　氣多　雅子　河野　哲也
小屋敷琢己　齋藤　直子　酒井　潔
榊原　哲也　澤　佳成　杉田　聡
杉田　孝夫　鈴木　泉　周藤　多紀
平子　友長　高田　純　田口　茂
竹内　章郎　田坂さつき　種村　完司
津田　雅夫　出口　康夫　寺田　俊郎
戸田山和久　直江　清隆　中畑　正志
中　真生　納富　信留　野家　啓一
藤谷　秀　古荘　真敬　牧野　英二
牧野　広義　御子柴善之　水野　邦彦
村上　祐子　森　一郎　森下　直貴
渡辺　憲正

編集委員

井頭　昌彦　　池田　真治　　池田　　喬
石原　孝二　　上枝　美典　　植原　　亮
荻原　　理　　長田　蔵人　　加地　大介
加藤　和哉　　金子　善彦　　木阪　貴行
城戸　　淳　　久米　　暁　　蔵田　伸雄
古賀　　徹　　米虫　正巳　　佐々木一也
鈴木　　泉　　津崎　良典　　津田　雅夫
土橋　茂樹　　中　　真生　　長島　　隆
貫　　成人　　林　　克樹　　林　　誓雄
福間　　聡　　宮野真生子　　森下　直貴
森田　邦久　　山田有希子　　吉原　雅子

（欧文誌部会）

齋藤　直子　　榊原　哲也　　ジェレマイア・オルバーグ
出口　康夫　　納富　信留　　馬場　智一
藤田　尚志　　村上　靖彦

（五十音順）

日本哲学会研究倫理規定

二〇〇七年三月三日制定　二〇一二年五月一二日改定　二〇一四年三月一五日改定

趣旨と目的

日本哲学会は、哲学研究の発展をはかり、哲学研究者どうしの開かれた交流を深めることを目的とする。日本哲学会会員は、このことを自覚し、学会運営および研究活動において、この目的を阻害するようなことがあってはならない。哲学研究もまた一つの知的営みである以上、知的営み一般に課される規範は、哲学研究の成果の発表においても守られる必要がある。知的不正行為を黙過することは、知的営みに課される規範への重大な侵害である。哲学研究・教育の健全な発展のために、日本哲学会は、「日本哲学会研究倫理規定」を策定するとともに、日本哲学会会員に対して、本学会を哲学研究のための開かれた場所として確保するように努めることを求め、かつ、知的不正行為の防止の必要性を強く訴えるものである。

規定

第一条　本学会の運営にあたって、会員は、公正を維持し、性別・年齢・国籍・人種・宗教・性的指向などに関して差別的な扱いをしてはならない。とりわけ、本学会へ投稿される論文、および、本学会での発表の希望に関して、その審査にあたる会員は、公正を保った審査を行わなければならない。

第二条　会員は、本学会を、会員相互の知的研鑽のための開かれた場所として確保することに努めなければならない。とりわけ、会員どうしの自由な討論を阻害したり、特定の会員への誹謗中傷を行うことは、許されない。

第三条　会員は、研究成果の発表に際して、とりわけ、剽窃・盗用を行ってはならない。

第四条一　第一条、第二条あるいは第三条への侵害と思われる行為に関して、会員は、日本哲学会事務局研究倫理担当窓口に訴えることができる。

二　不正行為の訴えがなされた場合、日本哲学会事務局研究倫理担当窓口はそのことを日本哲学会理事会にすみやかに報告し、日本哲学会理事会において調査委員会を設置することとする。

三　調査委員会は、訴えのあった会員からの弁明の聴取を含めて公正な調査を行い、設置から三ヶ月以内に日本哲学会理事会あてに不正行為の有無に関する報告書を提出するものとする。また、調査委員会委員は、調査事項について守秘義務を有する。

四　調査委員会の報告を受けて、日本哲学会理事会は、訴えのあった会員に関して処遇を決める。不正行為が認定された場合の処分としては、（一）各種委員の資格停止、（二）会員の資格停止、（三）除名、のいずれかとする。

五　不正行為が認定され、処分を受けた会員は、日本哲学会理事会の決定に不服のある場合には、一ヶ月以内に異議申し立てを行うことができる。異議申し立てのあった場合には、速やかに再調査を行うものとする。

六　調査の結果、不正行為の事実が存在せず、訴えが悪意によるものであることが判明した場合には、日本哲学会理事会は訴えを起こした会員に対して上記第四項に準じた処遇を行う。

七　不正行為が認定され、処分を受けた会員が所属する研究機関から要請があった場合には、日本哲学会理事会は異議申し立て期間の終了後に当該機関に対して報告書を交付することができる。

付則

一　本規定は、日本哲学会理事会の決定によって変更することができる。

日本哲学会応募論文公募要領（日本語論文）

二〇一七年五月改定

1　論文テーマと前提要件

哲学に関するもの。ただし（使用言語が何であるかにかかわらず）未公刊のもの、応募の時点で他の学会誌などに投稿中ではないものに限ります。

2　応募資格

当年度までの会費をすべて納入済みの日本哲学会会員であること。ただし、前年度の『哲学』に公募論文が掲載された者を除きます。

※　共同執筆の場合、執筆者全員が会員である必要はありませんが、筆頭著者は会員に限ります。

3　執筆要領

以下の形式で応募してください。

（1）Ａ４判で四〇字×四〇行でレイアウトして（改行などによるスペースも含めて）十枚以内。

（2）タイトル、注および文献表も、（1）に定めたのと同じ条件で印字し、（1）に定めた容量に含む。

（3）注についてはワープロ・ソフトの脚注・後注いずれの注作成機能も使わずに、論文末にまとめて記すこと。

※　一行四〇字という設定は漢字と仮名を基準としたもので、英数字などは一字と数えず、ワープロ・ソフトの自動字送り処理等に任せてよい。ただし応募者は、紙媒体に印刷された応募論文の漢字と仮名だけの行を数えて一行四〇字でレイアウトされているかどうかを必ず確認すること。

（4）欧文要旨　三〇〇語程度の欧文要旨（英・独・仏語のいずれか）とその日本語訳を作成すること。要旨も評価の対象ですので、使用言語を母語とする人による校閲を必ず受けてください。

（5）審査の方法は匿名による審査です。匿名性の確保のため、以下の点に留意して執筆・投稿してください。

※　論文、欧文要旨とその日本語訳のすべてに、氏名と所属を記載しないでください。
※　自著を参照する場合も、「拙論」「拙稿」といった記載をせず、他の文献と同様に指示してください。
※　氏名、所属、自著についての情報は、掲載が決定した後に入れていただきます。

4　提出物

次の（1）（2）の両方を提出してください。

（1）　印刷物

・原稿（右記（3）の執筆要領に従ったもの）　一部

応募原稿には、氏名、ふりがな、所属機関名は記載しないこと。

・欧文要旨とその日本語訳　各一部

A4判用紙に印刷してください。氏名、所属機関名は記載しないこと。

・応募論文調書　一部

指定書式に必要事項をご記入ください。指定書式は日本哲学会ホームページからダウンロードできます。

（2）　ファイル

右記「原稿」「欧文要旨とその邦訳」「応募論文調書」のファイル（PDF形式とWORD形式両方）。

5　提出要領

（1）　印刷物

論文原稿、欧文要旨及びその日本語訳、応募論文調書を揃え、封筒の表に「公募論文原稿在中」と明記の上、事務局宛に郵送のこと。（なお、提出された原稿は返却しません。）

※　事務局の住所は日本哲学会ホームページ（http://philosophy-japan.org/about/）にて確認のこと。

（2）　ファイル

論文原稿、欧文要旨及びその日本語訳、応募論文調書を添付ファイル（PDF形式とWORD形式両方）とし、Eメールで日本哲学会事務局（nittetu@philosophy-japan.org）まで送ること。なお、メールの件名は「日本哲学会公募論文投稿」とすること。

（3）　提出者情報のフォーム入力

論文タイトルおよび提出者情報等について事務局が指定するフォームに入力し、送信する。詳細は日本哲学会ウェブサイトに掲載している要項を確認すること。

6　応募期間

『哲学』次号掲載のための応募期間は六月一日から六月末日です。ただし、その期間内に提出された論文であっても、採用された論文の数が多い場合や、書き直し等により審査に日数を要する場合など、次々号以降に掲載が延期されることもあります。

7　審査

編集委員会の責任において、査読者に対して論文執筆者の氏名を示さない匿名審査制で審査・選考します。審査の過程で問題点を応募者に指摘し、書き直しの要求をする場合があります。また、不採用になったものについても、その結果と理由を通知します。

※　執筆要領の形式に従っていなかったり、締め切りを過ぎたりするなど、公募要領に従っていない原稿は審査の対象外となりますので、注意してください。

※　かつて「不採用」と判定された応募者が、新たに論文を投稿し、この新規投稿論文が旧論文とほぼ同内容と判断された場合は、「二重投稿」とみなされて「不採用」となります。

※　ほぼ同内容の論文を和文誌『哲学』と欧文誌 *Tetsugaku: International Journal* の両方に応募することも「二重投稿」とみなされて「不採用」となります。

※　書き直し再投稿、字句修正指示を受けた修正稿を提出する場合は、論文原稿、欧文要旨及びその邦訳、論文調書を添付ファイルとしてEメールで日本哲学会事務局まで送付し、印刷物は採用が確定した後指示を受けてからお送りください。

※　ご提出いただいた個人情報は厳重に管理し、学会事務に必要な範囲以外で使用することはございません。

日本哲学会応募論文公募要領（欧文一般公募論文）

二〇一七年五月改定

1　論文テーマと前提要件

哲学に関するもの。ただし（使用言語が何であるかにかかわらず）未公刊のもの、他の学会誌などに投稿していないものに限ります。

2　応募資格

当年度までの会費をすべて納入済みの日本哲学会会員であること。ただし、前年度の欧文誌 *Tetsugaku* に公募論文が掲載された者を除きます。

※　共同執筆の場合、執筆者全員が会員である必要はありませんが、筆頭著者は会員に限ります。

3　執筆要領

（1）欧文の論文は欧文誌 *Tetsugaku: International Journal* に掲載するので、欧文誌の Guidelines for Contributors to *Tetsugaku: International Journal* に従って執筆してください。

（2）審査の方法は匿名による審査です。匿名性の確保のため、以下の点に留意して執筆・投稿してください。

※　論文、欧文要旨とその日本語訳のすべてに、氏名と所属を記載しないでください。

※　自著を参照する場合も、「拙論」「拙稿」といった記載をせず、他の論文と同様に指示してください。

※　氏名、所属、自著についての情報は、掲載が決定した後に入れていただきます。

4　提出物　次の（1）（2）の両方を提出してください。

（1）印刷物

・原稿　一部

応募原稿には、氏名、所属機関名は記載しないこと。

・欧文要旨　一部
Ａ４判用紙に印刷してください。氏名、所属機関名は記載しないこと。
・応募論文調書　一部
指定書式に必要事項をご記入ください。指定書式は日本哲学会ホームページからダウンロードできます。
※　論文の使用言語を母語としない投稿者は、原稿を校閲した使用言語のネイティヴ・スピーカーの氏名を調書に明記してください。
（２）ファイル
右記「原稿」「欧文要旨」「応募論文調書」のファイル（ＰＤＦ形式とＷＯＲＤ形式両方）。

5　提出要領

（１）印刷物
論文原稿、欧文要旨、応募論文調書を揃え、封筒の表に「公募論文原稿在中」と明記の上、事務局宛に郵送のこと。（なお、提出された原稿は返却しません。）
※　事務局の住所は日本哲学会ホームページ（http://philosophy-japan.org/about/）にて確認のこと。
（２）ファイル
論文原稿、欧文要旨、応募論文調書を添付ファイル（ＰＤＦ形式とＷＯＲＤ形式両方）とし、Ｅメールで日本哲学会事務局（nittetu@philosophy-japan.org）まで送ること。なお、メールの件名は「日本哲学会欧文誌公募論文投稿」とすること。
（３）提出者情報のフォーム入力
論文タイトルおよび提出者情報等について事務局が指定するフォームに入力し、送信する。詳細は日本哲学会ホームページに掲載している要項を確認すること。

6　応募期間

Tetsugaku 次号掲載のための応募期間は八月一日から八月末日からです。ただし、その期間内に提出された論文であっても、採用された論文の数が多い場合や、書き直し等により審査に日数を要する場合など、次々号以降に掲載が延期されることもあります。

7　審査

編集委員会の責任において、査読者に対して論文執筆者の氏名を示さない匿名審査制で審査・選考します。審査の過程で問題点を応募者に指摘し、書き直しの要求をする場合があります。また、不採用になったものについても、その結果と理由を通知します。

※　かつて「不採用」と判定された応募者が、新たに論文を投稿し、この新規投稿論文が旧論文とほぼ同内容と判断された場合は、「二重投稿」とみなされて「不採用」となります。

※　ほぼ同内容の論文を和文誌『哲学』と欧文誌 *Tetsugaku* の両方に応募することも「二重投稿」とみなされて「不採用」となります。

※　書き直し再投稿、字句修正指示を受けた修正稿を提出する場合は、論文原稿、欧文要旨、論文調書を添付ファイルとしてEメールで日本哲学会事務局まで送付し、印刷物は採用が確定した後指示を受けてからお送りください。

※　書き直し再投稿、修正稿の審査結果が出た後、改めて確定稿について使用言語を母語としない応募者はネイティヴ・スピーカーによる校閲を受けたうえでご提出ください。

※　締め切りを過ぎるなど、公募要領に従っていない原稿は審査の対象外となりますのでご注意ください。

※　ご提出いただいた個人情報は厳重に管理し、学会事務に必要な範囲以外で使用することはございません。

Guidelines for Contributors to *Tetsugaku: International Journal*

- Articles written in English, French or German should not exceed 6,000 words (including notes) and should follow the latest edition of the Chicago Manual of style.
- All contributions should be submitted in Microsoft Word format using the template on the website of The Philosophical Association of Japan
- All submissions will be peer-reviewed.
- Neither author's name nor institutional affiliation should be shown in paper itself. Any acknowledgements and materials that allow identification of the author should be removed prior to submission.
- Personal information about the author should be included in "Cover Letter" using the template on the website of The Philosophical Association of Japan
- Articles should include an abstract around 300 words.
- Articles and cover letters should be sent to <ejournal@philosophy-japan.org>
- The Editors or referee(s) may decline a submission or request substantial revisions. It is essential that manuscripts be reviewed by a native speaker before submission.
- At the proof stage, authors can only make typographical changes to the manuscript.
- Authors are responsible for correct spelling, grammar, and other aspects of style that may affect the clarity and accessibility of the text. However, the editors may actively edit for these if necessary.

日本哲学会ｗｅｂ論集『哲学の門：大学院生研究論集』応募論文公募要領

日本哲学会では、大学院生を応募対象としたｗｅｂ論集『哲学の門：大学院生研究論集』を発行することになりました。論文を投稿しようとする会員は、下記の要領で応募してください。

1　論文テーマ

哲学に関するもの。ただし、（使用言語が何であれ）未公刊のもの、他の学会誌などに投稿していないものに限ります。

2　応募資格

以下の二つの要件の両方を満たす者

（1）当年度までの会費をすべて納入済みの日本哲学会会員であること。

（2）大学院修士課程（博士課程前期）在籍者。または大学院博士課程（博士課程後期）在籍者で在籍中の博士課程（博士課程後期）入学後2年以内の者

※　共同執筆の場合も、執筆者全員が上の二つの要件を両方満たす必要があります。

3　執筆要領

以下の形式で応募してください。

（1）Ａ4版で作成してください。

（2）字数は、日本語の場合は（注も含めて）、一万字以上、一万二千字以内。英独仏語による場合は（注も含めて）、三千語以上、三千八百語以内。

（3）注についてはワープロ・ソフトの脚注・後注いずれの注作成機能も使わずに、論文末にまとめて記すこと。

（4）タイトルと文献表を付してください。タイトルと文献表は字数に入りません。

（5）審査の方法は匿名による審査です。匿名性の確保のため、以下の点に留意して執筆・投稿してください。

※　論文には、氏名と所属を記載しないでください。

※　自著を参照する場合も、「拙論」「拙稿」といった記載をせず、他の論文と同様に指示してください。

※　氏名、所属、自著についての情報は、掲載が決定した後に入れていただきます。

4　提出要領

（1）　論文原稿、応募論文調書を添付ファイルとし、ＷｏｒｄファイルおよびＰＤＦファイルの両方の形式にて、Ｅメールで日本哲学会事務局（nittetu@philosophy-japan.org）まで送ること。なお、メールの件名は「日本哲学会『哲学の門』公募論文投稿」とすること。

（2）　提出者情報のフォーム入力

論文タイトルおよび提出者情報等について事務局が指定するフォームに入力し、送信する。詳細は日本哲学会ウェブサイトに掲載している要項を確認すること。

5　応募期間

『哲学の門：大学院生研究論集』次号掲載のための応募期間は八月一日から八月末日です。ただし、その期間内に提出された論文であっても、書き直し等により審査に日数を要する場合など、次々号以降に掲載が延期されることもあります。

6　審査

編集委員会の責任において、査読者に対して論文執筆者の氏名を示さない匿名審査制で審査・選考します。審査の過程で問題点を応募者に指摘し、書き直しの要求をする場合があります。また、不採用になったものについても、その結果と理由を通知します。

※　執筆要領の形式に従っていなかったり、締め切りを過ぎたりするなど、公募要領に従っていない原稿は審査の対象外となりますので、注意してください。

※　かつて「不採用」と判定された応募者が、新たに論文を投稿し、この新規投稿論文が旧論文とほぼ同内容と判断された場合は、「二重投稿」とみなされて「不採用」となります。

※　審査において採用とされ、掲載された論文について、それを発展・展開したものを日本哲学会和文誌『哲学』または欧文誌 *Tetsugaku: International Journal* に応募することができます。

※　書き直し再投稿、字句修正指示を受けた修正稿を提出する場合は、論文原稿、論文調書を添付ファイルとしてEメールで日本哲学会事務局まで送付してください。

※　ご提出いただいた個人情報は厳重に管理し、学会事務に必要な範囲以外で使用することはございません。

日本哲学会若手研究者奨励賞

日本哲学会では、わが国における哲学研究のいっそうの進展のために、若手研究者奨励賞を設けています。本賞は、本会の機関誌『哲学』に掲載された投稿論文のうち、投稿時年齢三十五歳以下の若手を対象に、特別に優れた論文の著者に授与するものであり、選考は年度ごとに行います。

二〇一六年度（二〇一七年四月発行『哲学』六八号）の日本哲学会若手研究者奨励賞は下記の方が受賞されました。

川瀬 和也氏「ヘーゲル『大論理学』における絶対的理念と哲学の方法」

日本哲学会著作権規定

二〇〇八年七月五日制定

（この規定の目的）

第一条　この規定は、本学会発行の出版物に掲載された論文等（論文、解説記事等）に関する著作者の著作権の取り扱いに関して取り決めるものである。

（著作権の帰属）

第二条　本学会発行の出版物に掲載された論文等に関する著作権［注1］は原則として、著作者から本学会への譲渡［注2］により、本学会に帰属する。特別な事情により本学会に帰属することが困難な場合には、申し出により著作者と本学会の協議の上、措置する。

（不行使特約）

第三条　著作者は、以下各号に該当する場合、本学会と本学会が許諾する者に対して、著作者人格権を行使しないものとする。

（1）電子的配布における技術的問題に伴う改変

（2）アブストラクトのみ抽出して利用

（第三者への利用許諾）

第四条　第三者から著作権の利用許諾要請があった場合、本学会は本学会理事会において審議し、適当と認めたものについて要請に応ずることができる。

二　前項の措置によって第三者から本学会に対価の支払いがあった場合には、本学会会計に繰り入れ学会活動のために活用する。

（著作者の権利）

第五条　本学会が著作権を有する論文等の著作物を著作者自身が利用することに対して、本学会はこれに異議申し立て、もしくは妨げることをしない。

二　著作者が著作物を利用しようとする場合、著作者は本学会に事前に申し出を行った上、利用された複製物あるいは著作物中に本学会の出版物にかかる出典を明記することとする。ただし、元の論文等を二五％以上変更した場合には、この限りではない。また、三項にかかわる利用に関しては事前に申し出ることなく利用できる。

三　著作者は、掲載された論文等について、いつでも著作者個人のWebサイト（著作者所属組織のサイトを含む。以下同じ。）において自ら創作した著作物を掲載することができる。ただし、掲載に際して本学会の出版物にかかる出典を明記しなければならない。

（著作権侵害および紛争処理）

第六条　本学会が著作権を有する論文等に対して第三者による著作権侵害（あるいは侵害の疑い）があった場合、本学会と著作者が対応について協議し、解決を図るものとする。

二　本学会発行の出版物に掲載された論文等が第三者の著作権その他の権利及び利益の侵害問題を生じさせた場合、当該論文等の著作者が一切の責任を負う。

（発効期日）

第七条　この規定は平成二〇年七月五日に遡って有効とする。なお、平成二〇年七月五日より前に掲載された論文等の著作権についても、著作者から別段の申し出があり、本学会が当該申し出について正当な事由があると認めた場合を除き、この規定に従い取り扱うものとする。

［注1］　以下の権利を含む：複製権（第二一条）、上演権及び演奏権（第二二条）、上映権（第二二条の二）、公衆送信権等（第二三条）、口述権（第二四条）、展示権（第二五条）、頒布権（第二六条）、譲渡権（第二六条の二）、貸与権（第二六条の三）、翻訳権、翻案権等（第二七条）、二次的著作物の利用に関する原著作者の権利（第二八条）。

［注2］　著作者から本学会へ著作権に関する承諾書が提出されることにより、著作権の譲渡が行われる。

日本哲学会林基金

二〇一一年五月一四日制定　二〇一六年五月一四日改定

〈設立の経緯〉

故林繁夫氏から遺言により日本哲学会に二〇〇〇万円が寄贈され、故人の遺志を尊重し、日本哲学会林基金が設立された。使途については、二〇一〇年度委員会において検討がなされ、二〇一一年五月に開催された第六三回総会において、以下の使途・運営方針が了承された。また二〇一六年六月に開催された第六七回総会において、使途の追加について了承された。

林繁夫氏（一九三二―二〇〇九）は、生前、公認会計士・税理士をされていた方であり、氏の相続財産管理人に選任された弁護士からの連絡で遺贈の事実がわかったものである。

〈運営方針〉

一　使途全体について

（1）「林基金若手研究者研究助成」を創設し、原則として現行の若手研究者奨励賞候補者全員に対して研究助成を行う。ただし、上記候補者の中で助成水準に達していない、ないし研究計画に不備があると判断された者に関しては、助成対象に含めない。研究費は一人一〇万円とする。助成期間は一年間。成果として遅くとも期間終了後半年以内（したがって、助成開始翌年の九月三〇日まで）に研究成果の報告書を提出しなければならない。この改定は二〇一五年度助成対象者から適用するものとする。

＊　現行の若手研究者奨励賞はそのまま維持される。

（2）「林基金出版助成」を創設する。助成対象者は年に一名までとする。助成金は五〇万円とする。

（3）本学会の発行する欧文誌に要する経費について本基金より支出できるものとする。

二　林基金運営委員会について

林基金を運営するために、「林基金運営委員会」を設置し、「林基金運営規定」を策定する。

日本哲学会林基金運営規定

第一条　本基金は、日本哲学会林基金と称する。

第二条　本基金は、故林繁夫氏からの寄付にもとづき、本学会ならびに会員の研究活動を支援・奨励することを目的とする。その目的を達成するため、以下の事業を行う。

一　若手会員の研究助成

二　本学会ならびに若手・中堅会員の出版助成

三　本学会の発行する欧文誌の刊行経費補助

第三条　本基金に林基金運営委員会（以下「運営委員会」という。）を置く。運営委員会は、本基金の運営に関する重要事項を審議し、日本哲学会理事会（以下「理事会」という。）にその議を報告する。

運営委員会委員七名および委員長一名は、理事会の議を経て、日本哲学会会長がこれを任命し、任期は二年とする。ただし、再任は妨げない。

運営委員は、必要により任期途中に補充を行うことができる。その任期は、残存期間とする。

第四条　運営委員会の下には、第二条一と二の事業を実施するために、以下の作業部会を置く。各作業部会の部会委員および部会長は、運営委員会において決定し、任期は二年とする。ただし、再任を妨げない。

一　若手研究者研究助成作業部会（編集委員会がこれを兼務する。したがって、部会長は編集委員会委員長がこれを兼務し、部会委員は編集委員がこれを兼務することになる）

二　出版助成作業部会

三　欧文誌の刊行については、編集委員会欧文誌部会が事業の実施にあたり、本基金の利用に関しては、林基金運営委員会及び日本哲学会理事会の承認を得るものとする。

各作業部会に関する細則は、運営委員会においてこれを別に定める。

第五条　林基金に関する監査は、日本哲学会の会計監査がこれを兼務する。

第六条　運営委員および委員長はすべて無給とする。
第七条　この規定の改正は、運営委員会の発議にもとづき理事会の議を経て、これを行う。

林基金若手研究者研究助成対象者
　第六回（二〇一七年度）　真田美沙氏　鴻浩介氏

以上

Philosophy

(Tetsugaku)

Annual Review of The Philosophical Association of Japan No.69／April 2018

Edited & Published by the Philosophical Association of Japan

Department of Philosophy, Tokyo Metropolitan University

1-1 Minamiosawa, Hachioji, Tokyo, 192-0397, Japan

哲学　第69号　ISBN978-4-86285-936-5

2018年4月1日　発行

編集兼発行者　加藤泰史

発行所　日本哲学会
日本哲学会事務局
〒192-0397　東京都八王子市南大沢1-1
首都大学東京　南大沢キャンパス5号館
413室気付
E-mail: nittetu@philosophy-japan.org
振替：00190-0-112651

発売所　株式会社　知泉書館
〒113-0033 東京都文京区本郷1-13-2
Tel:03-3814-6161 Fax:03-3814-6166

Summaries

Why Do Only Words Hurt?: Exploring Harassment Speech As a Speech Act

Takashi IKEDA

Suppose a male philosophy teacher states in the classroom: philosophy is not suitable for women. This paper examines reasons this statement is a morally impermissible harassment speech. First, it examines some characteristics of this speech such as lack of vicious intention on the side of speaker, based on which one could claim that the speech is unproblematic. In opposition to this claim, this paper argues that speaker's intention is not relevant to the moral nature of harassment speech. It further points out that speech act theory offers useful methods to analyze the moral wrong of harassment speech, particularly based on the reason that this theory is capable of directly addressing the right and wrong of the speech itself, without referring to speaker's intentions nor consequences of the speech, neither of which are likely not to be observed in trustworthy methods in cases of harassment. Second, I analyze the above statement as subordinating speech that ranks female students as inferior to male students in terms of capabilities regarding philosophical research. The analysis particularly pays attention to the move of conversation within the specific context of the classroom, and clarifies the normative power involved in this move that forces hearers to accept the belief women are inferior to men regarding philosophical abilities. Third, the paper focuses on silence of male students as a reaction to the teacher's statement, and argues that it licenses this statement and reinforces the authority of the speech. Moreover, it is pointed out that third person's statements such as "you worry too much" cause secondary damage in which the moral personality of harasser is defended, while the personality of victims is blamed. Overall, the paper shows that seemingly unproblematic statements could be impermissible harassment speech, because they subordinate a group to other groups and are also unacceptable due to harms they cause.

Harassment as Structural Injustice:
A brief study of sexual harassment in higher education from the perspective of Iris Young's model of responsibility

Yuko KAMISHIMA

This paper examines the problem of harassments in higher education from the perspective of Iris Marion Young's social connection model of responsibility and suggests the problem as results of structural injustice.

The first section reviews Young's model of responsibility and sheds light on three features: (1) it imposes responsibility on all actors involved in structure that produces unjust outcome, (2) it sees responsibility as forward-looking and imposes this responsibility on all actors as shared responsibility, and (3) all actors are demanded to engage in collective actions to make unjust structures less unjust.

The second section applies Young's model of responsibility to sexual harassments in higher education institutions. A hypothetical character of a female university lecturer is employed to show how in a gendered sexist society sexual harassments could occur in university setting where no single actor can be blamed for the unjust result.

The third section points out one problematic feature of Young's model of responsibility. Young's idea of shared responsibility is useful to set the problem of sexual harassments as our collective problem, but it gives insufficient attention to capabilities of victims of unjust structures.

The forth section discusses the question of capability to responsibility. Although Young suggests that victims share responsibility at least to criticize unjust structure, they generally lack capabilities to do so due to the gendered sexist society. On the other hand, Young denies the idea of blaming non-victims, even when they have capabilities to reproduce such structures, for the sake of cooperative motivations. This paper argues that Young's model should take capabilities of victims into account so that it does not allow a counter-argument that "no voices raised, no harassment done", while admitting that in certain cases we cannot practically blame non-victims of unjust structure.

The fifth section suggests a sort of "self-investigating research project" as part of taking shared responsibility where individual actors take turns to reflect upon one's own positions and actions and then present one's report to others in meetings. This project seems fit into the university setting as a way for sharing responsibility for achieving justice.

Generics and Sexual Harassment

Yu IZUMI

This paper examines the semantics of Japanese generic sentences that involve reference to gender stereotypes and considers how they possibly contribute to the presence and perpetuation of sexual harassment. The main strategy of the paper is, first, to uncover the possible ways in which sentences that contain the explicit deontic modal expression in Japanese *beki* (roughly corresponding to *ought*) contribute to the cases of hostile environment sexual harassment, and second, to compare the explicitly modal sentences and generic sentences that contain no explicit modal in order to show that the latter also express modal, normatively laden contents. As a standard theory of deontic modality, I apply Angelika Kratzer's analysis of *ought* to Japanese sentences containing *beki*. For the sake of concrete illustration, I also introduce Asher and Morreau's (1995) analysis of generics and extend it to Japanese examples. The comparison shows that, insofar as the uses of explicitly normative sentences such as "All women ought to wear a skirt" contribute to hostile environment harassment, implicitly normative sentences such as "Women wear a skirt" make a similar, if not equal, contribution to the legitimization of gender-specific norms. The paper concludes with the suggestion that we pay more attention to generic sentences with gender-specific terms, and that we use explicit quantifiers and singular terms more often than not to avoid ambiguity and possible inadvertent consequences.

Cultivating the Diverse Possibilities of "Philosophy": The Challenge of Workshops for Philosophy Education

Toshiro TERADA
Mayumi WATAUCHI
Takeshi KIKUCHI
Yohsuke TSUCHIYA
Tomoyuki MURASE
Tim SPROD

The "Working Group for Philosophy Education", which promotes philosophy education under the aegis of The Philosophical Association of Japan, has been holding regular annual "Workshops for Philosophy Education". Though the topics of the workshops are wide-ranging, the topic most frequently taken up so far is philosophy education in senior high schools. This is natural, considering the fact that "Ethics" which is taught in high schools is the only "philosophical" subject taught in primary and secondary education in Japan. Other topics are philosophy education in universities, elementary schools and junior high schools, and philosophical dialogue among citizens. Philosophy education in elementary and junior high schools and philosophical dialogue among the citizens may need some explanation as they are not so familiar as philosophy education in universities or senior high schools.

The forms of philosophy education in schools taken up in the workshops belong to the stream of "Philosophy for Children (P4C)", which was established by Matthew Lipman in the 1970's. It is not meant for teaching concepts or theories of philosophy but to let children learn to think through philosophical dialogue. This form of education started to spread in Japan around 2010. The reasons P4C has been taken up in the workshops are that it is a significant form of philosophy in itself and that it is expected to contribute to fostering the most fundamental intellectual skills such as thinking for oneself and thinking together in communication with others.

The most popular form of philosophical dialogue among citizens is the "Philosophical Café", which is supposed to have started in Paris in the early 1990's. Philosophical cafés have been held in Japan since around 2000 and they are getting more and more popular today. The reasons philosophical dialogue among citizens has been taken up in the workshops are that it is expected to relate to forms of education in a broad sense, such as adult education and life-long learning, and that it is expected to provide a good opportunity for us to think about the relationship be-

tween philosophical dialogue among laypersons and research and education in philosophy among experts.

This feature article on philosophy education consists of four papers contributed by the speakers of past workshops featuring philosophy education in senior high schools, in universities, and in elementary and junior high schools, and teacher training for philosophy in schools in Australia.

Mayumi WATAUCHI's paper, "Let twisted flowers be twisted: a report on philosophical dialogues in 'Ethics'", reports her practice of philosophical dialogue based on "p4c Hawai'i" in the "Ethics" course in a senior high school. She presents her conception of philosophical dialogue in secondary education, her teaching plan and materials, excerpts from students' dialogues and essays, observations from her colleagues, and her own reflections.

Takeshi KIKUCHI's paper, "Making good use of written dialogues and comments among the students in an introductory course on critical thinking", discusses teaching critical thinking in higher education not only in terms of the skills and knowledge of critical thinking but also in terms of the attitude of critical thinking.

Tomoyuki MURASE and Yohsuke TSUCHIYA's paper, "What "Philosophy for Children" challenges us about: its theory of education and philosophical questions", gives an overview of the history, ideas, methodology, and recent developments in Philosophy for Children, and reflects on some philosophical challenges Philosophy for Children raises.

Tim SPROD's paper, "Training teachers of philosophy in schools: thoughts from Australia", discusses formal and informal forms of teaching philosophy in schools, naming the latter "P4C style", and discusses the role of teachers in P4C style teaching and the training of the teachers, referring to some actual cases of teacher training in Australia.

La portée de la théorie du corps humain dans l' « Abrégé de physique » chez l'*Éthique* de Spinoza: Autour des concepts d'« individu » et de « forme »

Wataru AKIHO

Pour différencier le corps humain des autres corps du point de vue de la puissance, Spinoza présente les deux critères suivants : en premier lieu, l'aptitude d'être affecté par plusieurs choses de plusieurs manières en même temps et d'affecter plusieurs choses de plusieurs manières en même temps ; en deuxième lieu, une sorte d'autonomie du corps pour produire ses propres actions ou affections. En quel sens ces deux critères s'appliquent-ils au corps humain ? De quelles affections est-il capable ? Pourquoi, enfin, n'avons-nous de notre corps qu'une idée confuse ? C'est à partir de l'« Abrégé de physique » que Spinoza vient répondre à ces questions. En analysant les deux concepts majeurs de l'« Abrégé », celui d'« individu » et celui de « forme », le présent article a pour but d'expliciter la conception spinoziste du corps humain dans l'*Éthique*.

Spinoza détermine notre corps comme individu, qui est, selon lui, un corps composé de plusieurs corps de nature différente. Il dit aussi que notre corps a sa propre forme qui n'est rien d'autre que le rapport déterminé de mouvement et de repos que les parties du corps ont entre elles. Nous présenterons notre interprétation comme suit : ce concept spinoziste de forme ou de rapport nous permet de saisir un individu comme tel en le distinguant des autres corps, même dans la relation nécessaire avec eux, et en même temps, il rend possible de penser que l'individu conserve son identité malgré les changements qu'il subit. En outre, nous montrerons que ce concept de rapport doit être entendu comme les lois propres à un individu selon lesquelles il est déterminé à produire ses affections de manière précise et déterminée. Ainsi, le corps humain se différencie des autres corps par la haute complexité de sa composition, et avec cette complexité, il a l'aptitude d'être affecté par plusieurs choses et d'affecter plusieurs choses en même temps.

Mais, parce que les affections de notre corps proviennent de sa nature et en même temps de la nature du corps qui l'affecte, les productions des affections se réalisent suivant les lois générales de mouvement et de repos qui règlent toutes choses sans exception, et par conséquent, elles ne peuvent pas être expliquées entièrement par les uniques lois propres à notre corps. Par là même aussi, l'esprit humain, ne connaissant son corps qu'à travers les idées des affections dont le corps est

affecté, n'a de son corps propre qu'une idée tout à fait confuse. Ce qui rend notre esprit capable de former les idées claires et distinctes des choses, c'est un certain degré de l'autonomie de notre corps dans la production des affections.

Der Wesensbegriff bei Marx: Versuch einer Interpretation seines Anti-Essentialismus

Yusuke AKIMOTO

In den *Pariser Manuskripten* kritisierte Marx das kapitalistische Privateigentum als das, wodurch sich die Menschen von ihrem „Wesen“ entfremden. Innerhalb dessen erscheint die menschliche Arbeit nur als eine „Zwangsarbeit“, in der sich jeder „außer sich“ fühlen müsse. Seine Entfremdungskritik wird seit der Auslegung durch Marcuse essentialistisch verstanden und als eine normative Kritik aufgefasst; „normativ“ heißt, mit einer Konzeption des guten Lebens, die der Idee der Selbstverwirklichung des menschlichen Wesens entspricht, die entfremdete Gesellschaft zu kritisieren. Aber vom Standpunkt der Ideologiekritik aus wird oft bezweifelt, dass diese emanzipatorische Idee des guten Lebens zugleich ein Anzeichen für einen Essentialismus ist, bei dem es sich eventuell sogar um eine Art von Paternalismus handelt. Um sich mit einem solchen Ideologieverdacht auseinanderzusetzen, ist es für uns mindestens nötig, die zwei verschiedenen Verwendungsweisen des Wesensbegriffs bei Marx zu überprüfen und ihn damit in seiner ganzen Tragweite zu erkennen. Der vorliegende Aufsatz beschäftigt sich mit der Frage, ob und inwieweit der Begriff des menschlichen Wesens bei Marx für essentialistisch gehalten werden sollte. Erst dadurch kann die kritische Zeitdiagnose von Marx erneut verteidigt und aktualisiert werden. So gliedert sich diese Arbeit ihrer Zielsetzung gemäß in vier Teile.

Zuerst wird anhand der Darstellung im Ersten Manuskript das Modell der Vergegenständlichung analysiert. Dadurch lässt sich verdeutlichen, dass der Begriff des menschlichen „Gattungswesens“ auf einer essentialistischen Vorstellung der produktiven Fähigkeiten beruht, die nur dem Menschen eigen sind. Im Gegensatz zu diesem Anschein von Essentialismus versucht Marx bei der Analyse der drei Quellen des Einkommens, die essentialistische Annahme der Arbeitswerttheorie zu kritisieren. Anschließend werden vor dem Hintergrund dieser Kritik an der Nation-

alökonomie Überlegungen angestellt, ob Marx in Bezug auf die menschliche Körperlichkeit eine neue Idee entwickelt hat; der Mensch ist demnach kein substantiell bestimmbares Etwas, sondern für sich ein Prozess des „Verhaltens zum Gegenstand“ und damit der „Aneignung der menschlichen Wirklichkeit“. Abschließend lässt sich aus diesem im Dritten Manuskript formulierten Gedankengang die Schlussfolgerung ziehen, dass das, was in der Begriffsform des menschlichen Wesens enthalten ist, nichts anderes ist als ein Paradox, weil der Mensch selbst ein unendlicher Aneignungsprozess seiner Wirklichkeit ist, während der Wesensbegriff eigentlich eine unveränderbare Form der Sache voraussetzt. In einer solchen paradoxen Beschaffenheit des Wesensbegriffs besteht ein Unterschied zwischen dem frühen Marx und dem Essentialismus.

Kant's Theory of Self-Knowledge
An Analysis Based on "Refutation of Idealism"

Takuro IWAI

The aim of this paper is to understand Kant's argument in the chapter "Refutation of Idealism" in the *Critique of Pure Reason*.

In "Refutation of Idealism," Kant claims that experience of external objects is required for making a judgment about the temporal relation of one's own inner mental episodes. Paul Guyer and Georges Dicker proposed an influential way of understanding this controversial claim. According to their interpretation, Kant claims that one can make such a judgment (e.g., I saw a desk after seeing a chair) only by appealing to some objective states of affairs (the desk was brought into the room after the chair had been removed). However, many commentators claim that there are many counterexamples against this interpretation. For instance, memory often contains sufficient information to make a judgment about the temporal relation of inner mental episodes.

In this paper, I propose another way of understanding Kant's claim. Experience of external objects is required not because it is a necessary method, as Guyer and Dicker thought, for making judgments about the temporal relation of mental episodes. The necessity for experience of external objects should be understood in terms of commitment. In making a judgment about the temporal relation of mental episodes,

one has to think that the temporal relation of one's mental episodes corresponds to an objective state of affairs. Without this thought, the judgment one makes could not be regarded as significant. This is what Kant has in mind in "Refutation of Idealism."

Furthermore, this paper clarifies a feature of Kant's theory of self-knowledge in light of this interpretation. Kant and other contemporary theorists, such as Christopher Peacocke and Michael Tye, have claimed that inner and outer experiences are connected. They differ in how they treat introspection, a means of learning about one's own mental episodes. Kant's theory of self-knowledge in "Refutation of Idealism" is developed without denying introspection because it does not deal with *methods* of making judgments about the temporal relation of mental episodes, but with commitments in making such judgments. This is a distinctive feature of his theory because some contemporary theorists attempt to do away with introspection based on an alleged connection between inner and outer experience.

"Contest" in "Homer's Contest": Nietzsche's Ideal Relation to Others

Yukitaka KATO

This paper intends to clarify Nietzsche's concept of "contest." This is because "contest" is an important concept in properly understanding Nietzsche's view of our relation to others. In many cases, Nietzsche regards relation to others as a struggle, which may lead readers to think that Nietzsche considers relation to others negatively because struggle is associated with denying, suppressing, and destroying others. However, this interpretation is a misunderstanding. For Nietzsche, struggle is not only negative but also positive - if it is a form of relation in which people recognize others and which is associated with productive activity. This is clear from his early text, "Homer's Contest." In this text, he divides struggle into two forms: a positive and productive struggle, namely "contest," on the one hand, and a negative and destructive struggle, namely "annihilative struggle," on the other. Moreover, he postulates that "contest" was the foundation of progress in ancient Greek culture.

Thus, in "Homer's Contest," Nietzsche considers "contest" to be the ideal relation to others. Furthermore, in discussing "contest," Nietzsche often compares ancient and modern cultures, criticizing modern culture's inability to create the condi-

tions for forming an ideal relation to others.

Nietzsche's concept of "contest" has three fundamental elements: first, affirmation of envy and ambition, which are regarded as negative in the modern age; second, the necessity of equal or more powerful rivals and the availability of people who are capable of estimating correctly; and third, the necessity of maintaining pluralism. In this paper, these elements are explained in detail in order to clarify Nietzsche's opinion on the ideal relation to others, namely "contest," and emphasize his critical attitude toward modern culture apparent in "Homer's Contest."

On Brandom's Normative Pragmatics: Establishing Entitlements to Observational Reports

Shintaro SHIRAKAWA

Brandom's inferentialism is the thesis that meanings of linguistic expressions are determined by their roles in appropriate material inferences that are established in our discursive practices. Since Brandom tries to develop a general semantics to treat not only vocabulary in mathematics or logic but also empirical vocabulary used in our daily lives and scientific practices, one of the most important and difficult tasks of inferentialism is to establish appropriate empirical material inferences in his framework of normative pragmatics, which is supposed to describe our discursive practices. Observational reports play a key role in this task. It is necessary to show that we can explain sufficiently how subjects become entitled to make observational reports in normative pragmatics.

Our critical survey of Brandom's main work *Making It Explicit* shows that his explanation of entitlements to make observational reports falls into infinite regress. This paper tries to show, however, that the problem of infinite regress can be dissolved by modifying the Hegelian mutual recognition model that Brandom develops in his later works *Reason in Philosophy* and *Tales of the Mighty Dead*. That is, although Brandom's mutual recognition model also brings another kind of infinite regress that is distinct from the one in *Making It Explicit*, if we modify his model by introducing the concept *desire for recognition*, we can explain sufficiently how entitlements to make observational reports are instituted in normative pragmatics, avoiding the problem of infinite regress. The paper may therefore be regarded as a

partial defense of Brandom's inferentialism.

Descartes' *Ego* who is Deceived: What is concluded from being deceived?

Ayumu TAMURA

Descartes insists, "[...] there is a deceiver of supreme power and cunning who is deliberately and constantly deceiving me. In that case I too undoubtedly exist, if he is deceiving me [...]" (CSM-II, 17; AT-VII, 25). But what is the basis for the insistence that I exist if a deceiver deceives me? At first sight, the *Second Meditation* seems to say that I exist as an object of the deception, and some earlier studies interpret it as such. Kenny, for example, insists that I exist "as the object of deception, not as the subject of thought."* On the other hand, however, Wargner insists that I exist "as the active subject whose causal power is being exercised in generating the idea of the demon and all his other ideas."**

The object of this article is to discuss this interpretative problem, examining the earlier studies of Gouhier, Kenny, Pariente, and Wargner. I reject the traditional interpretation (i.e. by Kenny and Pariente) based on the relation between an act and its object, and analyze what is concluded from being deceived, by focusing on the act of deceit itself. Furthermore, the paper shows: 1) it is not my *existing* but my *thinking* that is concluded from the supposition that a deceiver is deceiving me; 2) the abilities to *understand, affirm*, and *deny* (*cf.* AT-VII, 28) are discovered in the situation that I am deceived.

* Anthony Kenny, *Descartes: A Study of His Philosophy* (New York: Random House, 1987), 57.

** Stephen I. Wargner, *Squaring the Circle in Descartes' Meditations: The Strong Validation of Reason* (Cambridge: Cambridge University Press, 2014), 110-112.

The Moral Problems of "Shame on You"

Nobutaka NAKAMURA

Many philosophers suspect that the emotion of shame cannot play a significant role in morality because shame is the reaction to others' contempt and therefore, a heteronomous emotion. This paper aims to defend the view that shame is a morally significant emotion by focusing on one form of reproach —"shame on you." We employ this reproach, for example, with a President who establishes discriminatory policies or a scientist who falsifies data in his academic paper and in these cases, we assume this reproach is morally important. Therefore, what does "shame on you" imply? How can it be morally justified? Moreover, what are its characteristics? In this paper, I answer these questions by clarifying the notions of shame and self-respect.

The paper proceeds as follows. First, I resolve the issue of autonomy and heteronomy in the emotion of shame based on Gabriele Taylor's observation that shame contains two elements — a self-directed adverse judgment and a notion of an audience. I argue that the adverse judgment is always rendered autonomously, but the audience can be either autonomous or heteronomous; essentially, agents feel shame either in their own eyes or in the eyes of others. Second, I explain the meaning of "shame on you" and demonstrate the moral validity of this reproach by referring to the nature and classification of self-respect. Finally, I examine the distinctive significance of "shame on you." Examining the different characteristics of shame and guilt, I argue that this form of reproach involves more a comprehensive assessment of the agent than other forms of reproach that concern, for example, the violations of moral rules.

Vom regulativen Gebrauch der Ideen der reinen Vernunft zum Prinzip der reflektierenden Urteilskraft: Eine Versuch zu erklären, wie in der *Kritik der Urteilskraft* die systematische Aufgabe entsteht

Mikio NAKAMOTO

Es wurde schon gelegentlich darauf hingewiesen, dass „Von dem regulativen Gebrauch der Ideen der reinen Vernunft“ in der *Kritik der reinen Vernunft* mit der *Kritik der Urteilskraft* in einer engen Beziehung stehe, aber die Interpretationen stimmen nicht in der Frage überein, wie eng diese sei. Diese Abhandlung beschäftigt sich damit, die Gemeinsamkeiten und Differenzen der beiden Texte klar zu erfassen. Dadurch wird erklärt, warum die *Kritik der Urteilskraft* ihre systematische Aufgabe, d.h. den Übergang vom Gebiet des Naturbegriffs zum Gebiet des Freiheitsbegriffs zu formulieren, erfüllen kann.

Ihre Gemeinsamkeit besteht darin, die Gleichheit der Funktion, den Begriff des Zwecks, auf die Natur analogisch anzuwenden. Die Differenz besteht hingegen darin, dass die reflektierende Urteilskraft dadurch, dass sie diese Funktion besitzt, die Einzelnen beurteilen kann. Vom Standpunkt der *Kritik der Urteilskraft* aus gesehen muss sich der Begriff der Zweckmäßigkeit zuerst auf die Einzelnen anwenden lassen, um danach auch die systematische Einheit der ganzen Natur zu ermöglichen. Gleichzeitig wird mit der Beurteilung des Einzelnen unvermeidlich auch ein übersinnliches Substrat und eine verständige Weltursache mit angenommen. Das ist unmöglich für die Vernunft, die sich nur mit der systematischen Einheit der ganzen Natur beschäftigt. Und die systematische Eigenheit der *Kritik der Urteilskraft*, die sich vom praktischen Standpunkt aus davon unterscheidet, besteht darin, dass dieses übersinnliche Substrat zwar mit dem Grund der Einheit von Natur und Freiheit verknüpft ist, aber von ihm unterschieden sein soll. Der zweite wichtige Unterschied besteht darin, dass die regulative Vernunft von Anfang ergänzend Gott zur Voraussetzung macht, wohingegen die reflektierende Urteilskraft nur eine verständige Weltursache annimmt. Diese physische Teleologie in der *Kritik der Urteilskraft* muss von dem praktischen Standpunkt aus Gott erst dann zur Voraussetzung machen, wenn sie sich mit der systematische Einheit der ganzen Natur beschäftigt, und das bedeutet, dass sie zur moralischen Teleologie übergeht.

Aus diesen Differenzen erklärt sich, warum nur die *Kritik der Urteilskraft* die systematische Aufgabe erfüllen vermag, denn das übersinnliche Substrat, das mit dem Grund der Einheit von der Natur und der Freiheit verknüpft ist und das den Übergang von der Natur zur Freiheit möglich macht, wird eben von der reflektie-

renden Urteilskraft vorausgesetzt, und die reflektierende Urteilskraft ermöglicht die Aufnahme der verständigen Weltursache und somit den Anschluss der physischen an die moralische Teleologie.

Jacob Rogozinski et le problème du mal: illusion, haine et contre-vérité

Yoshihiro HOMMA

Le mal peut se dénier lui-même en se cachant lui-même. L'expérience montre que l'être humain peut faire le mal sans avoir aucune mauvaise volonté. Tout se passe comme si la mauvaise intention n'existait pas. Comment et pourquoi peut-on rejeter le savoir de son propre mal ? Selon Rogozinski, le sujet mauvais peut s'illusionner sur lui-même au point de croire qu'il fait le bien. En interrogeant le phénomène de la chasse aux sorcières, Rogozinski décrit comment le persécuteur, sous la poussée de la haine, construit des innocents en ennemis à exterminer. Tout en croyant résister aux ennemis mauvais, c'est la résistance même qui constitue leur menace. Le mal est alors un objet illusoire qui est construit par la résistance illusoire au mal. Le mal en tant qu'illusion, tel est le fil conducteur qui nous permet de tracer le développement de la pensée de Rogozinski sur la question du mal.

Dans *Le Moi et la chair*, Rogozinski analyse la haine comme la matrice affective du mal. La haine est mauvaise dans la mesure où elle défigure la vérité de l'ego. Si je haïs l'autre, c'est que je projette sur lui la haine que j'éprouve envers l'étrangeté en moi. L'autre en tant qu'objet de la haine est construit par la projection d'une part de moi-même sur l'autre pour dénier que j'en suis. Ce déni de soi s'accomplit au moment où je détruis dans l'autre l'objet de la haine que j'ai éprouvé en moi. C'est ainsi que Rogozinski définit la haine comme une « puissance de la contre-vérité ».

Dans *Ils m'ont haï sans raison*, Rogozinski analyse le « dispositif de persécution » pour nous montrer comment la haine persécutrice défigure la vérité du moi. Ce dispositif a une fonction essentielle de « faire dire » la vérité. En faisant avouer « être sorcière » sous la torture, le persécuteur construit lui-même son Ennemi. Ce qui est étonnant, c'est que la victime fait librement l'aveu de son crime imaginaire pour renier la vérité de son moi. Tout se passe comme si le « *deceptor* qui pousse le moi à se renier lui-même, à se laisser dérober sa vérité par un Autre » était la vic-

time lui-même. Comment la résistance au mal est-il possible pour l'ego qui est dérobé de lui-même par lui-même ? Tel est la question que Rogozinski nous invite à discuter.

Some Aspects of 'Identity': On the Validity of the Principle of the Identity of Indiscernibles

Yoshiyuki YOKORO

The Principle of the Identity of Indiscernibles (hereafter the PII) states that if any individuals exactly resemble each other, then they are necessarily identical. Intuitively, the PII seems valid, but Max Black attempted to refute it by introducing the possibility of a symmetry universe in which two iron spheres *c* and *p* can resemble each other exactly. This counterexample (hereafter BU) seems easy to rule out using a weak discernibility strategy (hereafter WD) according to which *c*, being spatially separate from *p* and not from *c* itself, is not indiscernible from *p*. WD, however, leads to 'the presupposition problem', because obtaining *c* as spatially separate from *p* presupposes the distinctness of *c* and *p*. In this discussion, I will give an outline of a defense of the validity of the PII that evades the presupposition problem through the elucidation of some aspects of 'identity'.

In my view, 'identity' has two aspects: one is simply self-identity as a universal monadic property (hereafter identity-1), and the other is identity as an equivalence relation entailing indiscernibility (hereafter identity-2). The basis or ground for identity-1 obtaining with regard to an individual *x* can be called the individuator for *x*, but it is no wonder that the individuation and articulation of *c* and *p* are prior to or ground for obtaining *c* as spatially separate from *p*. So far as the PII is concerned with identity-1, it may not be valid. However, we can characterize identity-2, following David Wiggins's lead, in terms of what is called the sortal dependency of identity-2 and the extended Locke's Principle (hereafter ELP), according to which, for any sortal concept *F*, *x* falling under *F* is identical with *y* falling under *F* if and only if *x* is the same *F* as *y*, and *x* is the same *F* as *y* if and only if a) *x* and *y* share *F* and b) *x* is not spatially separate from *y*. If ELP is valid, we can regard BU as merely a general case to which WD is applied. And if the Wigginsian idea of the sortal dependency of identity-2 is also right, there is no longer a presupposition problem. I hence

conclude that the PII is valid to the extent that it is concerned with identity-2.

«International Session»

Philosophy and Translation

Naoko SAITO (Kyoto University)

The theme of this international session at the 76th annual meeting of the Philosophical Association in Japan was "Philosophy and translation." The history of philosophy, East and West, is inseparable from questions of translation. Issues of translation range from its literal, conventional sense of interlinguistic conversion, to a much broader, cross-cultural and intracultural endeavour. Translation can also function between academic disciplines. Across this broad range, the scope of translation opens diverse paths and crosses borders. Translation can be seen as a window through which to reconsider the task of philosophy today. Different aspects of the juncture between philosophy and translation can be marked by the use of different prepositions: philosophy of translation, philosophy in translation, and philosophy as translation. These expressions imply a field of possibilities that extends from consideration of the etymology and translation of pivotal terms, through questions of communication between philosophical traditions grounded in different languages, and to the pragmatics of philosophical exchange in an international research scene dominated by English. Beyond these interlingual matters, there is good reason also to consider translation intralingually. Shifts in meaning between different forms of discourse and different language registers are of fundamental importance to philosophical thought. Such matters are not minor aberrations in an otherwise stable structure of language but indicate something of central importance about the functioning of signs and the nature of thought. In fact, the experience of translation opens the space for the exercise of judgement and for possibilities of individual and cultural transformation.

Within this general structure, three participants from different backgrounds in philosophy presented their thoughts on translation – Professor

Sarah Hutton from the University of York, Professor Paul Standish from UCL Institute of Education, and Mayuko Uehara from Kyoto University – followed by discussion between the presenters and the audience. The panel was chaired by Naoko Saito from Kyoto University.

First, Professor Hutton gave a talk entitled "Translation and Seventeenth-Century Philosophy: A Historical Perspective." In unbroken continuity since ancient times, the language of intellectual activity in Europe was Latin. But this changed in the seventeenth century, with the emergence of the vernacular as the *lingua franca* of intellectual exchange. Although many philosophers continued to write primarily in Latin (e.g. Bacon and Hobbes), others adopted the vernacular (e.g. Locke and Malebranche). This vernacular turn is often credited to Descartes (although he continued to write in Latin, as well in French). These changes reflect a broadening of the audience for philosophy beyond the academies. Where previously translation *into* the vernacular was essential for reaching a lay audience, a new importance was also given to translation as a means of philosophical communication *within* the international philosophical community, with translation *into* Latin becoming a necessity for reaching an international audience. The shift to the vernacular also presented its other challenges, in particular in terms of the need to form a conceptual vocabulary where none existed previously. It was natural, therefore, for philosophers to draw on classical languages for this purpose, with the result that to philosophise in the vernacular could be regarded as a form of translation. This is particularly true of the English philosophers Kenelm Digby and Ralph Cudworth. In her presentation, Professor Hutton assessed the role of translation in philosophical interchange in early modern European philosophy. From a historical perspective, she drew on the notion of "cultural transfer," which has been developed by historians. After giving an account of some of the most important Latin translations of the period (between the vernacular and Latin), she discussed the dependence of vernacular philosophical terminology on classical languages in some of the first English philosophers to write in the vernacular.

Second, Professor Standish gave a presentation entitled "Translation, judgment, and the hegemony of English." The philosophical interest of translation is multifaceted, he argued. First, it raises questions of a semantic kind as found in the concept-word relation. Second, translation offers a way of reflecting on the relation between *different* conceptual schemes – say, between

different cultures. Third, the experience of translation provides occasions for the exercise of judgement in an unparalleled way. A proper examination of these points requires attention to the nature of language and language difference. Languages are not tidily sealed off from one another; nor are they static. Hence, translation occurs both inter- and intra-lingually. Recognition of the latter opens the way to the idea that translation is internal to thought and to self-transformation. While this has its breakthrough moments, it is also something that persists as an undercurrent to human lives and cultures. With these main points, the particular focus of Professor Standish's talk was on the space of judgement that translation brings. Judgement of this kind – between incommensurables, and where each move opens new paths for thought – extends to the most important matters in our lives. It involves an exercise of thought to which the monolingual person may be morally blind. He also emphasised the point that philosophical discussion of translation is likely to be of little interest if it is taken primarily as a metaphor for transformation. It will be of significant interest if it is taken as a topic for direct analysis. In the present discussion it was pertinent to see it rather as a *metonym* of our lives (cf. *Stanley Cavell and Philosophy as Translation*: The Truth is Translated, Standish, P. and Saito, N. [eds] 2017). To the extent that language is constitutive of reality, this movement of meaning is inherent in that reality. It is a legitimate step, then, to see the movement of meaning as the very manner and substance of human transformation of various kinds. Professor Standish illustrated these points with reference to the work of Barbara Cassin (2016), whose analysis draws attention to the dominance and unique importance of Greek at the founding of (Western) philosophy. He then juxtaposed this against the contemporary dominance of one language, English, as philosophy becomes more fully internationalised.

Third, Professor Uehara gave a talk entitled "Translation as Synergy of the Mediate and the Immediate." According to Hajime Tanabe, she explained, with the translation of prose, conceptual thinking is rendered on the basis of a "logic of identity." A representation which is mediated by a word can thereby be transferred from one language to another. By contrast, the translation of poetry is effected through the movement of an "absolute dialectic," which negates the conversion into symbols of the representation. According to this contrast in terms of logic, it appears as though, for Tanabe, prose is translatable, yet poetry is untranslatable. In her presentation Professor Uehara con-

sidered the difference between the translation of philosophical language and the translation of poetic language, turning to Tanabe's considerations for assistance in thinking through this difference. She suggested that the linguistic translation of both poetry and prose are realized through a dialectical "moment" whereby the mediate and the immediate are synergized. While taking a critical view on Tanabe's claim that poetry is untranslatable, she examined this claim in more detail, attempting to give an account of what he meant by it.

While these presentations offered perspectives on translation from diverse backgrounds, there emerged some common questions and theses. First, they raised questions concerning what philosophy should learn from the idea and practice of translation. Second, the ideas and illustration of translation offered by the three presenters raised issues concerning the relationship between the original language (and what we mean by the "original") and the target language. They each demonstrated the fact that philosophy in itself necessarily involves the act of translation. Coincidentally, Professors Hutton and Uehara are interested in the voice of female philosophers in philosophy, while Professor Standish has sought to re-place philosophy by reclaiming a "feminine-receptive" mode of language and thought (*Beyond the Self: Wittgenstein, Heidegger, Levinas and the Limits of Language* [Japanese, trans. Naoko Saito『自己を超えて：ウィトゲンシュタイン、ハイデガー、レヴィナスと言語の限界』2012]). Translation involves sensitivity to the obscure and apparently peripheral dimensions of human lives, and it requires receptivity to the voices of others and other cultures. This, I believe, is a crucial task for philosophy today.